Arseni Grigorjewitsch Golowko

Zwischen Spitzbergen und Tiksibucht

Admiral A. G. Golowko

Zwischen Spitzbergen und Tiksibucht

Militärverlag der Deutschen Demokratischen Republik

Originaltitel: А. Г. Головко, Вместе с флотом
Ins Deutsche übertragen von Dr. Horst Both

ISBN 3-327-00194-4

Mein Tagebuch

Diesen Erinnerungen liegen meine Tagebücher aus den Jahren des Großen Vaterländischen Krieges zugrunde. Allerdings muß ich manche Erwartung, die der Leser gemeinhin an Tagebücher knüpft, enttäuschen, weil ich es für unnötig hielt, mich über Persönliches, über Gemütsbewegungen und Emotionen zu verbreiten, und weil es einfach an der Zeit für solche Aufzeichnungen fehlte. Zu viele wichtige Ereignisse spielten sich um mich herum ab, zu oft war ich Zeuge heldenhafter und tragischer Begebenheiten im Schicksal der Menschen. Außerdem hatte ich mich als Chef der Nordflotte mit allem zu befassen, was den Alltag dieser Flotte auf einem Kriegsschauplatz ausmachte, der sich von Spitzbergen bis zur Tiksibucht erstreckte, auf ein Gebiet also, das der Entfernung von Riga bis Irkutsk entsprach. Es genügte, daß ich mir dies vergegenwärtigte, und ich spürte die volle Last der mir auferlegten Pflichten. Natürlich stand ich nicht allein da. Ich wurde von den Genossen der Führung, Kommunisten wie ich selbst, unterstützt, vom Mitglied des Kriegsrates, vom Chef des Stabes der Flotte, vom Chef der Politverwaltung, vom Chef der Flottenfliegerkräfte sowie von den Kommandeuren der Verbände. Doch der Chef der Flotte war nun einmal ich, und damit lag letztlich die Verantwortung für die Lage auf dem Kriegsschauplatz bei mir.

Als die offizielle Mitteilung über den Beginn des Krieges eintraf, saßen in meinem Dienstzimmer A. A. Nikolajew, Mitglied des Militärrates, S. G. Kutscherow, Chef des Stabes, und N. A. Torik, Chef der Verwaltung für politische Propaganda. Ich weiß nicht mehr, wie wir auf unser Alter zu sprechen kamen, jedenfalls stellte sich heraus, daß keiner von uns über fünfunddreißig war. Keiner hatte also in der Flottenführung zu Kriegszeiten auf einem so großen und schwierigen Seeschauplatz Erfahrung. In diesem Augenblick, so schien es mir damals, las jeder in den Augen des anderen, worüber wir kein Wort verloren: die deutlich empfundene Sorge um alles, was unserer Führung unterstand und wofür wir von nun an stündlich, ja minütlich unter den schwersten Bedingungen verantwortlich waren.

An dieser Stelle sei mir gestattet, kurz zu schildern, wie ich Chef der Nordflotte wurde, weil mein Weg gleich dem anderer sowjetischer Heerführer anschaulich bestätigt, wie kühn die Sowjetmacht junge Kader förderte.

Selbst in der romantischsten Zeit meines Lebens war mir nie in den Sinn gekommen, Seemann zu werden. Seeleute hatte es weder in unserer Familie noch in anderen Familien der Kosakenstaniza Prochladnaja im Nordkaukasus gegeben. Mein Vater hatte während des Militärdienstes eine Schule für Veterinärfeldschere besucht, war danach in die Staniza zurückgekehrt und in seinem neuen Beruf tätig gewesen. 1920, als der Bürgerkrieg zu Ende ging, trat ich als junger Bursche in den Komsomol ein, fuhr zwei Jahre später nach Rostow am Don, wo ich an einer Arbeiterfakultät lernte, wie damals viele Erwachsene, die ihre Allgemeinbildung vervollkommneten. Den Lebensunterhalt verdienten wir uns vorwiegend im Hafen, beim Be- und Entladen von Schiffen. Nach Abschluß der Arbeiterfakultät zog ich nach Moskau, um an der Timirjasew-Akademie für Landwirtschaft zu studieren. Dort folgte ich dem Aufruf des Komsomol zum Dienst in der Flotte. So prosaisch kam ich wie Tausende andere junge Burschen meiner Generation zur Flotte, und alles Weitere hing von der gewählten Spezialisierung, von der Erziehung und vor allem vom Wunsch zu lernen ab. Fünfzehn Jahre währte mein Werdegang als Seemann, ich bekleidete die untersten Mannschaftsdienstgrade auf Schiffen und an der Lehranstalt, auf verschiedenen Meeren und Ozeanen, so auf der Ostsee, dem Schwarzen Meer und dem Kaspischen Meer, dem Stillen Ozean, dem Nordmeer, dem Amur und anderswo. Ich war Navigationsoffizier und Sperroffizier, Erster Wachoffizier auf einem Zerstörer, Chef einer Schnellboot-Abteilung und Stabschef einer Brigade, zeitweilig Lehrer, danach Chef eines Verbandes und Chef des Stabes einer Flotte. Dann qualifizierte ich mich auf einem Kommandeurslehrgang, diente erneut auf Schiffen, bevor ich Hörer an der Seekriegsakademie wurde. Fünfzehn Jahre lang erzog und bildete mich die Partei, ehe sie mir die Nordflotte anvertraute. Der Befehl vom Juli 1940, nach Moskau zu kommen, und die Begegnung mit Stalin, der die Versetzung nach dem Norden folgte – das war das Fazit der Flottenpraxis, die ich unter der unmittelbaren Führung der Partei absolviert hatte.

Noch heute erinnere ich mich an Einzelheiten jener Begegnung im Politbüro, zu der ich mit dem damaligen Volkskommissar für die Seekriegsflotte N. G. Kusnezow geladen war. Die ersten Fragen stellte mir K. J. Woroschilow, und sie betrafen nicht den Norden, sondern meine Tätigkeit am Amur, die ich erst unlängst beendet hatte. Als die Rede dann auf den Norden kam, sagte Stalin: «Dort herrscht gegenwärtig weder Ordnung noch Disziplin, der Flottenchef streitet sich nur mit den Fischern herum, und für die Sache kommt nichts heraus. Dabei geht es um einen wichtigen Seeschauplatz, der weitaus komplizierter ist als die Ostsee oder das Schwarze Meer. Im Norden haben wir es mit einem Ozean zu tun, der nach Westen und Osten offen ist. Nicht zu vergessen die Tatsache, daß während des ersten Weltkrieges die Verbindung zwischen den westlichen Staaten und Rußland über diesen Seeweg sicherer war als über die Ostseehäfen.» Diese lakonischen Sätze konnten einem schon zu denken geben.

Wir hatten vom Zarismus einen umfangreichen Seeschauplatz «geerbt», doch von den dort herrschenden Bedingungen für Kampfhandlungen wußten wir anfangs kaum etwas. Über Tausende Meilen erstreckten sich schutzlose Küsten ohne einen einzigen Flottenstützpunkt. Alles mußte erst erschlossen, gebaut und eingerichtet werden. Großes hatte die Sowjetmacht bis 1940, also in gut zwanzig Jahren, vollbracht: Die Kirowbahn war von Grund auf rekonstruiert, der Weißmeer-Ostsee-Kanal angelegt worden, Murmansk hatte einen vollwertigen Hafen erhalten, in Poljarny, der bis dahin unbedeutenden Siedlung Alexandrowsk am Murman, war ein provisorischer Hauptstützpunkt für eine Flotte entstanden, die ebenfalls erst geschaffen worden war. Ihr Kern bestand aus Schiffen, die aus Kronstadt über den Weißmeer-Ostsee-Kanal nach Norden gebracht worden waren. Die Erschließung der Arktis und des Nördlichen Seeweges war in vollem Gange. Mit anderen Worten, der Einsatz der Nordflotte wurde durch die Bedeutung der beiden hier zusammenlaufenden Seeverbindungen bestimmt: der äußeren, von Westen her durch den Atlantik, und der inneren, vom Stillen Ozean her über den Nördlichen Seeweg.

«Das heißt also, daß sich Genosse Golowko dieser Sache annimmt?» hallte in meinen Ohren die Frage wider, mit der sich Stalin an mich gewandt hatte. Ich erwiderte, ich würde mich bemühen, doch wüßte ich nicht, inwieweit mir dies gelänge. Damit war das Gespräch beendet. Meine Ernennung zum Chef der Nordflotte wurde von den Mitgliedern des Politbüros gebilligt.

Sechs Jahre lang befehligte ich die Nordflotte. Vier davon waren Jahre eines erbittert geführten Krieges, den uns der anfangs auf unserem Seeschauplatz überlegene faschistische Gegner aufgezwungen hatte.

Viel Zeit blieb nicht zwischen meiner Ernennung und dem faschistischen Überfall, um unsere Versäumnisse aufzuholen. Es war nicht damit getan, daß wir feststellten, zum erstenmal in der sowjetischen Geschichte gäbe es eine richtige Flotte im Norden, die über eine Basis an naturbedingt günstiger Stelle verfügte und in der Seeleute dienten, die inzwischen echten Stolz auf ihre Flotte empfanden. Wichtig waren stets einsatzbereite Schiffe, und dazu mußten im Stützpunkt entsprechende Möglichkeiten bestehen, um die Gefechtsbereitschaft kurzfristig herstellen zu können.

Leider entsprachen 1940 weder die Schiffe noch ihr Stützpunkt noch die Gefechtsausbildung der Besatzungen solchen Anforderungen. Davon überzeugte ich mich, kaum daß ich mich an Ort und Stelle mit der Lage vertraut gemacht und die Flotte von meinem Vorgänger, Konteradmiral W. P. Drosd, einem guten Studienkameraden, übernommen hatte.

Am 7. August 1940, als ich Chef der Flotte wurde, ging mir der volle Sinn des Sprichworts: «Wer A sagt, muß auch B sagen» auf.

Das B bereitete mir viel Kopfzerbrechen, denn leider traf zu, was Stalin wenige Wochen zuvor mit knappen Worten umrissen hatte. Disziplin und Ordnung ließen in der Nordflotte sehr zu wünschen übrig. Obwohl seit dem Konflikt mit Finnland, als die Nordflotte Truppentransporte sicherstellte, bereits geraume Zeit verstrichen war, bedurften fast alle Zerstörer, selbst die neuen, einer gründlichen Überholung, weil sie nicht zweckmäßig genutzt wurden. Dabei stand der Flotte noch kein eigener Reparaturstützpunkt zur Verfügung. Etwas günstiger sah es bei den U-Booten aus. Ihr technischer Zustand war zufriedenstellend, dafür mußten am Ausbildungsstand der Kommandanten und Besatzungen Abstriche gemacht werden. In den letzten Monaten war da einiges durcheinandergewürfelt worden. Das tragische Vorkommnis mit dem U-Boot D-1 hing ursächlich mit dem unbefriedigenden Ausbildungsstand zusammen. Ich möchte etwas näher darauf eingehen, weil es mir symptomatisch erscheint.

Drei Monate waren vergangen, seit ich die Flotte übernommen hatte. In dieser Zeit hatten wir angestrengt gearbeitet, um die Lage zu verbessern. Vieles wurde durch die Ausdehnung des Schauplatzes, durch die Schwierigkeiten der Dislozierung und die äußerst ungünstigen meteorologischen Bedingungen erschwert. Doch keiner von uns hatte darüber die Hauptsache aus dem Blickfeld verloren – die politische und die Gefechtsausbildung der Schiffsbesatzungen. Im November wurde das U-Boot D-1, dessen Kommandant seit etwa einem Jahr Kapitänleutnant Jeltischtschew war, zu einer Übung in die Motowskibucht geschickt. Jeltischtschew war in den Augen seines Brigadekommandeurs Pawluzki kein schlechter Kommandant und zur selbständigen Führung eines U-Bootes berechtigt.

Zu Beginn der Übung wurde D-1 von den Küstenposten beobachtet. Außerdem bestand Funkverbindung zum Boot.

Die vorgesehene Tauchzeit war längst verstrichen, doch D-1 erschien nicht wieder an der Wasseroberfläche. Alle Anfragen über Funk blieben unbeantwortet. Von den Küstenbatterien und Posten wurde die Bucht mit Scheinwerfern abgesucht, Lichtsignale wurden gegeben – alles ohne Erfolg.

Ich begab mich auf einem Zerstörer in die Motowskibucht. Die ganze Nacht kreuzten wir dort und bemerkten schließlich gegen Morgen an der Wasseroberfläche einen großen Ölfleck, Holzteile, vermutlich aus dem Bootsinneren, und dazwischen eine einzelne Bändermütze.

Sofort wurden Räumfahrzeuge und ein Schiff des Bergungs- und Rettungsdienstes, das mit einer Unterwasserortungsstation versehen war, herbeordert.

Ich verbrachte eine ganze Woche mit den Suchschiffen dort, wo D-1 verschwunden war. Das Boot wurde nicht gefunden, und man rätselte herum, weshalb es untergegangen war. Die einen vermuteten ein fremdes U-Boot, andere Minen. Am wahrscheinlichsten aber erschien uns menschliches Versagen oder ein technischer Schaden. U-Boote dieses Typs konnten ziemlich schnell tauchen. Offensichtlich hatte das Boot nicht in der höchstzulässigen Tauchtiefe abgefangen werden können, und der Wasserdruck war ihm zum Verhängnis geworden. Darauf deuteten die Überreste an der Wasseroberfläche hin.

Die Folgen dieses tragischen Vorkommnisses: Mir wurde ein strenger Verweis erteilt, Brigadechef Pawluzki, der die Ausbildungsfahrt geplant hatte, wurde abgelöst. Damit sich so etwas nicht wiederholte, wurde nach einem Abschlußbericht zahlreicher Kommissionen festgelegt: «An Stellen, wo die Wassertiefe die maximale Tauchtiefe überschreitet, haben U-Boote nicht zu tauchen.» Dieser Beschluß bedeutete praktisch die Einstellung der Unterwasserausbildung, denn die Barentssee ist weitaus tiefer als die maximale Tauchtiefe aller U-Boote, und das Weiße Meer, das dafür in Frage kam, fror um diese Zeit bereits zu.

Meinen wiederholten Bitten, diesen Beschluß zu revidieren, wurde nicht stattgegeben. Somit hätten wir erst im nächsten Sommer die Unterwasserausbildung fortführen können. Doch das erschien mir angesichts der Lage undenkbar. Der Krieg, den der deutsche Faschismus in Europa entfesselt hatte, näherte sich immer mehr den Grenzen der UdSSR. Die Faschisten schalteten und walteten bereits ganz in der Nähe des sowjetischen Polargebiets, in dem von ihnen besetzten Norwegen. Wir hofften noch, daß es uns gelänge, den Beginn dieses unvermeidlichen Krieges hinauszuzögern. Das durfte uns jedoch nicht abhalten, so zu verfahren, wie es in dem populären Lied von Lebedew-Kumatsch hieß: «Wenn morgen Krieg ist, wenn der Feind angreift – sei heute zum Feldzug bereit.» Keiner von uns, der den Gang der Ereignisse aufmerksam verfolgte, konnte sicher sein, daß wir den Sommer noch im Frieden erleben würden.

Daher beriet ich mich mit dem neuen Chef der U-Boot-Brigade, N. I. Winogradow. Mit ihm verband mich nicht nur ein freundschaftliches Verhältnis aus der Zeit an der Akademie, sondern auch ein gemeinsamer Standpunkt in Marinefragen. Das Gespräch bestärkte mich in meiner Absicht, die Unterwasserausbildung fortzusetzen. Wir hatten kein Recht, formeller Hindernisse wegen aufzustecken. Die Zeit war nicht danach. Die Unterwasserausbildung mußte auf See und nicht, wie uns empfohlen worden war, in der Kolabucht stattfinden.

Winogradow stand auf meiner Seite, und auch das Mitglied des Militärrates, A. A. Nikolajew, der Chef des Stabes, S. G. Kutscherow, und der Chef der Verwaltung für politische Propaganda, N. A. Torik, unterstützten mich.

Die Praxis gab uns recht. Bis Mai 1941 beherrschten die Besatzungen fast aller U-Boote das wichtigste Element der Ausbildung, den Torpedoangriff. In dieser Zeit angespannter Übungen lernte ich viele U-Boot-Kommandanten der Nordflotte näher kennen und wußte, daß ich mich auf Männer wie I. A. Kolyschkin, N. A. Lunin, A. J. Moissejew, M. I. Gadshijew, W. N. Kotelnikow und N. G. Stolbow in Zukunft verlassen konnte. Ihrem Beispiel eiferten schon damals viele nach.

Eine Sache hatten wir gemeistert, und sie sollte sich in allernächster Zukunft bewähren. Die Ausbildung, über die man natürlich im Volkskommissariat bestens Bescheid wußte, war das Risiko wert gewesen.

Anders dagegen bei den Zerstörern. Zwei von ihnen konnten das ganze Jahr über nicht auslaufen, und die übrigen waren zeitweilig in Reparatur. Als im Mai 1941 eine von Admiral Galler geleitete Inspektion des Volkskommissariats bei der Flotte eintraf, waren sie noch nicht einsatzfähig. Dennoch ließen mich sowohl die vom August 1940 bis Mai 1941 getroffenen Maßnahmen zu beschleunigten Reparaturen auf den Zerstörern – hin und wieder wurden sogar auf neuen Schiffen Defekte entdeckt – als auch die verbesserte Gefechtsausbildung auf diesen wichtigsten Überwasserschiffen der Nordflotte zu der festen Überzeugung gelangen, daß die Zerstörer sehr bald einsatzbereit sein würden. Das hinderte die Inspektion allerdings nicht daran zu schlußfolgern, die Nordflotte sei nicht einsatzbereit, denn im offiziellen Verzeichnis der im Einsatz befindlichen Schiffe fehlten die Zerstörer. Da war es nur ein schwacher Trost, wenn gleichzeitig viel Positives im Leben, in der Arbeit und in der Gefechtsausbildung der Flotte anerkannt wurde.

Formal hatte die Inspektion recht, aber eben nur formal; dauerte es doch bis zur Wiederindienststellung der Zerstörer höchstens noch zwei, drei Wochen. Die Männer auf den Schiffen beherrschten ihr Handwerk, sie arbeiteten ohne Unterbrechung, ohne Anspruch auf Freizeit, selbstlos. Solche Kommandanten wie J.M.Simonow, P.I.Koltschin, A.I.Gurin, W. A. Fokin, P. M. Gontschar, W. A. Iwanow und andere, die Unterstützung und konkrete Hilfe erhielten, entwickelten sich zu klugen Organisatoren der politischen und der Gefechtsausbildung und schweißten ihre Mannschaften zu Kampfkollektiven zusammen. Jeder wird verstehen, wie sehr ich mich freute, daß die Einschätzung der Inspektion, die wie eine kalte Dusche gewirkt hatte, die Matrosen weder entmutigte noch das Ausbildungstempo beeinträchtigte. Wie viele in der Flotte hatten sie begriffen, daß die tatsächliche Kampffähigkeit unserer Schiffe bald unerbittlich überprüft würde. Es häuften sich Meldungen über die Verlegung bedeutender deutscher Truppenkontingente nach Norwegen und Finnland. Immer mehr Flüchtlinge aus norwegischen Küstenstrichen an der Barentssee kamen auf sowjetisches Territorium. Ihre Berichte und unsere Beobachtungen ergänzten einander. Wir taten alles, die Unzulänglichkeiten in der Gefechtsausbildung schnellstens zu beseitigen.

Heute kann ich reinen Herzens gestehen: Das war die ernsthafteste Prüfung, die mir als Militär vom Leben je auferlegt wurde.

Am Anfang stand der überwältigende Eindruck, den die rauhe Schönheit des Polargebiets auf mich machte. Alles hier übermannte einen durch seine Wucht und düstere Erhabenheit: die Granitfelsen, die sich nackt oder auch moosbedeckt und mit Zwergbirken bestanden über der See erhoben; die grandiose Weite des Meeres, das fast ständig bewegt und oft sturmgepeitscht war; die Dauer und das Phantastische der Polarnacht mit dem wunderlich aufzuckenden Nordlicht, das den halben Himmel über der kochenden Gischt am Fuße der schwarzen Klippen einnahm; die Grimmigkeit des Unwetters auf See; das Panorama der bläulich schimmernden arktischen

Eisfelder unter der monatelang nicht untergehenden Sonne; die Härte und Kargheit all dessen, was den Menschen umgab, ihn anfangs niederdrückte und dann zur Anpassung zwang, zur Suche nach neuartigen Lösungen. Doch wer allem standhielt, wurde ein echter Seemann! Die Nordflotte konnte stolz auf ihre Matrosen sein, von denen viele vor dem Militärdienst noch nie das Meer gesehen hatten. Im Norden machten sie ein ausgezeichnetes Marinepraktikum durch, lernten, Entbehrungen und Schwierigkeiten bewußt auf sich zu nehmen. Viele waren oder wurden Kommunisten und Komsomolzen. Solche Menschen brauchte eine Flotte, die dem Ansturm eines erfahrenen Gegners gewachsen sein wollte. Und sie war ihm gewachsen, wie inzwischen historisch belegt ist.

Alles, was diese erste, vom Gefechtstagebuch nicht erfaßte Periode meines Dienstes als Chef der Nordflotte ausmachte, hat sich mir tief eingeprägt.

Nicht unerwartet, dennoch überraschend

Juni 1941

Das bereits erwähnte populäre Lied «Wenn morgen Krieg ist» wurde im Norden schon am 17. Juni 1941 Wirklichkeit. An diesem Tag rückte für uns in der Nordflotte der Krieg aus dem dehnbaren Begriff «morgen» in den Bereich des konkreten «Heute». An diesem Tage zeigte sich auch, wie gut wir daran getan hatten, die Gefechtsausbildung so voranzutreiben und die Angehörigen unserer Flotte zur Wachsamkeit zu erziehen. Das operative Bereitschaftssystem kam unseren Absichten dabei entgegen. Es war seit dem Frühjahr 1941 in allen Flotten eingeführt und umfaßte drei Stufen. Jede sah bestimmte Maßnahmen für den einen oder anderen Teil der Flottenkräfte vor, die den sofortigen Einsatz gewährleisteten. Die positiven Auswirkungen auf die Gefechtsausbildung lagen auf der Hand. Kommandanten und Besatzungen trainierten es, ohne zusätzliche Anordnungen und Befehle auszukommen, deren Übermittlung stets kostbare Zeit kostete.

So konnten uns die Faschisten weder auf See noch an der Küste überrumpeln. Seitdem faschistische Truppen mit Hilfe des Verräters Quisling und seiner Helfershelfer in Norwegen eingedrungen waren, es okkupiert und die nördlich gelegenen Häfen Vardö, Vadsö und Kirkenes in unmittelbarer Nähe des sowjetischen Polargebiets eingenommen hatten, beobachteten wir das Geschehen besonders aufmerksam. Wir fühlten mit dem norwegischen Volk, das sich den Okkupanten mutig entgegenstellte. Doch die Kräfte waren zu ungleich, als daß den Norwegern Erfolg beschieden gewesen wäre. Nicht lange, und die Faschisten besetzten mit Einwilligung der finnischen Regierung den Raum Petsamo, das altrussische Petschenga, im Vorfeld der damaligen sowjetisch-finnischen Grenze, und verlegten drei Divisionen eines Gebirgskorps unter Generaloberst Dietl dorthin. Auf den Flugplätzen in diesem Raum standen über hundert Kampfflugzeuge bereit, und längs der norwegischen und finnischen Küste nahmen die Schiffsbewegungen bedeutend zu. In den nordnorwegischen Schären und Fjorden konzentrierte der Gegner bedeutende Flottenkräfte und zog weitere Überwasserschiffe und U-Boote in seinen Stützpunkten im sowjetisch-norwegisch-finnischen Grenzgebiet zusammen. Küstenposten hatten verschiedentlich nahe den sowjetischen Hoheitsgewässern Sehrohre von U-Booten ausgemacht. Alles fügte sich zusammen. Die faschistische Bestie setzte zum Sprung in unsere Richtung an.

Eigene Beobachtungen und Informationen waren das eine, doch wie sollten wir uns verhalten? Dazu gab es keine Festlegungen. Wir verfügten auch nicht über ausreichende Kräfte und Mittel zur Abwehr eines faschistischen Angriffs im Norden, besonders augenfällig war das bei den Fliegerkräften und Landtruppen. Das Grenzgebiet, die spätere Murmansker Richtung, wurde von einer einzigen Schützendivision verteidigt, und die hatte nicht einmal Soll-Stärke. Der Nordflotte standen keine modernen Flugzeuge zur Verfügung, nur einige mittelschwere Bomber SB. Die 14. Armee, unser Nachbar zu Lande, hatte ein Geschwader SB-Bomber in ihrem Bestand. Nahm man das Kräfteverhältnis bei modernen Kampfmitteln rein quantitativ, so fiel es für die Nordflotte und unsere Schützentruppen im Grenzgebiet auf der Halbinsel Kola zu Beginn der Kampfhandlungen ungünstig aus.

Doch paradoxerweise lieferte sich uns der Gegner in einem Punkt selbst aus. Sieggewohnt, setzte er auf Faktoren, die ihm Anfangserfolge versprachen: auf den Vertragsbruch, auf die psychologische Wirkung eines überraschenden Schlages und auf den massierten Einsatz überlegener Kräfte. Diese Rechnung war bei den bisherigen Überfällen auf europäische Länder aufgegangen, und davon ließen sich die Faschisten auch jetzt leiten, als sie uns deutlich zu verstehen gaben, daß der Überfall zwar nicht stündlich, aber doch in den nächsten Tagen erfolgen würde. Und wohin ihr Stoß zielte, war unschwer zu erraten: auf Murmansk, den einzigen eisfreien sowjetischen Hafen im Polargebiet, der Zugang zum Ozean bietet und durch eine Eisenbahnlinie mit dem ganzen Land verbunden ist.

Mein Tagebuch enthält folgende Eintragung:

17. Juni 1941. Gegen 14.00 Uhr stürmte der operative Diensthabende atemlos in mein Dienstzimmer.

«Deutsche Flugzeuge!» platzte er heraus.

Mein erster Gedanke: Die Faschisten führen einen massierten Schlag gegen Objekte in der Kolabucht, gegen Murmansk, Poljarny, die Flugplätze.

«Präzisieren Sie», sagte ich, bemüht, Ruhe zu bewahren und so auch den aufgeregten Diensthabenden zu beeinflussen.

Nachdem er die Fassung wiedererlangt hatte, erklärte er, über der Bucht und über Poljarny sei ein Flugzeug mit faschistischen Hoheitszeichen so niedrig hinweggeflogen, daß er vom Fenster aus den Piloten in der Kabine erkennen konnte. Es sei wohl ein Aufklärungsflugzeug gewesen, das Poljarny fotografieren wollte. Ungehindert habe es den Hafen überflogen, die Kolabucht und den Flugplatz Vaenga (Seweromorsk).

Die Würfel sind gefallen – der Krieg beginnt. Nur so war die Dreistigkeit der Faschisten zu deuten, den Hauptstützpunkt der Flotte zu überfliegen.

Unsere Batterien hatten keine einzige Granate auf den Luftspion abgefeuert, und die auf meinen Befehl hin aufgestiegenen Jagdflugzeuge konnten ihn nicht mehr einholen, denn er war bedeutend schneller als unsere I-15 und I-16.

In den Batterien stellte ich den Kommandeuren ein und dieselbe Frage: Warum sie trotz des Befehls, in solchem Fall das Feuer zu eröffnen, nicht geschossen hätten? Ich erhielt gleichlautende Antworten: Die Furcht, etwas falsch zu machen, sei größer gewesen. Instruktion hin, Instruktion her, im konkreten Fall handelten die Menschen so, wie es seit längerem nachdrücklich von ihnen gefordert wurde: sich nicht provozieren lassen, keine Vorwände liefern, die auch nur im entferntesten formell zur Entfesselung des Krieges dienen könnten.

Doch inzwischen waren die Faschisten bereits dabei, ihn zu entfesseln, vorläufig nur im Luftraum und in der dreisten Gewißheit, daß wir ihnen hier im Norden keine ebenbürtigen Flugzeuge entgegenstellen konnten.

Gegen Tagesende tauchte deutlich sichtbar, denn es herrschte der Polartag, in großer Höhe eine Kette faschistischer Flugzeuge auf. Eines von ihnen überflog die Oserkobucht.

Nikolajew und ich hatten zu dieser Zeit schon alle umliegenden Batterien aufgesucht und energisch befohlen, auf unbekannte Flugzeuge sofort zu schießen. Die nächsten Eindringlinge wurden mit intensivem Flakfeuer empfangen, doch in über 7000 Meter Höhe gelang es ihnen zu entkommen.

Da die Nordflotte bei der Verteidigung zu Lande operativ dem Leningrader Militärbezirk unterstellt war, mußte ich die Genossen dort unverzüglich davon in Kenntnis setzen, was sich bei uns abspielte. Der Chef des Militärbezirks, Generalleutnant M. M. Popow, befand sich übrigens im Augenblick in der Nähe, er leitete eine Übung im Raum Kandalakscha. Die vom Stabschef des Bezirks unterzeichnete Antwort auf mein Telegramm traf im Nu ein, aber sie gab mir einige Rätsel auf. Wie sollte ich das verstehen: «Liefern Sie dem Gegner keinen Vorwand, schießen Sie nicht in große Höhe.» Hieß das: überhaupt nicht schießen, um die Faschisten nicht durch den Fakt an sich zu reizen? Oder nur der großen Höhe wegen nicht schießen?

Auf alle weiteren Anfragen zur Lage erfuhr ich von keiner Seite etwas Bestimmtes. Das konnte ich natürlich auch so auslegen: Bleibt nur schön mit den Händen im Schoß am Meer sitzen und wartet auf gut Wetter. Und damit sollte ich mich abfinden, während der Gegner unerhört mobil war?

Mir blieb nichts, als erneut das Risiko auf mich zu nehmen und die Initiative zu ergreifen. Ich befahl für die Flotte operative Bereitschaftsstufe 2.

18. Juni. Die Beobachter meldeten im Laufe des ganzen Tages von Poljarny bis Kandalakscha das Auftauchen «unbekannter» Flugzeuge. Eine Maschine wurde von den Flakartilleristen der 14. Schützendivision, die die Zugänge zu Poljarny und zur Kolabucht deckte, unter Feuer genommen und drehte nach Nordwesten ab.

Die Lage ist unklar und beunruhigend. Alle sind auf der Hut, ohne in Panik zu verfallen. Nach Spaßen ist allerdings keinem mehr zumute. Die Augen verraten angespannte Aufmerksamkeit, besonders wenn die Flakbatterien das Feuer eröffnen und die Jagdflugzeuge zu hören sind, die unablässig Sperre fliegen.

Die Ahle läßt sich, wie man so sagt, im Sack nicht verbergen. Die erhöhte Bereitschaft in der Flotte ist mit verstärkter Übernahme von Waffen, Munition und Verpflegung sowie mit der Rückgabe von vielen Dingen verbunden, die in Kriegszeiten überflüssig sind.

Ich nahm an, der heute in Murmansk eingetroffene Chef des Leningrader Militärbezirks, Generalleutnant Popow, würde uns einiges sagen. In dieser Hoffnung fuhr ich mit dem Mitglied des Militärrates zu ihm, doch wir wurden enttäuscht. Im Gespräch ging es um Maßnahmen, die zu dem, was sich ringsum abspielte, nur schwer in Beziehung zu setzen waren. Erörtert und bestätigt wurde das Terrain für den Bau von Befestigungen, Flugplätzen, Kasernen, Depots und ähnlichem unter Bedingungen und Normen, wie sie zu Friedenszeiten üblich waren. Darüber, wie sich das Verhältnis zwischen der Sowjetunion und dem faschistischen Deutschland gestaltete, verlor der Chef des Militärbezirks kein Wort. Weiß er am Ende nicht mehr als wir?

Das wäre bedauerlich, denn die Ungewißheit verstärkt das Unbehagen, einem überraschenden Schlag ausgesetzt zu sein.

Abends fuhr Popow nach Leningrad. Wir begleiteten ihn bis zur Halbinsel Kola. Zum Abschied bewirtete er uns in seinem Waggon mit Bier.

Aus Moskau war ebenfalls nichts Genaues zu hören. Alles blieb unklar.

19. Juni. Vom Hauptstab der Seekriegsflotte traf die Direktive ein, die U-Boote zum Auslaufen vorzubereiten. Die Aufgabe lautete: Die Kriegsschiffe des wahrscheinlichen Gegners beobachten und einen eventuellen Überfall abwehren. Ich befahl, die Boote zu dezentralisieren und gefechtsbereit in verschiedenen Buchten zu dislozieren, aus denen sie auf Befehl unverzüglich auszulaufen hatten. Ich schickte dem Chef des Hauptstabes, Admiral I. S. Issakow, einen Bericht über die Abänderung des Einsatzplans der U-Boote im Kriegsfall: Die Boote des Typs «Schtschuka» und ein Teil der Boote des Typs «Maljutka» sind in den Raum der gegnerischen Seeverbindungen zwischen den norwegischen Schären und Petsamo zu entsenden; die restlichen «Maljutkas» sind für den Schutz des Eingangs zum Weißen Meer einzusetzen. Ich begründete die Änderung des Planes wie folgt: Die «Maljutka»-Boote sind weniger seetüchtig, ihr Einsatzgebiet ist begrenzter als das anderer Typen, deshalb eignen sie sich besser zum Schutze der eigenen Verbindungswege. Alle «Schtschuka»-Boote sind meiner Meinung nach zweckmäßiger auf den Seeverbindungen des Gegners einzusetzen. Ich nehme an, daß die meisten Güter und Reserven für die faschistischen Truppen in unserem Raum auf dem Seeweg herangebracht werden. Die beiden möglichen Landwege sind dafür wenig geeignet. Der eine führt über 600 Kilometer vom Bottnischen Meerbusen durch ganz Finnland bis nach Petsamo; der andere, von Narvik bis Petsamo, ist zwar kürzer, aber zu schmal. Die Versorgung auf dem Landweg erfordert zudem sehr viele Fahrzeuge, auch aus diesem Grunde bietet sich dem Gegner der Seeweg über die norwegischen Schären an, in denen sich Geleitzüge notfalls verbergen können.

Zweimal wurde im Laufe des Tages in Poljarny Luftalarm ausgelöst. Heute flogen die Faschisten nicht nur zu Aufklärungszwecken. Ein Jagdflugzeug versuchte eine I-153 anzugreifen, doch vergeblich.

Allmählich setzen wir das durch, was das notwendige operative Regime in unserem Seegebiet gewährleisten soll. An ausschlaggebenden Punkten für die zu schützenden Zugänge zum Hauptstützpunkt von See her wurden inzwischen Vorposten geschaffen, und die Fliegerkräfte erhielten den Befehl, entlang der Küste von Nordkyn bis zur Insel Charlow aufzuklären.

20. Juni. Die Lage ist unverändert. Ein unbekanntes Flugzeug, das Vaenga überflog, wurde von der Flak beschossen. Die Aufklärungsangaben bestätigten erneut Truppenkonzentrationen bei Petsamo, Kirkenes, Vardö. Die faschistische Garnison von Kirkenes soll 20000 Mann stark sein. Der Verkehr ausländischer Handelsschiffe zwischen Tromsö und der finnischen Grenze wurde eingestellt.

Heute waren der Befehlshaber der 14. Armee, Generalleutnant W. A. Frolow, und sein Stabschef Oberst L. S. Skwirski in Poljarny. Die Armee deckt die Grenze bis nach Kestenga. Den an Murmansk – Poljarny – Kolabucht grenzenden Abschnitt nimmt wie bisher lediglich die unvollständig aufgefüllte 14. Schützendivision ein.

Wir beschlossen, daß die 14. Armee für diesen Abschnitt

noch eine Schützendivision bereitstellt, deren Verlegung in den Raum Westliche Liza–Titowka wir sicherzustellen haben.

21. Juni. Im Laufe des Tages erschienen zwei faschistische Flugzeuge über unserem Territorium, eines bei der Fischerhalbinsel, das andere im Raum Teriberka. Der Gegner beobachtet also die gesamte Murmanküste. Er will sicherlich feststellen, ob Transporte aus dem Weißen Meer unterwegs sind und ob wir uns abwehrbereit halten. Über der Kolabucht zeigten sich keine fremden Flugzeuge, hier ging es ohne Fliegeralarm und Flakfeuer ab.

Äußerlich herrschte idyllische Ruhe, und das bei schönem Wetter. Wer sich über die komplizierte Lage nicht im klaren ist, mag wohl bezweifeln, daß der Krieg kurz bevorsteht.

In Poljarny weilt zur Zeit das Moskauer Stanislawski-und-Nemirowitsch-Dantschenko-Theater zu einem Gastspiel.

Heute abend stand «La Périchole» von Jaques Offenbach auf dem Programm. Als wir zu dritt – Nikolajew, Kutscherow und ich – ins Theater kamen, war der Zuschauersaal bereits überfüllt. Keiner wollte sich den Kunstgenuß entgehen lassen. Unsere Anwesenheit deuteten viele als Zeichen für eine Entspannung der Lage. So jedenfalls las ich es aus vielen Gesichtern. Wäre es nur an dem!

Die Bühnenleistungen beeindruckten mich. Eine Weile ließ ich mich von den aufdringlichen und bohrenden Gedanken ablenken. Ihren Bemerkungen nach zu urteilen, ging es Nikolajew und Kutscherow ebenso. Den ganzen Rückweg vom Theater bis zum Stab unterhielten wir uns über die Aufführung – ein Versuch, die Unruhe in uns zu unterdrücken?

Bei unserer Ankunft brachte sich die Wirklichkeit unerbittlich in Erinnerung. Ich sah bei einem Glas Tee die Meldungen durch. Die Angaben der Luftaufklärung zogen meine Aufmerksamkeit auf sich. Im Laufe des Tages waren entdeckt worden: an den Zugängen zur Petsamobucht mehrere Räumfahrzeuge; auf der Reede von Petsamo 15 Räumfahrzeuge; auf der Reede von Vardö ein Transporter; im Persfjord ein Transporter. Acht Transporter waren aus Petsamo ausgelaufen, drei Transporter, zwei Fischtrawler und ein Küstenschutzboot hatten den Hafen angelaufen.

Während ich noch über die Meldung nachdachte, erhielt

ich einen besonders dringlichen Funkspruch hereingereicht. Nikolajew, Kutscherow und der «für alle Fälle» hereinschauende Torik vergaßen das Theatererlebnis und den Tee, als ich den Funkspruch verlas. Er enthielt die Mitteilung, daß die deutschen Faschisten etwa 200 Divisionen an der sowjetischen Grenze zusammengezogen hätten und stündlich mit dem Überfall zu rechnen sei. Uns wurde befohlen, alle Einheiten der Flotte in Gefechtsbereitschaft zu versetzen.

Das ist praktisch bereits geschehen. Sobald der Befehl zur allgemeinen Mobilmachung eintrifft, sind nur noch die nach dem Mobilmachungsplan vorgesehenen Hilfsschiffe und Gebäude sowie die Reservisten, die der Flotte zugeteilt sind, zu übernehmen.

Auch wenn unsere Kräfte und Mittel nicht ausreichen, so sind wir doch im wesentlichen bereit.

22. Juni. Ein für jeden Sowjetmenschen denkwürdiges Datum – der Beginn des Krieges mit dem faschistischen Deutschland. Ein erbarmungsloser Kampf steht uns bevor. Ein Kampf auf Leben und Tod.

Der an den Militärrat gerichtete Befehl des Volkskommissars für die Seekriegsflotte, sofort zur operativen Bereitschaftsstufe 1 überzugehen, wurde mit einem Alarmsignal für die Flotte eingeleitet.

Währenddessen meldeten die Grenzposten: Allein in den ersten anderthalb Stunden des heutigen Tages sind sechs Flugzeuge (vier deutsche, ein finnisches und ein nicht identifiziertes) in etwa 1000 Meter Höhe über sowjetischem Territorium aufgetaucht.

Eine andere an den Militärrat gerichtete Direktive des Volkskommissars forderte: Bis 07.00 Uhr sind zur Verteidigung des Eingangs zum Weißen Meer zwei U-Boote (Typ nicht angegeben), die Zerstörer «Grosny» und «Sokruschitelny« sowie eine Staffel Marinebombenflugzeuge MBR-2 bereitzustellen.

Mit zusammengebissenen Zähnen zählten wir die nicht identifizierten Flugzeuge, die bis zum Anbruch des neuen Tages in großer Höhe die Kolabucht überflogen. Gegen 04.00 Uhr waren erste Detonationen zu vernehmen: ein Bombenangriff auf Poljarny.

Das Getöse trieb die Einwohner der Stadt auf der Suche nach Luftschutzräumen durch die Straßen. Viele, die nicht unbedingt hierbleiben mußten, stürzten trotz der frühen Stunde zu den Schleppern und Schiffen an der Anlegestelle, um nach Murmansk überzusetzen und von dort mit dem Zug weiter ins Landesinnere zu gelangen.

Von überall trafen Meldungen über das Auftauchen faschistischer Flugzeuge ein, über nicht identifizierte Überwasserschiffe und über Sehrohre von U-Booten. Die Küstenbatterien und die Schiffsartillerie schossen hin und wieder, aber noch immer erfolglos auf Flugzeuge, auf fremde wie auf eigene. Noch waren sie weder in der Lage, unter Gefechtsbedingungen zu feuern noch die einzelnen Flugzeugtypen exakt zu unterscheiden.

Auf telefonische Anfragen antwortete man uns aus dem Hauptstab der Seekriegsflotte, daß der Krieg begonnen habe, man aber vorläufig nichts weiter sagen könne. Daraufhin erkundigte ich mich nach meinem Einsatzplan für die U-Boote. Den lehnte man kategorisch ab und bestand darauf, daß die großen Boote, also die «Schtschukas», und nicht die «Maljutkas» zum Eingang in das Weiße Meer entsandt würden. Keines meiner Argumente wurde akzeptiert. Ich ließ nicht locker, und es ging mehrmals hin und her. Die Sache endete damit, daß sich der Hauptstab bei der Durchsetzung seiner Forderung auf eine persönliche Weisung Stalins berief. Völlig klar, man konnte mit keinem Argument beweisen, daß man recht hatte.

Ohne Zeit zu verlieren, begannen wir, die Frauen und Kinder aus Poljarny sowie aus anderen Garnisonen zu evakuieren. Als das überfüllte Schiff «Ost» ablegte, war Flugzeuggedröhn zu vernehmen, und Bomben fielen aus den Wolken auf das Hafengelände.

Der vierte Befehl des Volkskommissars an den Kriegsrat wurde um 10.35 Uhr empfangen: U-Boote sind in den Raum Vardö mit der Aufgabe zu entsenden, entschlossen gegen Kriegsschiffe und Transporter des Gegners vorzugehen und sie vom Varangerfjord fernzuhalten. Gleichzeitig wurde mitgeteilt, daß die allgemeine Mobilmachung verkündet worden sei. Die Leiter der Reedereien und der Hauptverwaltung Fischfang im Nordmeer wurden angewiesen, die Transportflotte in jenen Häfen zu konzentrieren, die als Mobilmachungspunkte vorgesehen waren. Die Schiffe des Bergungs-

und Rettungsdienstes sowie des Grenzschutzes Küste wurden in den Bestand der Flotte aufgenommen.

Schließlich traf aus Moskau die fünfte Weisung ein: Nach gegnerischen Diversionsakten im unmittelbaren Hinterland ist der Kriegszustand in den Stützpunkten und befestigten Räumen auszurufen, Ausweise sind streng zu kontrollieren und Passierscheine exakt zu handhaben; alle zum Schutz des Hinterlandes und besonders der Nachrichtenmittel notwendigen Maßnahmen sind zu ergreifen.

Gegen Mittag hatten wir einigermaßen Klarheit über die Lage im Lande. Die faschistischen Truppen waren auf der gesamten Länge der Staatsgrenze zum Angriff übergegangen und auf das Territorium der Sowjetunion vorgedrungen. Faschistische Flieger hatten mehrere sowjetische Städte bombardiert. Der erste Überfall fiel mit den ersten Bomben auf Poljarny zusammen; das bedeutete, daß die Luftwaffe überall losgeschlagen hatte.

Die Truppen und Schiffe des Gegners in der Nähe des Operationsgebiets der Nordflotte und der 14. Armee führten jedoch weder zu Lande noch auf See Angriffshandlungen. Lediglich die Flieger waren aktiv. Den ganzen Tag über zogen sie einzeln und in Gruppen zur Kolabucht und nach Murmansk. Unsere Jagdflugzeuge fingen sie aber ab und vertrieben sie. Die Piloten Safonow und Wolowikow griffen einen Bomber an. Er begann zu qualmen, konnte sich aber von seinen Verfolgern lösen und entkommen. Beide Flieger verbürgten sich dafür, daß der MG-Schütze getötet wurde, doch konnten sie nicht sagen, was aus der Maschine geworden war. Daher konnte auch keiner von ihnen einen Abschuß für sich verbuchen.

Offensichtlich zweifelten die Faschisten nicht daran, daß wir von ihren Absichten wußten, und zogen immer neue Kräfte zusammen, um ihre Überlegenheit zu gewährleisten. Nach Aufklärungsangaben der Flotte und der 14. Armee trafen über Kirkenes und die Fjorde große Mengen von Waffen und weitere Truppenkontingente ein. Die Zivilbevölkerung des finnischen Grenzgebiets wurde evakuiert, und Einheiten der finnischen Armee wurden dorthin verlegt. Man führte faschistische Truppen aus Norwegen heran, und auf den Flugplätzen trafen immer mehr Flugzeuge ein. Der Gegner setzte alles auf einen massierten Schlag, der uns vernichten sollte. Nicht ausgeschlossen, daß er zuerst die Halbinsel Kola vom übrigen Land abschneiden und sich der Zugänge zu Murmansk und Poljarny von See her bemächtigen wollte, also der Fischerhalbinsel und der Halbinsel Sredni, die den Eingang zur Kolabucht deckten.

Aus all diesen Erwägungen bat ich den Befehlshaber der 14. Armee, Frolow, einen Teil der Armeefliegerkräfte einzusetzen, die mit den Flottenfliegerkräften gemeinsam einen Schlag gegen die Fjorde und die Straße vom Tanafjord nach Kirkenes führen sollten, auf der man Militärtechnik transportierte und Truppen verlegte. Frolow konnte leider nicht zusagen, sein Geschwader schneller Bomber sei in einer anderen Richtung eingesetzt, zum Schutz von Kandalakscha. Ich informierte den Volkskommissar und bat um Hilfe. Die Antwort traf bald ein. Man habe vorläufig nichts, womit man helfen könne. Die Lage in der Ostsee und im Schwarzen Meer lasse das nicht zu. Wir sollten versuchen, die gegnerischen Fliegerkräfte aus der Luft auf ihren Flugplätzen zu zerschlagen, und mit den U-Booten am Varangerfjord aktiv werden, um den Gegner möglichst daran zu hindern, neue Verstärkungen heranzuführen. Gegen die finnischen Truppen sollten wir nicht vorgehen, da sich Finnland nicht im Kriegszustand mit uns befinde. Doch wie war dann die Tatsache einzuordnen, daß Finnland den faschistischen Truppen sein Territorium für den Krieg gegen die Sowjetunion zur Verfügung stellte?

Nur gut, daß wir vorbereitet waren. Was wir erwartet hatten, traf uns zwar plötzlich, doch es überrumpelte uns nicht.

Wenn das Risiko unvermeidbar ist

Juni 1941

Die ersten Tage des Großen Vaterländischen Krieges – eine Vielzahl unauslöschlicher Eindrücke und Begebenheiten, unsäglicher Schwierigkeiten. Das erste Gefecht, das die Seeleute der Nordflotte allenthalben bekannt machte; der erste Sieg in einem Luftkampf, der den Ruhm des Marinefliegers Boris Safonow begründete; die ersten aufeinander abgestimmten Kampfhandlungen der Flotte und der Armee, die bewirkten, daß es den Faschisten nie gelang, die Fischerhalbinsel und die Halbinsel Sredni – Schlüsselpositionen an der Kolabucht – in ihren Besitz zu bringen.

23. Juni 1941. Im Laufe des Tages dauerte die Konzentration von Fliegerkräften und Landtruppen im Raum Petsamo an. Über die Lage an der sowjetisch-deutschen Front besteht bereits Klarheit. Den Hauptschlag gegen unser Land führt der Gegner im Mittelabschnitt. Im Norden erfolgt ein Nebenstoß, doch für uns ist er bedeutsam, denn wir müssen ihm standhalten und ihn abwehren.

Ja, wir haben Vertrauen zu unseren Seeleuten, wir glauben an ihre Opferbereitschaft und an ihre Standhaftigkeit, doch können diese Eigenschaften fehlende Erfahrungen und unzureichende Kräfte aufwiegen?

Die auf der Fischerhalbinsel und der Halbinsel Sredni stationierten Batterien beschossen gestern erstmalig einen Transporter und ein Küstenschutzboot, die unter faschistischer Flagge aus Petsamo ausliefen.

Finnland führt offiziell noch nicht Krieg, doch seine Schiffe werden von den Faschisten zu Transporten benutzt.

Gegen 16.00 Uhr erhielten wir eine Direktive, die die vorhergehenden Weisungen bestätigte, gegen Finnland vorläufig keine Kampfhandlungen aufzunehmen. Völlig klar, daß die

Sowjetregierung wünscht, Finnland möge sich aus dem Krieg heraushalten. Ist es dann aber nicht zu spät? Die Aufklärungsangaben bestätigten, daß Finnland die Mobilmachung beendet hat und seine Truppen jeden Augenblick an der Seite der Wehrmacht gegen uns vorgehen können.

24. Juni. Wir setzten die Evakuierung von Familienangehörigen, vorrangig aus den Standorten auf der Fischerhalbinsel und der Halbinsel Sredni, fort. Gut, daß wir noch vor Kriegsausbruch viele Kinder – wie stets zur Sommerzeit – nach dem Süden hatten bringen können, das erleichtert jetzt manches. Erleichtert ist wohl nicht das richtige Wort. Treffender wäre – beschleunigt. Denn der Krieg wartet nicht. Trotz des schlechten Wetters machten die faschistischen Flugzeuge Jagd auf die Schlepper und Boote.

Der erste Erfolg in der Luft: Ein Bomber He 111 wurde abgeschossen. Unsere Jagdflugzeuge griffen die faschistischen Maschinen beim Anflug auf Poljarny und Vaenga an. Safonow traf eine He 111 mit einer Rakete. Sie versuchte auf See zu entkommen. Doch Safonow blieb dem Gegner auf den Fersen. Die Verfolgung endete bei der Selenzabucht, in der die Heinkel auf dem Wasser aufschlug und zerschellte. Die Bombenbesatzung kam um. Eines unserer Boote konnte nur noch ein Schlauchboot und einige Ausrüstungsgegenstände bergen.

Nachdem wir nun wußten, daß der Gegner seine Flugzeuge mit Schlauchbooten und diese mit Notfunkgeräten ausgerüstet hatte, befahl ich, alle unsere Flugzeuge, die auf See zum Einsatz kamen, ebenso auszustatten. Nützliche Dinge sollte man übernehmen. Die Schlauchboote würden nicht wenigen Fliegern das Leben retten.

Safonow ist der Held des Tages. Und wohl nicht nur dieses einen Tages. Er ist der allgemeine Liebling, ein typischer Russe aus der Gegend von Tula. Dieser willensstarke Mensch ist ein hervorragender Flieger. Seine Maschine beherrscht er aus dem Effeff, man sagt ihm ein ausgeprägtes Zeit- und Distanzgefühl nach. Breitschultrig, mit einem offenen Gesicht und großen dunkelgrauen Augen, weckt er sofort Sympathien. Safonow sollte man nicht aus dem Blickfeld verlieren und junge Piloten von ihm lernen lassen.

26. Juni. Wir erhielten die offizielle Mitteilung, daß Finnland der UdSSR den Krieg erklärt hat. Sollen sich die Nachbarn jetzt nur nicht beklagen! Wir haben sie bisher nicht angerührt, obwohl wir alle ihre Vorbereitungen registriert haben und durchaus in der Lage gewesen wären, sie mit Waffengewalt daran zu hindern. Nun müssen sie ernten, was sie gesät haben!

Jäh ist ein Wetterumschwung eingetreten. Die Sonne scheint jetzt 24 Stunden am Tag, und unsere Flugzeuge können starten. Der Gegner ist uns an Flugzeugen überlegen. Aufklärungsangaben zufolge hat er auf finnischem Territorium 600 und auf norwegischem 400 Flugzeuge stationiert. Nicht zu vergessen seine fast zweijährigen Kampferfahrungen. Damit können wir nicht aufwarten, und moderne Flugzeuge fehlen uns auch. Dessenungeachtet setzen unsere Flieger alle Kräfte ein. So haben sie bereits den bedeutendsten Flugplatz des Gegners bei Lakselv, etwa 100 Kilometer südlich des Nordkap, den Hafen Kirkenes und dort auf Reede liegende Schiffe sowie Luostari bombardiert. Unsere Bomber werden gegen 350 bis 400 Kilometer von der eigenen Grenze entfernte Flugplätze eingesetzt, und die Marinebombenflugzeuge MBR-2, unsere Schwerarbeiter in der Luft, vollbringen mehr, als man ihnen zutraut. Trotz ihrer geringen Geschwindigkeit und schwachen Bewaffnung handeln sie nicht nur vor der eigenen Küste, sondern auch vor der Küste des Gegners. Mut und Entschlossenheit – diese Eigenschaften haben sich bei unseren Fliegern bereits herausgestellt.

Heute meldete ein Beobachter, daß zwei Paare MBR-2 auf der Suche nach U-Booten am Eingang in die Kolabucht ihre erste Prüfung zu bestehen hatten. Gegen das erste Paar flog eine Ju88 an. Dieses Flugzeug war mit 500 Kilometern je Stunde und stärkerer Bewaffnung unseren MBR-2 haushoch überlegen. Dennoch griffen unsere Flugzeuge als erste an und verjagten den Gegner.

Das muß man unbedingt popularisieren. Denn letztlich spielen die Menschen die entscheidende Rolle.

Die Verlegung unserer Reserven hat begonnen. Wir bringen sie hauptsächlich nach Titowka, einer kleinen Fischersiedlung in der Bucht. Dabei mußten wir Lehrgeld zahlen. Unser 5000-Tonnen-Transporter «Mossowjet» ist wegen seiner Größe ein günstiges Ziel für Flugzeuge. Sie griffen ihn auf seinem Weg von der Kolabucht bis nach Titowka ständig an.

Die Sicherungsfahrzeuge hatten viel Mühe, die Angriffe abzuwehren. Nicht einmal nach dem Eintreffen in Titowka hatten wir Ruhe. Dabei stießen die faschistischen Maschinen im Sturzflug herab und warfen ihre Bomben. Das praktizierten sie bereits während des Krieges in Spanien, doch leider waren von uns nicht die notwendigen Schlüsse daraus gezogen worden.

Das intensive Flakfeuer der Schiffe, die die «Mossowjet» schützten, war effektiv. Der Transporter wurde nicht getroffen.

Das Ergebnis zweitägiger Luftkämpfe: Am 25. und 26. Juni verloren wir sechs Jagdflugzeuge, zehn Maschinen des Gegners wurden von uns abgeschossen.

27. Juni. Die Artilleristen haben gezeigt, was sie können. Vor allem aus jener Batterie, die am 22. Juni als erste einen gegnerischen Geleitzug unter Feuer genommen hatte. Sie ist seit Beendigung der Kampfhandlungen mit Finnland auf der Halbinsel Sredni stationiert. Ihre Geschütze sind nicht gerade neu, aber doch gut genug, um ihrer Aufgabe gerecht zu werden. Die Batterie versperrt mit ihrem Feuer den Zugang zu Petsamo. Befehligt wird sie von Oberleutnant Kosmatschjow, der stolz darauf ist, Chef der am weitesten auf dem rechten Frontflügel gelegenen Batterie der Sowjetunion zu sein. Eine gehörige Portion Ruhe und Bestimmtheit ist vertrauenerweckend. Die gute politisch-ideologische und Gefechtsausbildung seiner Bedienung wurde heute erneut sichtbar.

Am Morgen lief ein gegnerisches Küstenschutzboot aus Petsamo aus. Die Batterie versenkte es buchstäblich in zwei, drei Minuten. Die Artilleristen waren in Hochstimmung. Wir warnten sie vor einem Schlag aus der Luft, auf unsere Hilfe mit Jagdflugzeugen konnten sie nicht rechnen.

Wie zu befürchten, ließen die Faschisten nicht lange auf sich warten. Wenige Stunden später stießen 35 Flugzeuge im Sturzflug auf die Batterie herab und warfen ihre Bomben. Das rief für einen Augenblick Verwirrung unter den Artilleristen hervor. Doch rasch hatten sie sich gefaßt und nahmen den Gegner unter Feuer. Mit ihren 45-mm-Fla-Kanonen und mit Unterstützung von zwei herbeigeeilten Jagdflugzeugen wurden zwei Ju 88 abgeschossen. Die Batterie blieb allerdings auch nicht verschont. Alle Gebäude wurden zerstört, es gab Tote und Verwundete. Ein Geschütz wurde beschädigt. Das Gelände war im Umkreis von 200 Metern wie umgepflügt.

Zwei Stunden später griffen die Faschisten erneut an. Wir befahlen Kosmatschjow, so zu tun, als sei die Batterie vernichtet, das heißt, in Deckung zu gehen und sich nicht zu rühren. Um so überraschter würde der Gegner sein, sobald er neue Geleitzüge losschickte.

Von den Fronten gingen schlechte Nachrichten ein. Unsere Mißerfolge trafen einen mitten ins Herz. Aufgegebene Städte, vom Krieg verwüstete friedliche Landstriche.

Und wie sah es hier im Norden aus? Auch nicht beneidenswert. Die Flotte hatte keinen Kraftstoff. Öl war nur so viel vorhanden, wie die Schiffe in ihren Öltanks mitführten.

Seit den Morgenstunden war der Gegner an der Grenze in Bewegung geraten. Doch zögerten die Faschisten mit einem Angriff zu Lande. Bereiteten sie womöglich eine Landung auf der Fischerhalbinsel und der Halbinsel Sredni vor, um zuerst die Kolabucht unter Kontrolle zu haben, ehe sie die Grenze überschritten und auf Murmansk vorstießen? Durchaus denkbar, zumal sie wußten, daß hier gegenwärtig fast alle Mittel zur Versorgung des Nordens und zur Ausbeutung seiner Naturschätze konzentriert waren. Seit dem ersten Kriegstag hatten sich in der Kolabucht 35 Transportschiffe, etwa 40 Fischereifahrzeuge und 80 Motorboote, der größte Teil der Handelsflotte, angesammelt. Diese so dringend benötigten Schiffe mußten unbedingt gerettet werden. Doch wohin sollten wir sie bringen? Am geeignetsten wäre das Weiße Meer gewesen, doch von Murmansk bis nach Archangelsk waren es 450 Seemeilen, und unterwegs wäre man Tag und Nacht, die ja zur Zeit hier oben eins sind, ständigen Angriffen aus der Luft und auf See ausgesetzt gewesen. Wie hätten wir solche Schläge parieren können, da wir nicht einmal an der Front genug Jagdflugzeuge hatten? Die Zerstörer, die ohnehin alle im Einsatz waren, reichten nicht aus, um so vielen Schiffen einen wirksamen Geleitschutz zu geben. Außerdem waren die Kraftstoffreserven begrenzt. Wir überlegten angestrengt, was wir tun könnten, und zwar unverzüglich, ohne auch nur eine Stunde zu verlieren.

Aus den eigenen Erfahrungen der Vorkriegsjahre wußte

ich, daß der Gegner streng schematisch vorging. So verfuhr er auch jetzt. Die Luftangriffe erfolgten beispielsweise meist um dieselbe Zeit. Diese Gepflogenheiten mußten wir ausnutzen. Wenn wir also etwas unternähmen, was nicht in die faschistische Denkweise paßte, könnten wir da nicht fast mit einem Gelingen rechnen? Konkret: Wenn wir bei der Verlegung der Schiffe auf jeglichen Geleitschutz verzichteten? Die Faschisten würden wohl kaum auf den Gedanken kommen, daß wir alle üblichen Regeln außer acht ließen. Natürlich war es riskant, so viele Schiffe ohne Sicherung loszuschicken, doch einen anderen Ausweg gab es nicht. Ließe man sie hier, gingen sie wahrscheinlich verloren; brächte man sie aber fort, könnten bestimmt etliche gerettet werden.

Nach einigem Überlegen wurde festgelegt: Die Schiffe fahren einzeln, selbständig und in unterschiedlichem zeitlichem Abstand los. Die Aufmerksamkeit des Gegners wird durch Luftangriffe auf seine Flugplätze, auf Kirkenes und Petsamo abgelenkt. Die Hauptaufgabe der Jagdflieger besteht darin, die faschistischen Aufklärungsflugzeuge abzufangen, zu verhindern, daß sie in die Tiefe des Luftraums östlich der Kolabucht vorstoßen.

Für den Anfang war das Wetter günstig – eine niedrige Wolkendecke, verschiedentlich kam strichweise Nebel auf.

Und so gingen die unterschiedlichsten Schiffe, von Hochseefrachtern angefangen bis hin zu Walfangbooten, mit dem Ziel Archangelsk von Murmansk aus auf die Reise. Unsere guten Wünsche begleiteten sie.

Eine Mitteilung des Befehlshabers der 14. Armee erforderte unsere Aufmerksamkeit. Frolow informierte uns über seinen Entschluß, die Armeeartillerie zu einem Feuerüberfall auf Ansammlungen deutscher und finnischer Truppen einzusetzen, um überraschende Handlungen des Gegners zu Lande, beispielsweise gegen Murmansk, zu behindern. Die Ziele wären aufgeklärt und präzisiert worden. Nun denn, das kam zur rechten Zeit.

28. Juni. Schon den zweiten Tag laufen aus der Kolabucht Frachter, Trawler und Motorboote ins Weiße Meer aus. Von See gibt es keinerlei beunruhigende Signale.

29. Juni. Zu Lande trat ein, was zu erwarten gewesen war.

Die Faschisten gingen, kaum daß die Armeeartillerie das Feuer eröffnet hatte, zum Angriff über. Allerorts entbrannten erbitterte Kämpfe.

Die Kräfte sind ungleich. Der Gegner hat sich langfristig auf den Angriff vorbereitet, wir aber haben, strenggenommen, erst damit begonnen, Auffüllungen heranzuführen. Wir schikken unausgebildete, schlecht ausgerüstete Soldaten unter den Schlägen gegnerischer Flieger direkt von der Anlegestelle an die vorderste Front, in den Kampf.

Die Meldungen von dort sind kurz: Es wird um jeden Meter Boden, um jeden Felsen, um jede Erdspalte gerungen. Selbst dort, wo nur zwei, drei Mann in den Stellungen übrig sind, ergibt sich keiner.

Der Küstenabschnitt wird von Generalmajor A. A. Shurba befehligt. Ich kenne ihn, er ist ein erfahrener Soldat, ein tapferer Mensch. Er unternimmt alles, um einen Durchbruch der Faschisten nach Murmansk zu verhindern, ihren Druck abzuschwächen; doch sie zum Stehen zu bringen, dazu ist er nicht in der Lage. Die Front verlagert sich langsam in Richtung der Kolabucht, also auf uns zu.

Ich bin im Besitz eines Befehls von Dietl, dem Oberbefehlshaber der uns gegenüberstehenden Gruppierung, an seine Gebirgsjäger. Der Befehl wurde bei einem getöteten Offizier gefunden. Er enthält die Aufgaben für die in der Murmansker Richtung eingesetzten Divisionen. Der Angriff ist nicht nur nach Tagen, sondern sogar nach Stunden aufgeschlüsselt. Weder eine Andeutung von möglichen Schwierigkeiten noch der Schimmer eines Zweifels. Nichts als hochmütige Selbstsicherheit. Eine Woche nach Angriffsbeginn sollen die Truppen Murmansk einnehmen.

Warten wir ab. Der erste Tag, an dem es den Gebirgsjägern mit überlegenen Kräften gelang, unsere Grenzer und Teile der 14. Division zurückzudrängen, hat nichts entschieden. Noch haben Dietls Truppen nicht einmal die Hälfte der Entfernung – in Luftlinie 80 Kilometer – zurückgelegt.

Die Küstenposten meldeten: Das letzte nach Archangelsk verlegte Transportschiff hat die Insel Kildin passiert und liegt auf Ostkurs längs der Murmanküste.

Von See traf ein Notruf ein. Über Funk wurde zuerst der Angriff faschistischer Flugzeuge auf das etwa 2000 BRT große Kühlschiff Nr. 3 gemeldet, dann folgte ein SOS-Ruf, und danach brach die Verbindung mit dem Kühlschiff ab. Bleibt nur eine Schlußfolgerung: Das Schiff ist versenkt worden. Bei seiner geringen Geschwindigkeit und fehlender Bewaffnung war es einem Angreifer aus der Luft rettungslos ausgeliefert.

Sollte das der einzige Verlust bleiben, dann wäre die Verlegung der Transportflotte geglückt. Zeitlich gesehen, müßten bald alle Schiffe in Archangelsk eingetroffen sein. Neue Verlustmeldungen trafen nicht ein.

Von Frolow erhielten wir wenig später eine Mitteilung, die uns sehr bewegte. Zu Lande sah es schwieriger aus, als ich angenommen hatte. Die Schützeneinheiten hatten große Verluste, besonders unter den Offizieren. Der Gegner drängte unsere Truppen unaufhaltsam zurück. In einzelnen Gruppen, oft ohne Kommandeur, klammerten sich die Rotarmisten an jeden Felsbrocken und an jeden Hügel. So wichen sie durch unwegsames Gelände und Tundrasümpfe langsam auf Poljarny zurück. Bei Titowka wurde erbittert gekämpft, und das fast ohne Granatwerfer und mit wenig Artillerie. Der Armeebefehlshaber informierte, daß die Munition katastrophal dahinschmelze, und bat uns um Hilfe.

Natürlich mußte man ihnen helfen. Vor allem mit der Schiffsartillerie.

Ich ließ den Chef der Zerstörerabteilung, Korvettenkapitän J. M. Simonow, rufen. Seit langem schätzte ich ihn als initiativreichen und verantwortungsbewußten Offizier. Außerdem befahl ich den Flaggartillerieoffizier der Flotte, Fregattenkapitän A.D. Barinow, und den Chef einer U-Jagd-Gruppe, Oberleutnant I.A. Krol, zu mir. Ich berichtete ihnen von der Frontlage, die sich inzwischen weiter zugespitzt hatte, denn Titowka war aufgegeben worden. Der Befehlshaber unseres Frontabschnitts, General Shurba, und sein Adjutant waren gefallen. Nur ein einziges Bataillon hatte mit seinem schwer verwundeten Kommandeur die Kolabucht erreicht. Daß er überhaupt bis hierher durchgehalten hatte! Eine erstaunliche Willensleistung in seinem körperlichen Zustand.

Die übrigen Einheiten wichen weiter in kleinen, zwanzig bis dreißig Mann starken Gruppen zurück. Es gab kaum noch

Truppenoffiziere, eher noch Wirtschaftsoffiziere und Ärzte. Sehr viele junge Offiziere waren gefallen.

Ich meinte, es sei verständlich, daß die Soldaten die Köpfe hängenließen. Erschöpft und hungrig, häufig ohne Waffen, hätten sie ihre Kampfkraft weitgehend eingebüßt. Auf Schritt und Tritt begegnete man solchen Ausrufen wie: «Die sind übermächtig.» – «Sie schlagen uns, wir können uns nicht halten!» – «Setzt uns ans andere Ufer über!» Von da bis zur Panik sei es nicht weit. Um das zu verhindern, müßten wir dem Feind von den Schiffen her einen Schlag versetzen, und zwar an der für uns entscheidenden Stelle.

Das 135. Schützenregiment, das an der Grenze gekämpft hatte, war nach dem Durchbruch der Faschisten nach Titowka nicht auf die Küste der Kolabucht, sondern auf die Halbinsel Sredni zurückgewichen. Dort hatte es sich auf der Landenge, die die Halbinsel mit dem Festland verbindet, an den Hängen des beherrschenden Musta-Tunturi-Gebirgsrückens befestigt. Was dem Gegner im Ansturm nicht gelungen sei, sagte ich, wolle er jetzt mit neuen Kräften erzwingen: unsere Truppen von einem Gebiet vertreiben, dessen Besitz die weitere Entwicklung der Ereignisse wesentlich beeinflussen könne. Denn wer die Fischerhalbinsel und Sredni habe, beherrsche auch die Kolabucht, die die Basis für unsere Nordflotte und mit Murmansk als einem unserer wichtigsten Überseehäfen ein Tor zur Welt sei. Gar nicht zu reden vom Symbolwert der beiden Halbinseln, die die nördlichsten Punkte der westlichen Staatsgrenze der UdSSR bildeten.

Ich erinnerte daran, obwohl ich wußte, daß den Genossen das alles ebenso bekannt war wie mir. Ich wollte aber unterstreichen, daß die ihnen gestellte Aufgabe trotz aller zu erwartenden Schwierigkeiten gelöst werden mußte. Ein Problem ergab sich daraus, daß es auch nachts hell war und der Gegner seine Flugzeuge jederzeit einsetzen konnte. Und das würde er tun, sobald unsere Schiffsartillerie ihr Wort sprach. Ich sagte, daß ich zur Deckung vier, höchstens sechs Jagdflugzeuge bereitstellen könnte, während der Gegner bestimmt zehnmal mehr aufzubieten hätte.

In den Augen meiner Offiziere las ich Einverständnis, obwohl sie inzwischen wußten, was ein Bombardement aus dem Sturzflug bedeutete. Ich erläuterte ihnen ihre Aufgaben im einzelnen, und sie zeichneten sich die Aufklärungsangaben über Truppenkonzentrationen des Gegners ein. Zur Erfüllung der Feueraufgabe würden die Zerstörer «Kuibyschew» und «Urizki» und zum Anlanden der Feuerkorrekturgruppen sowie zur zusätzlichen Luftabwehr U-Jäger zum Einsatz kommen. Über den Schiffen würden vier Jagdflugzeuge Sperre fliegen.

Mit guten Wünschen für einen Erfolg entließ ich meine Offiziere.

Kaum war ich allein, reichte man mir einen Funkspruch herein. Der Volkskommissar befahl dem Kriegsrat, die Schiffe der Nordflotte sofort in die Motowskibucht auslaufen zu lassen und der Armee bis zum letzten Augenblick Unterstützung zu gewähren. Der Ausdruck «bis zum letzten Augenblick» sagte mir gar nicht zu. Meines Erachtens sollte man sich nicht auf den letzten Augenblick orientieren, sondern darauf, den Gegner mit allen Mitteln zum Stehen zu bringen. Dann würde es keinen «letzten Augenblick» geben.

30. Juni. Die Schiffe sind bereits ausgelaufen. Die Anspannung dieses Tages fand auf ganz unerwartete Weise ein Ende.

Ich notiere der Reihenfolge nach, wie der Tag begann und wie er endete; vor allem, was sich in der Motowskibucht nach dem Eintreffen der Zerstörer und der U-Jäger ereignet hat.

Die Schiffe erreichten gegen 06.00 Uhr ihre Positionen und handelten nach allen Regeln der Artilleriekunst, wie bei einer Übung. Als erstes landeten die Boote die von der «Kuibyschew» und der «Urizki» übernommenen, mit Funkgeräten ausgerüsteten Feuerkorrekturgruppen an. Diese stellten Verbindung mit der Armeeführung her und präzisierten die Ziele. Um 06.00 Uhr eröffneten die Schiffe das Feuer auf die gegnerischen Stellungen. Jede Salve wurde unverzüglich von den Posten an der Küste korrigiert. Der intensive Beschuß hielt etwa vier Stunden an. Eine Artillerie- und eine Granatwerferbatterie des Gegners wurden zerschlagen und niedergehalten, vier Konzentrierungspunkte seiner Truppen mit Feuer belegt. Ergebnis war, daß die Faschisten ihren Angriff nicht sofort wiederaufnehmen konnten.

Die Zerstörer kamen der Bitte der Armeeführung nach, den Beschuß fortzusetzen, und entfernten sich erst von der Küste,

als der Gegner mit Flugzeugen angriff. Das geschah gegen 10.00 Uhr. Etwa 40 Bomber stürzten sich jeweils zu dritt von hinten auf unsere Schiffe und warfen 80 schwere Bomben ab. Die Zerstörerkommandanten beobachteten die gegnerischen Flugzeuge aufmerksam und wendeten bei hoher Fahrt jäh nach steuerbord, backbord oder sobald die Bomben ausgeklinkt waren. Volltreffer wurden so verhindert, dennoch detonierten viele Bomben nahe den Bordwänden. Von Splittern wurden auf der «Urizki» vier Mann schwer verletzt und mehrere Geschütze und Torpedorohre beschädigt.

Nachdem die Zerstörer den Bombern entkommen waren, nahmen sie Kurs auf den Ausgang der Motowskibucht, auf einen Nebelstreifen zu, der sich von See her näherte.

Eine Korrekturgruppe war noch in der Nähe der beschossenen gegnerischen Stellungen zurückgeblieben. Als der U-Jäger von Oberleutnant Krol auf die Küste zuhielt, um die Artilleristen abzuholen, griffen die Faschisten erneut an. Wenige Minuten, nachdem die «Kuibyschew» und die «Urizki» im Nebel verschwunden waren, erschienen 18 Bomber und stürzten sich auf das einzige Schiff in der Bucht. Es schien verloren.

Doch jetzt zeigten sich alle Vorzüge dieses Bootstyps, seine Beweglichkeit und Geschwindigkeit sowie das Niveau der Gefechtsausbildung und die Qualitäten der Besatzung. Als das Ruder ausfiel, gelang es dem Kommandanten, einzig mit den Motoren zu manövrieren. Und als dann zwei der drei Motoren beschädigt waren, ging es sogar mit dem einen: mal mit höchster Fahrt voraus, mal mit Fahrt achteraus, mal mit gestopptem Motor. Eine halbe Stunde lang hielt das Boot keine Minute denselben Kurs. Wiederholt wurde es unter der Wucht der nahen Detonationen fast umgeworfen. Nichts konnte die Männer auf dem Boot davon abhalten, die angreifenden Bomber unter Feuer zu nehmen.

Die Küstenposten und die Korrekturgruppe beobachteten das Geschehen und informierten uns. Helfen konnten sie nicht. Ich befahl, zwei Paare Jagdflugzeuge – unsere ganze Reserve – zum Ort des ungleichen Kampfes zu entsenden. Aber was konnten sie schon groß ausrichten. Fast eine halbe Stunde lang wich der U-Jäger, auf sich allein gestellt, den 18 faschistischen Flugzeugen aus. Mit den 45-mm-Geschützen und den überschweren Maschinengewehren wurden drei zweimotorige Bomber abgeschossen, ein anschaulicher Beweis dafür, daß im Krieg längst nicht alles den Gesetzen der Mathematik gehorcht. Wie immer gaben die Menschen den Ausschlag.

Entgegen allen Vermutungen quälte sich das Boot mit zerschlagenem Heck und einem kaum noch arbeitenden Motor in den Hafen von Wladimir. Von dort rief uns der Kommandant an. Erregt und noch unter dem Eindruck des eben Durchgestandenen, sprach er im Flüsterton, und auf den Vorschlag seines Vorgesetzten, einen anderen U-Jäger zu schikken, um sein Boot zum Stützpunkt abzuschleppen, erwiderte er knapp: «Das bleibt nicht unbemerkt, und wozu ein zweites Boot einer solchen Gefahr aussetzen? Besser, ich warte Nebel ab und komme dann allein.»

Inzwischen ist er eingetroffen. Ich habe mir über alle Einzelheiten dieses Einsatzes Klarheit verschafft und angewiesen, sie zu popularisieren. Ferner habe ich befohlen, die verdienstvollsten Besatzungsmitglieder für staatliche Auszeichnungen vorzuschlagen.

Das Fazit der Ereignisse in der Motowskibucht: Die Schiffe haben sich bewährt. Und das Duell des U-Jägers mit den faschistischen Sturzkampfbombern hat eine neue Seite in der Geschichte der Nordflotte[1] aufgeschlagen.

Die wichtigste Erkenntnis für viele war: Das faschistische Ungeheuer ist nicht so unverwundbar, wie man es in Westeuropa dargestellt hat. Der Vorteil des Überraschungsangriffs, gefestigt durch technische Überlegenheit – das war es, was den Mythos von der Unbesiegbarkeit der faschistischen Kriegsmaschinerie aufrecht erhielt. Erstens waren das aber nur zeitweilige Vorteile. Und zweitens waren sie am Musta-Tunturi-Gebirgsrücken bereits erschüttert worden. Dort hatten sich die Faschisten festgerannt, und wir taten alles, diesen Höhenzug für sie unüberwindbar zu machen. Wenn sie uns trotz der Granatwerfer, denen wir kaum eigene entgegensetzen konnten, und trotz der Überlegenheit an Flugzeugen im

1 Durch Erlaß des Präsidiums des Obersten Sowjets der UdSSR vom 14. Juli 1941 wurden der Kommandant, sein Erster Offizier und der Gefechtsrudergänger mit dem Rotbannerorden ausgezeichnet.

ersten Ansturm nicht von den Zugängen zur Fischerhalbinsel und zur Halbinsel Sredni hatten verdrängen können, so gelang ihnen dies später erst recht nicht, denn wir schafften es, Reserven heranzuführen.

Einen weiteren Beweis dafür, daß der Gegner nicht unschlagbar war, lieferte auch der Kampf in der Motowskibucht. Er war ein anschauliches Beispiel unserer Möglichkeiten, dem Gegner bei all seiner vorläufig noch erdrückenden Überlegenheit an Kampftechnik Paroli zu bieten.

Ein weiterer Grund, zuversichtlich zu sein, war die Meldung aus Archangelsk. Voller Unruhe hatte ich dort nach den Ergebnissen der Verlegung unserer Transport- und Fischfangflotte gefragt. Nach dem SOS-Ruf des Kühlschiffes Nr. 3 hatte ich weitere Verluste befürchtet. Als ich mich jetzt nach dem Schicksal der Besatzung und den Umständen der Versenkung erkundigte, erhielt ich eine Antwort, die nicht nur mich verblüffte.

Alle Schiffe seien vollzählig und wohlbehalten im Weißen Meer angekommen, kein einziges habe unterwegs Schaden erlitten. Jetzt seien sie auf der Nördlichen Dwina versammelt. Das Kühlschiff Nr. 3 liege bereits den dritten Tag an der Anlegestelle in Archangelsk, es sei unbeschädigt und fahrbereit. Wie reimte sich das mit dem SOS-Ruf zusammen? Bald hatte ich Klarheit. Ein zufällig vorbeifliegendes Aufklärungsflugzeug hatte einige MG-Garben auf das Kühlschiff abgegeben. Zwei, drei Kugeln trafen die Wand der Funkkabine, und der Funker gab eigenmächtig, ohne Wissen des Kapitäns, SOS-Rufe durch. Danach verließ er seinen Posten und hörte unsere Anfragen nicht mehr. Man mochte ihm fast verzeihen, da sich die Sache zum Guten gewendet hatte und alle 150 Schiffe, die dem Staat noch sehr von Nutzen sein würden, unversehrt waren. Wie froh war ich, daß sich das notwendige Risiko ausgezahlt hatte. Wir hatten ein weiteres Duell, bei dem es auf militärische Klugheit ankam, im Polargebiet gewonnen.

•

Ungeachtet der Fehler

Juli/August 1941

Die Frage, die ich mir bei der Durchsicht meiner flüchtigen, fast konspekthaften Aufzeichnungen aus den ersten Kriegsmonaten immer wieder stelle, lautet: Weshalb gelang es den Faschisten nicht, uns zu zerschmettern oder uns mit der Aussicht zu schrecken, vom ganzen Land abgeschnitten zu werden? Sie waren deutlich an Kräften überlegen, sie hatten die größere Kampferfahrung, ihre Truppen waren hervorragend ausgebildet und intensiv auf Handlungen im Polargebiet vorbereitet, sie hatten durch den wortbrüchigen Überfall die Initiative an sich gerissen.

Unserer 14. Armee wie auch der Nordflotte drohte die reale Gefahr, die Unterstützung und die Versorgung einzubüßen, vor allem dort, wo der Verbrauch die Produktion all dessen übertraf, was für die Existenz einer großen Menschenmenge und für den Kampf benötigt wurde. Der Gegner hatte einen seit langem ausgearbeiteten Plan für die Einnahme der Halbinsel Kola, der Städte Poljarny und Murmansk, der auf Tage, ja auf Stunden genau die Besetzung aller Punkte des sowjetischen Polargebiets angab – den entsprechenden Befehl von Dietl habe ich bereits erwähnt. Hinzu kam noch eine spezielle Anordnung aus Berlin an den Befehlshaber der faschistischen Flottenkräfte auf dem nördlichen Schauplatz, in der besonders darauf hingewiesen wurde, die Werften in Murmansk nicht zu bombardieren, da man vorhatte, sich ihrer nach der Einnahme des Hafens zu bedienen.

Hatten sich die faschistischen Strategen nur deshalb verrechnet, weil sie dem Polargebiet eine zweitrangige Rolle zuwiesen, weil sie sich darauf verließen, daß man überall in Europa panische Angst vor ihnen hatte und deshalb jeglicher Widerstand schon bald gebrochen und der Wille zur Befreiung vom Faschismus für lange Zeit gelähmt war?

Eine erschöpfende Antwort geben die Ereignisse der ersten Kriegswochen, die Fehler und die Heldentaten, die für jene Zeit charakteristisch waren, vor allem zu Lande, auf dem damals das Schicksal des sowjetischen Polargebiets und der Nordflotte entschieden wurde.

Fehler waren unvermeidlich, eben weil es uns an Kampferfahrung fehlte und die Seeleute häufig dort kämpfen mußten, wo eigentlich ein längeres Training und eine spezielle Ausbildung vonnöten gewesen wären: inmitten der felsigen Berge und granitenen Bergkuppen, zwischen denen sich verschneite Schluchten und die unter Granatwerferfeuer liegende sumpfige Tundra erstreckten. Die in ungleichen Kämpfen ausgebluteten und noch nach Friedensnormen aufgefüllten Truppenteile der 14. Armee brauchten dringend sofortige Unterstützung, andernfalls konnten sie dem Ansturm der gegnerischen Stoßtruppen, die im Gebirgskampf bei Narvik Erfahrungen gesammelt hatten, nicht mehr standhalten. Sie setzten alles daran, das Angriffstempo der Gebirgsjäger zu verlangsamen, doch ihre Kräfte waren erschöpft, und die Unterstützung von See her, die die Flotte den Schützeneinheiten durch das Feuer der Schiffsartillerie an der Westlichen Liza sowie an der Fischerhalbinsel und der Halbinsel Sredni bisher gewährt hatte, reichte jetzt nicht aus. Ohne die unmittelbare und für die Infanterie augenblickliche Hilfe an der Küste ging es nicht mehr.

Marineinfanterie hatten wir zu jener Zeit im Norden nicht. Die ersten sogenannten Marineabteilungen aus Seeleuten – alles Freiwillige und qualifizierte Fachleute des 4. und 5. Dienstjahres – wurden buchstäblich in wenigen Stunden formiert und in den Kampf geworfen, um den Rotarmisten zu helfen und den auf Murmansk und die Kolabucht vorstoßenden Gegner aufzuhalten. Zwei Tage dauerte die Aufstellung der nächsten Abteilungen aus Besatzungen von U-Booten und Überwasserschiffen, verschiedenen Spezialisten der Küstenverteidigung und der Seefliegerkräfte, Schiffbauern und Schiffreparaturarbeitern, Instrukteuren und Kursanten der Flotten-Lehrabteilung. Der allgemeine Wunsch, den Faschisten eine gehörige Abfuhr zu erteilen, war so groß, daß man am Abend des zweiten Tages die Registrierung von Freiwilligen abbrechen mußte. Mehr als 12000 Gesuche waren inzwischen eingereicht worden. Weder die Flotte noch die Armee konnten genügend Ausrüstung und Waffen bereitstellen. Etwa 3000 Gewehre brachte man uns aus Moskau mit Transportflugzeugen, geführt von Valentina Grisodubowa, Held der Sowjetunion. Im wesentlichen mußten wir aber durch die «Mobilisierung innerer Reserven» der Lage Herr werden. Von den Schiffen wurden alle Handfeuerwaffen herbeigeschafft – nur die Schiffskommandanten behielten ihre Pistolen – und Maschinengewehre demontiert, sogar solche von U-Booten und nicht intakten Flugzeugen; außerdem sammelte man unter den Offizieren und Maaten alle überflüssigen Uniformstücke und Ausrüstungsgegenstände ein.

Unsere Marineinfanterieabteilungen boten ihrem Aussehen nach ein buntes Bild, aber ihren Qualitäten nach waren sie den Matrosenabteilungen aus der Zeit der Revolution und des Bürgerkrieges durchaus ebenbürtig. Die Männer sahen sich nicht nur als Nachfolger und Träger der Kampf- und revolutionären Traditionen der russischen Seeleute, sie wußten auch, was ihnen bevorstand, als sie den faschistischen Gebirgsjägern entgegenzogen, und in wessen Namen sie den Kampf aufnahmen. Keinem mußte erklärt werden, daß beim Gelingen des gegnerischen Vorhabens die Flotte in der Falle sitzen und die Hauptbasis sowie die günstigsten Stützpunkte einbüßen würde, beispielsweise für den Einsatz der U-Boote im Winter. Murmansk mit seinem eisfreien Überseehafen war für die Heimat unverzichtbar. Daher bestätigte jeder Angehörige der von uns gebildeten Marineabteilungen durch die Tat die treffenden Worte des Schriftstellers Leonid Sobolew in seiner Erzählung «Er liebte das Meer»: Ein Seemann ist ein Seemann, zwei sind ein ganzer Zug, drei eine Kompanie und vier ein Bataillon.

Die Hilfe der Marineinfanteristen für die 14. Armee am Küstenabschnitt, die aus der Bewegung in das Gefecht eingeführt wurden, trug wesentlich dazu bei, den Umschwung in der gesamten Murmansker Richtung herbeizuführen. Berichte vom Heldentum im Kampf, von Furchtlosigkeit und Opfermut der Flottenfreiwilligen verbreiteten sich schon am ersten Tage ihres Einsatzes an der gesamten vorderen Linie. Traten die Seeleute in den entscheidenden Augenblicken gegen die Gebirgsjäger zum Gegenangriff an, dann vertauschten sie die

Stahlhelme mit ihren Matrosenmützen, zogen die Uniformjakken aus und stürzten sich in ihren Matrosenhemden auf den Gegner. Es war klar, daß dies zu überflüssigen, unnötigen Opfern führte, daß die Flotte viele Fachleute verlor, deren Ausbildung Jahre gedauert hatte. Doch trotz allem Zureden gaben die Seeleute immer ein und dasselbe zur Antwort: So verlange es eben die Tradition, so hätten es die Matrosen im Bürgerkrieg gehalten; sollen sich die Faschisten, das heißt, wer von ihnen mit dem Leben davonkommt, die sowjetischen Seeleute nur gut einprägen!

Am unheilvollsten wirkte sich in den Abteilungen die Abneigung aus, sich gebückt oder kriechend vorwärts zu bewegen. Nur in voller Größe! Dieser ungestüme Schneid der Seeleute begeisterte die Rotarmisten, führte er doch wiederholt zu Panik unter den faschistischen Gebirgsjägern und zu ihrer Flucht. Doch er war eben leider auch die Hauptursache für erhebliche Verluste. Allzu viele Freiwillige aus der Flotte fanden in den Bergen des Polargebiets den Tod, ehe die Abteilungen der Marineinfanterie Kampferfahrungen zu Lande erwarben und die notwendige Vorsicht walten ließen. Die fehlende Zeit für eine entsprechende Ausbildung zu Beginn des Kampfes forderte einen hohen Preis von uns. Dennoch blieben wir nicht erfolglos. Die in den ungleichen Kämpfen zermürbten Soldaten der 14. Armee schöpften angesichts des aufopferungsvollen Einsatzes der Seeleute neue Kraft, und in gemeinsamer Anstrengung wurde der Gegner zum Stehen gebracht.

Dazu trugen auch die Landungsunternehmen bei, die wir in den kritischsten Augenblicken in Absprache mit der Armee unternahmen, darunter das von 529 Grenzsoldaten aus den Truppenteilen des Generalmajors K. P. Sinilow oder das eines Schützenregiments und einer Marineabteilung. Allerdings gab der Gegner nicht auf. Er führte über Kirkenes und Petsamo in ununterbrochenem Strom Truppen, Kriegsmaterial und Munition heran. Alles deutete darauf hin, daß er zu einem neuen Schlag ausholte, um unsere Verteidigung zu durchbrechen. Man mußte diesen Stoß wenigstens abschwächen.

Der erste Landungstrupp, der das rückwärtige Gebiet des Gegners zum Ziel hatte, wurde in nur zwei Stunden formiert.

Wir hielten uns mit nichts Überflüssigem auf, das ließen die Bedingungen, unter denen wir kämpften, gar nicht zu. Schnelles Handeln entschied alles. Den Landungstrupp brachten wir mit kleinen Schiffen und Motorbooten zur Landungsstelle und nahmen ihn vier Tage später wohlbehalten wieder auf.

Auch der zweite Landungstrupp wurde so operativ zusammengestellt und am vorgesehenen Ort angelandet. Für den dritten stellten wir kleine Schiffe bereit und hielten einige Zerstörer in der Reserve, die notfalls Hilfe leisten sollten. Erneut machten wir uns genau das zunutze, was eigentlich ein Landungsunternehmen ausschloß: die Tag und Nacht währende Helligkeit des Polartages. Mit der Führung der Schiffe und der Sicherstellung des Anlandens wurde Kapitän zur See W. I. Platonow beauftragt, ein ausgeglichener Offizier, der seit den ersten Tagen des Bestehens der Nordflotte in ihr diente, seine Leute kannte und sie zu führen wußte.

Am 14. Juli rüsteten wir in nur vier Stunden – in diese Zeit fielen auch die Gespräche mit dem Befehlshaber der 14. Armee – ein nicht voll aufgefülltes Schützenregiment, es waren 1350 Mann, die noch vorhandene Armeereserve, und eine Abteilung Marineinfanterie mit 250 Mann aus und schifften sie auf Räumfahrzeugen, Küstenschutzbooten und U-Jägern ein. Diese vereinigte Landungsgruppe stand unter dem Befehl des erfahrenen Kommandeurs des Schützenregiments, Major A. A. Schakito.

Am hellichten Tage, auch wenn der Uhrzeit nach der Abend anbrach, wurden diese Kräfte bei gutem, klarem Wetter im Rücken des Gegners an Land gesetzt. Mit soviel Dreistigkeit hatten die Faschisten nicht gerechnet. Eine einzige Batterie setzte uns Widerstand entgegen, doch bald war sie durch das Geschützfeuer der Schiffe zum Schweigen gebracht. Die Zerstörer brauchten nicht einzugreifen.

Fast drei Wochen lang, und zwar bis zum 4. August, führte die von Major Schakito geführte Landungsgruppe, die von uns ununterbrochen verstärkt wurde, Kampfhandlungen im Rücken der faschistischen Truppen, bedrohte sie ständig, band bedeutende Kräfte und erfüllte ihre Funktion als «Zugpflaster» ausgezeichnet.

Alles in allem wirkten sich die von der 14. Armee und der Nordflotte ergriffenen Maßnahmen positiv aus; die Offensive des Gegners in der Murmansker Richtung blieb stecken. Die Gebirgsjäger brachten nur weniger als die Hälfte der Entfernung von der Grenze bis nach Murmansk, das heißt an der einen Stelle 35, an der anderen 40 Kilometer, hinter sich. Weiter kamen sie nicht voran. Mehr noch, an verschiedenen Stellen rangen Armeetruppenteile und Abteilungen der Marineinfanterie den Gebirgsjägern vorteilhafte Positionen ab, setzten sich fest und wurden für den Gegner von nun an für die gesamte Dauer der Kampfhandlungen zu einem unbezwingbaren Hindernis.

Der von der faschistischen Propaganda lauthals verkündete Blitzkrieg war hier im Norden eindeutig gescheitert. Eine im okkupierten Norwegen erscheinende faschistische Zeitung brachte sogar einen Artikel unter der Überschrift: «Warum sind die deutschen Truppen noch nicht in Murmansk?» Darin hieß es, viele stellten die Frage, warum die deutschen Truppen Murmansk noch nicht eingenommen hätten. Der Verfasser wolle sich bemühen, dies zu erklären. In Lappland kämpften deutsche Truppenteile, die sich dort seit dem Norwegenfeldzug befänden. Die Kämpfe hätten sich als außerordentlich schwer herausgestellt, wie schwer, sei gar nicht mit Worten zu fassen. Der Teufel selbst habe die Tundra zum Nutzen der Bolschewisten erfunden. Im Hinterland werde gegen Partisanen und durchgebrochene Rotarmisteneinheiten gekämpft.

Natürlich lag es weder an der Tundra noch an den sonstigen Naturbedingungen, die ja für beide Seiten gleich waren, sondern an unserem entschlossenen Widerstand, den die Faschisten nicht erwartet hatten. Gefangene Gebirgsjäger wußten das Geschehen in der Murmansker Richtung besser zu analysieren als die faschistische Zeitung im versklavten Norwegen. Einer von ihnen sagte bei einem Verhör: «Ihre Leute sind aus einem besonderen Material gemacht. Selbst wenn sie eingekreist sind, alle Patronen verschossen haben und nicht einmal in der Lage sind, das Bajonett zu halten, sind sie noch bereit, uns mit den Zähnen zu zerfleischen!»

Die Lage an der Landfront stabilisierte sich, auch wenn sie noch angespannt blieb. Die Front befestigte sich, und damit hatten die Faschisten nicht gerechnet. Aus den Abteilungen, die in diesen Tagen von der Nordflotte formiert worden waren, bildete sich die Marineinfanterie heraus, und schon bald war ihr Ruhm, den sie in erbitterten Kämpfen erworben hatte, sprichwörtlich.

Von Heldentaten waren die ersten Kampfmonate auch auf See gekennzeichnet, wenngleich dort in dieser Periode ebenfalls Fehler vorkamen. Auf dem Seeschauplatz besaß die faschistische Kriegsmarine die Übermacht. Zu Kriegsbeginn standen ihr gegen die Nordflotte folgende Kräfte zur Verfügung: die aus 5 Schiffen bestehende 6. Zerstörerflottille, 3 norwegische Torpedoboote des Typs «Stegg», der norwegische Minenleger «Glommen», das Artillerieschulschiff «Bremse», 6 U-Boote vom Typ IX c, 10 norwegische leichte Überwassereinheiten verschiedener Typen, 10 bis 15 Räumfahrzeuge, 10 Geleitboote sowie Hilfsschiffe, insgesamt rund 50 Einheiten, also eine ganze Flotte mit Stützpunkten, die an günstigen Stellen des Varangerfjords – Kirkenes, Vardö und Vadsö – in unmittelbarer Nähe der sowjetischen Seewege lagen. Den Marinekräften waren Fliegerkräfte speziell für den Einsatz auf dem hiesigen Schauplatz in einer Anfangsstärke von 230 Flugzeugen zugeteilt worden, die man auf Flugplätzen in Luostari, Kirkenes (Soldatbucht), Lakselv (Banak), Hebukten, Tromsö, Bardufos, Narvik und Bud dezentralisiert hatte.

Dieser ganzen, schon frühzeitig auf ein Ziel ausgerichteten Stoßkraft, die der Gegner ungehindert und zu beliebiger Zeit noch durch die Verlegung von Schiffen aus der Ostsee und der Nordsee in die norwegischen Schären verstärken konnte, vermochten wir nur ungefähr gleich viele Zerstörer entgegenzustellen, die aber den gegnerischen Schiffen dieser Klasse an Geschwindigkeit unterlegen waren.

Am 20. Juli erlitt die Nordflotte einen Verlust, der schwerer wog als alle bisherigen – wir büßten den Zerstörer «Stremitelny» ein, eines unserer besten modernen Schiffe, das Anfang 1940 aus der Ostsee hierher verlegt worden war. Bei Testfahrten in der Kolabucht hatte es eine Geschwindigkeit von 40 Knoten entwickelt. In den ersten Kriegstagen hatte es an Kampfhandlungen teilgenommen und dabei ein gegnerisches Flugzeug abgeschossen.

Nun sollte der Kommandant der «Stremitelny», Fregattenkapitän A. D. Winogradow, den nächsten Geleitzug führen. Winogradow war ein erfahrener Seemann. Ich kannte ihn von der Flottenschule her.

Am 20. Juli lief die «Stremitelny» in den Jekaterinenhafen ein und ging am felsigen Ufer des Berges Westnik vor Anker. Mir schien, daß sich das Schiff unterhalb des Felsens wie in dessen Schatten befinde und von Bombern beim Anflug aus Westen kaum gefährdet sein dürfte. Winogradow kam zur Präzisierung seiner Aufgaben in den Stab. Es herrschte klares, sonniges Wetter und fast völlige Windstille. Solche Schönwettertage sind im Norden höchst selten. Plötzlich wurde Fliegeralarm gegeben. Ich stürzte zum Befehlsstand an der Anlegestelle, und das erste, was ich sah, war eine gewaltige Detonation, genauer, viele Detonationen um die «Stremitelny». Eine riesige Rauch- und Flammensäule stieg direkt über dem Schiff auf, und kurz darauf brach der Zerstörer auseinander. Sein Heck und sein Bug erhoben sich steil aufragend über dem Wasserspiegel. Innerhalb von zwei, drei Minuten sank das Heck, während das Bugteil noch etwa zwanzig Minuten auf dem Wasser liegenblieb. Wer im Wasser schwamm, befand sich in einer Ölschicht.

Viele Seeleute erreichten ohne fremde Hilfe die Küste, andere wurden von Ruder- und Motorbooten aufgenommen. Für manche gab es allerdings keine Rettung. Der Verlust von 121 Menschen schmerzte uns sehr. Unter den Verletzten waren Künstler vom Flottenensemble und -theater, die auf dem Schiff eine Vorstellung gegeben hatten. Auf der «Stremitelny» kam Wassili Makarowitsch Lobodenko, Offizier der Politverwaltung der Flotte, um.

Eine bittere Lektion war uns zuteil geworden. Der Gegner hatte uns überlistet, indem er das schöne Wetter für Aufklärungszwecke genutzt und dann seine Bomber losgeschickt hatte. Unsere wenigen Flugmeldeposten bemerkten sie zu spät. Die Flakartilleristen an der Küste und auf dem Schiff konnten nur wenige Granaten abfeuern. Unsere Luftabwehr war schwach. Man mußte zusätzliche Bewaffnung und Menschen anfordern. Doch sie zu erhalten bestand wenig Hoffnung. In den Hauptrichtungen der sowjetisch-deutschen Front waren großangelegte Operationen im Gange. Unsere Truppen gingen zurück. Die Bedürfnisse der Flotte waren, an diesen Ereignissen gemessen, recht unbedeutend und konnten nicht berücksichtigt werden.

Als ich den Vorfall mit der «Stremitelny» analysierte,

mußte ich mir eingestehen, daß ich selbst nicht schuldlos an diesem Verlust war. Die Deutschen hatten bisher meist aus großer Höhe Bomben geworfen und unsere Schiffe kein einziges Mal getroffen. Das hatte offensichtlich alle, auch mich, sorglos werden lassen. Wir hielten die Liegeplätze der Schiffe im Jekaterinenhafen für sicher, obwohl bereits einige Fliegerbomben unweit des Zerstörers «Kuibyschew» niedergegangen waren. Der Zerstörer war daraufhin befehlsgemäß in die Tjuwabucht, Poljarny gegenüber, gewechselt. Eine Junkers spürte ihn auch hier auf und griff an. Die einzige abgeworfene Bombe ging zwar ziemlich weit vom Schiff nieder, der Kommandant bat dennoch um die Erlaubnis, die «Kuibyschew» nach Murmansk verlegen zu dürfen, unter den Schutz einer stärkeren Luftabwehr. Der operative Diensthabende gestattete die Verlegung. Die «Kuibyschew» traf während eines Luftüberfalls in Murmansk ein, und der Kommandant wendete wieder, da er es für günstiger hielt, das Schiff in der Bucht in Bewegung zu halten. Dieser Entschluß war richtig. Doch wie wurde er ausgelegt? Man nahm den mehrmaligen Standortwechsel zum Anlaß, dem Kommandanten Furcht vor gegnerischen Flugzeugen anzuhängen. Was kam schließlich bei so einer Einstellung heraus? Flugzeuge wurden nicht für voll genommen, und diese Geringschätzung wurde der «Stremitelny» am 20. Juli zum Verhängnis. Sie hätte, als der Aufklärer verschwunden war, sofort den Liegeplatz wechseln müssen. Und ich hätte dem Kommandanten einen entsprechenden Befehl erteilen müssen, als ich merkte, daß er selbst nicht auf einen solchen Gedanken kam.

Es kam einiges zusammen, daß sich die Faschisten für kurze Zeit als Herren auf dem Seeschauplatz betrachteten. Sie sonnten sich in dem Gefühl, uns haushoch überlegen zu sein, da sie ihre neuesten Kampfschiffe gegen unsere Hilfsschiffe einsetzen konnten, die noch unlängst als Fischereifahrzeuge gedient hatten. Doch sie rechneten nicht mit dem kollektiven Heldenmut der Nordmeerseeleute.

Unsere Schlußfolgerungen aus zwei bitteren Erfahrungen sorgten dafür, daß die Überwasserschiffe des Gegners im ganzen weiteren Kriegsverlauf nicht mehr dazu kamen, unseren Überwasserschiffen den Kampf aufzuzwingen. Mein Tagebuch enthält über diese beiden Fälle folgende Eintragungen:

13. Juli 1941. Am Vorabend sind aus Murmansk zwei Schiffe für Unterwasserarbeiten, die ehemaligen Trawler RT32 und RT67 mit Pontons im Schlepp nach Jokanga ausgelaufen. Sie wurden von dem Küstenschutzboot «Passat», ebenfalls einem ehemaligen Trawler, geführt. Bei den Gawrilowinseln bemerkten die Signalgasten des an der Spitze laufenden RT67 etwa um 02.00 Uhr ein gegnerisches Flugzeug, das im Tiefflug in Süd-Nord-Richtung flog. Das Flugzeug verschwand bald wieder im Regendunst. Kurz darauf hellte es sich auf, und um 03.26 Uhr sichteten dieselben Signalgasten nahe der Insel Charlow in 25 bis 30 Kabellängen Entfernung drei Zerstörer des Gegners mit Südostkurs. Sie würden also den Kurs unserer Schiffe kreuzen. Zwei weitere gegnerische Zerstörer befanden sich nordnordöstlich des Leuchtturms Gawrilow auf See, anscheinend um die drei Angreifer zu dekken. Letztere begannen, ohne den Kurs und die Geschwindigkeit zu verändern, unser Spitzenfahrzeug unter Feuer zu nehmen.

Die «Passat» war mit zwei 45-mm-Kanonen und zwei Maschinengewehren bewaffnet. Sie fuhr den gegnerischen Schiffen beherzt entgegen und legte als erstes eine Nebelwand. Während dieses Manövers befahl der Kommandant, Oberleutnant W. L. Okunewitsch, den beiden anderen Kapitänen, auf die Küste zuzuhalten und in der Gawrilowbucht Schutz zu suchen. Dann meldete er über Funk auf der Welle der Küstenschutzboote den Überfall. Gleichzeitig erwiderten die Artilleristen auf der «Passat» das Feuer, um den Gegner abzulenken und dem RT67 die Möglichkeit zu geben, sich dem Beschuß zu entziehen.

Das Ablenkungsmanöver mißlang. Bei der geringen Entfernung konnten die Zerstörer beide Schiffe gleichzeitig unter Feuer nehmen. Nur RT32, der sich im Schutz der Nebelwand befand und sich auf die Gawrilowbucht zurückzog, wurde vorläufig nicht beschossen. Die erste Salve fügte dem an der Spitze fahrenden Schiff keinerlei Schaden zu, die Einschläge lagen vor dem Bug des Trawlers. Die zweite Salve traf. Eine Granate fällte den Mast, eine zweite durchschlug die Bordwand, detonierte in der Maschinenabteilung und zerfetzte unter anderem eine Rohrleitung, die dritte ging auf das Achterschiff nieder, und die Maschinenkühlanlage fiel aus.

Der Trawler verlor an Geschwindigkeit und stoppte. Sein Kommandant befahl angesichts der hoffnungslosen Lage des beschädigten und unter Beschuß liegenden Schiffes, die Rettungsboote zu Wasser zu lassen, um die Besatzung in Sicherheit zu bringen.

Die Zerstörer hatten in dieser Zeit ihren Kurs beibehalten und den intensiven Beschuß mit Sprenggranaten und Leuchtspurgeschossen aus Fla-Geschützen fortgesetzt. Die Leuchtspurgranaten detonierten in der Luft, Splitter trafen die Männer auf den Gefechtsstationen an Deck und auf der Brücke. Die Entfernung hatte sich auf 10 bis 15 Kabellängen verringert. Das Salvenfeuer aus drei Geschützen traf nun hauptsächlich das Küstenschutzboot, aber auch den zweiten Trawler, der sich in die Gawrilowbucht zurückzog.

Am Ausgang des ungleichen Kampfes bestand kein Zweifel mehr, so heldenhaft die Besatzung der «Passat» auch das angeschossene und bewegungslose Schiff verteidigte. Bald schon stiegen über seinem Bug und Heck Feuersäulen empor. Im Krachen der Detonationen sank zuerst der Bug, während das Heckgeschütz noch feuerte, bis es ebenfalls in die Tiefe gerissen wurde. So prägte sich die «Passat» den Überlebenden von RT 67 ein. Ein Rettungsboot nahm an der Untergangsstelle zwei Mann auf, die übrigen zweiundzwanzig Besatzungsmitglieder der «Passat» hatten den Tod gefunden.

Unterdessen hatten die Zerstörer ihr Feuer auf den manövrierunfähigen Trawler konzentriert. Eine Torpedosalve verfehlte ihr Ziel. Doch eine der nächsten Geschützsalven versenkte RT 67 mit allen, die bis jetzt nicht in die Rettungsboote gekommen waren. Die Zahl der Opfer erhöhte sich um 33. Doch auch die Lebenden konnten sich nicht als gerettet betrachten, denn ein Zerstörer fuhr dicht an den Rettungsbooten vorüber und beschoß sie aus überschweren Maschinengewehren. Welch vorsätzliche, demonstrative Barbarei! Eine weitere Warnung an uns alle, nicht zu vergessen, mit wem wir es in dem unserem Volk aufgezwungenen Krieg zu tun hatten!

Nach dieser verbrecherischen Tat schloß der Zerstörer zu den anderen faschistischen Kriegsschiffen auf und verschwand in nordwestlicher Richtung am Horizont.

Am Ort des Geschehens blieben zwei von Kugeln durchlöcherte, langsam vollaufende Rettungsboote mit zwölf Männern zurück, von denen sieben verwundet waren.

Das dritte Schiff der Abteilung, RT 32, hatte es geschafft, an der Küste der Gawrilowbucht an einer seichten Stelle auf Grund zu laufen. Von der fünfundzwanzigköpfigen Besatzung waren nur sieben Mann unverletzt geblieben.

Den Befehl über die Rettungsboote übernahm Oberleutnant Kulagin. Er führte die Boote zur Bucht, in der die Verwundeten verbunden wurden. Im Laufe einer Stunde hatten wir zwei Schiffe und dreiundsiebzig Menschen verloren.

Die dem Gegner in diesem Kampf zugefügten Verluste und die Beschädigungen an seinen Schiffen konnten bei den ungleichen Bedingungen kaum bedeutend gewesen sein.

Fazit war, wir hatten zu spät Gegenmaßnahmen ergriffen. Und das wiederum ging auf unsere Skepsis Meldungen gegenüber zurück, daß eine große Gruppe gegnerischer Kriegsschiffe vor der Küste von Murmansk aufgetaucht sei. Zu viele falsche Alarme in diesen ersten Wochen der Kampfhandlungen ließen uns im entscheidenden Moment zaudern. Wer hatte nicht alles im Polargebiet Seerohre von U-Booten erspäht! Fischer sahen sie und Signalgasten von Kriegsschiffen an ihren Liegeplätzen. Leuchtturmwärter und Bewohner der Küstensiedlungen meldeten U-Boote selbst an Stellen, an denen die Wassertiefe das gar nicht zuließ. Es war ähnlich wie anderswo in unserem Land mit der Fallschirmjägermanie.

Doch unser Zaudern verhinderte, daß wir in eine von der Hauptfront entfernte Richtung einige große Kampfschiffe und entsprechende Fliegerkräfte entsandten. Während wir noch die Meldungen überprüften, war es für einen Schlag gegen den Feind schon zu spät. Zwischen dem ersten Funkspruch vom Kommandanten der «Passat» und dem Befehl zum Auslaufen der ersten Gruppe unserer Zerstörer – «Gremjaschtschi», «Stremitelny» und «Gromki» – lagen anderthalb Stunden. Zu diesem Zeitpunkt war der ungleiche Kampf faktisch bereits zu Ende. Die zweite Gruppe unserer Zerstörer – «Kuibyschew» und «Urizki» – lief noch später aus, und zwar kurz nach 06.00 Uhr. Wie zu erwarten, brachte die Suche nach den gegnerischen Zerstörern nichts ein. Während unsere fünf Schiffe über das Meer jagten und dann am

Ausgang der Kolabucht zusammentrafen, hatten die gegnerischen Zerstörer längst die Nähe ihres Stützpunktes erreicht. Deshalb befahl ich beide Gruppen in die Kolabucht zurück. Es war zu spät, Versäumtes nachzuholen. Wichtiger war, nicht nur aus dem verspäteten Auslaufen unserer Schiffe die notwendigen Schlußfolgerungen zu ziehen, sondern auch aus dem groben Fehler, der uns beim Einsatz der Flottenfliegerkräfte unterlaufen war. Zu den Gawrilowinseln waren MBR-2 ausgeschickt worden, also langsame und daher relativ verwundbare Flugzeuge. Selbst die Ansicht, das Wetter in jenem Raum würde den Einsatz anderer Flugzeuge nicht gestatten, hätte nicht dazu führen dürfen. Die Flugzeuge entdeckten die fünf gegnerischen Zerstörer erst nach langem Suchen längs der Küste an den Zugängen zum Varangerfjord. Die dorthin entsandten 12 SB-Bomber trafen erst direkt im Fjord auf den Gegner. Und hier blieb der Angriff erfolglos.

Ich mußte hart mit mir ins Gericht gehen. Gewiß, die folgenschweren Ereignisse spielten sich auf dem Festland ab. Am Küstenabschnitt wurde nicht nur das Schicksal der 14. Armee entschieden, sondern auch das der Nordflotte. Darüber hatte ich die Seeaufklärung vernachlässigt. In der Annahme, daß der Gegner kaum näher als bei Narvik Schiffe auf dem Schauplatz hätte, und in der Hoffnung auf Schlechtwetter hatte ich mir günstige Bedingungen für die Fahrt der Trawler ausgerechnet. Der Erfolg bei der Verlegung von 150 Einheiten der Fracht- und Fischfangflotte in Häfen am Weißen Meer bestärkte mich in dieser Auffassung. Und so kam es, daß wir vor vollendete Tatsachen gestellt wurden. Während wir rechtzeitig vom Auftauchen der gegnerischen Zerstörer hätten erfahren und Gegenmaßnahmen ergreifen müssen, um dem Überfall entgegenwirken und die Schiffe und das Leben der Menschen retten zu können, wurden wir überrumpelt. Der selbstlose, heldenhafte Einsatz der Seeleute auf der «Passat» – Oberleutnant Okunewitsch gehörte zu den Opfern – war die eine Seite der tragischen Geschichte. Auf die andere Seite gehörten etliche Fehler, die vermeidbar gewesen wären.

Als wichtigste Schlußfolgerung ergab sich für die Zukunft, daß der Aufklärung, besonders der Luftaufklärung, gebührende Aufmerksamkeit zukommen müsse. Wir hatten über alles, was sich auf dem Schauplatz abspielte, im Bilde zu sein, mußten die Absichten des Gegners voraussehen, seine Taktik berücksichtigen und seinen Handlungen zuvorkommen. Wir durften auf gar keinen Fall mit einem Mangel an Scharfsinn seinerseits rechnen und einzig auf einen glücklichen Ausgang hoffen, der uns alle nach der erfolgreichen Verlegung der Handelsschiffe beflügelt hatte.

Diesmal hatten uns die Faschisten überlistet, und es war noch unklar, ob ihre Begegnung mit unseren Schiffen bei den Gawrilowinseln – schloß man einmal aus, daß ein Aufklärungsflugzeug sie direkt an die Abteilung herangeführt hatte – Zufall oder das Resultat ihrer Taktik im bevorstehenden Kampf auf See war. Die nächste Zukunft mußte es zeigen.

24. Juli. Es sieht so aus, als ob der Gegner auf dem nördlichen Seeschauplatz endgültig die Rudeltaktik für seine Überfälle auf einzelne, schwächere oder überhaupt unbewaffnete Schiffe gewählt hat. Sein Vorgehen gegen das Vermessungsschiff «Meridian», einen Dampfer von nur 250 bis 300 Tonnen Wasserverdrängung, beweist es. Die «Meridian» war zur Versorgung der Leuchttürme an der Küste eingesetzt und weder zu Kampfhandlungen geeignet noch zu hoher Geschwindigkeit fähig, also eine leichte Beute für den Gegner.

Gestern liefen vier seiner Zerstörer aus den norwegischen Schären aus und fuhren auf die sowjetische Küste zu. Unsere Aufklärung bemerkte sie rechtzeitig, doch es war unmöglich, sie während der Fahrt ständig zu überwachen, da auf See äußerst schlechte Sicht herrschte. Längs der gesamten Murmanküste lag, mit Ausnahme eines Küstenstreifens von 10 bis 15 Meilen Breite – wie übrigens oft im Sommer –, eine Nebelwand. Sie liegt auch heute noch da.

Etwa um Mitternacht wurden die Zerstörer dennoch von Aufklärungsflugzeugen im Raum Iokanga ausgemacht, wonach sie erneut in Nordrichtung hinter einer Nebelwand verschwanden.

Zu dieser Zeit befand sich die «Meridian» im Raum der Sieben Inseln. Sie fuhr längs der Küste die Leuchttürme ab, um Frauen und Kinder, die Familienangehörigen der Leuchtturmwärter, an Bord zu nehmen und sie nach Archangelsk zu bringen. Die über Funk durchgegebene Warnung vor den Zerstörern wurde auf dem Vermessungsschiff zugleich mit dem Befehl empfangen, sich in der Östlichen-Liza-Bucht zu verbergen. Der Kommandant der «Meridian» befolgte den Befehl jedoch nicht sofort. Um 03.00 Uhr befand sich das Schiff erst am Eingang der Bucht, und dort stellten es die Zerstörer.

Der Beschuß der «Meridian», man müßte eigentlich sagen die Hinrichtung, begann sofort. Das Feuer eröffneten alle vier Schiffe, die Vernichtung des schutzlosen Dampfers war für sie eine Art Wettkampf, ein Wettkampf zur Ermordung von Frauen und Kindern; denn die «Meridian» konnte kein Objekt für einen Überfall, und schon gar nicht mit derart überlegenen Kräften, sein.

Der aus Nahdistanz von Granaten zerfetzte Dampfer fing schon bei den ersten Einschlägen Feuer und begann zu sinken. Die Menschen sprangen in das eiskalte Wasser, klammerten sich an Bretter, Trümmer und Rettungsringe, die rings um das zerschossene, sinkende Schiff trieben, und suchten sich über Wasser zu halten, wurden aber selbst jetzt noch von den Zerstörern beschossen. Die Faschisten wiederholten, was sie schon elf Tage zuvor praktiziert hatten.

Sechsundvierzig völlig wehrlose Menschen, darunter fünf Frauen und drei Kinder, kamen bei der Versenkung der «Meridian» um, die meisten von Granatsplittern, als sie sich, an die Trümmer geklammert, über Wasser zu halten versuchten.

Nur siebzehn Menschen konnten gerettet werden, nachdem die Verbrecher auch noch die unweit gelegene Siedlung Sachrebetnoje beschossen hatten und dann im Nebel verschwunden waren.

Auch wenn die Menschen und das Schiff nicht wieder zum Leben erweckt werden konnten, diesmal kam der Gegner nicht ungestraft davon. Unsere Flugzeuge waren, als man die gegnerischen Schiffe bei Iokanga gemeldet hatte, sofort aufgestiegen und trafen bereits wenige Minuten nach dem Untergang der «Meridian» am Ort des Geschehens ein. Sie fanden die Zerstörer, da der Nebel nur in Streifen über dem Wasser lag. Es nützte den Faschisten nichts, daß sie sich zusätzlich einnebelten. Um 05.00 Uhr war ein Zerstörer angeschlagen, er verringerte die Fahrt und blieb zurück. Ihn griff die zweite Bombergruppe an. In Rauch eingehüllt, lag er schließlich bewegungslos da. Die drei anderen Zerstörer zogen sich weiter in nordwestlicher Richtung zurück.

Bald erschienen über dem angeschlagenen faschistischen Schiff zu dessen Schutz einige Messerschmitts. In dem nun einsetzenden Luftkampf verloren wir zwei Flugzeuge. Die Messerschmitts waren unseren Jagdflugzeugen an Bewaffnung und Geschwindigkeit überlegen. Später verdichtete sich der Nebel und machte weitere Einsätze unmöglich. Daraufhin befahl ich den U-Booten in der Nähe, den Gegner ausfindig zu machen und ihn zu versenken.

Die Suche verlief ergebnislos. Die U-Boote konnten das Schiff nicht entdecken, obwohl sie ein großes Gebiet sorgfältig absuchten. Blieb eigentlich nur eine Schlußfolgerung: Der Zerstörer war aufgrund seiner Beschädigungen gesunken. Auge um Auge, Zahn um Zahn.

Für uns ergab sich erneut eine bittere Erfahrung. Die verspätete Ausführung eines Befehls kann verhängnisvolle Folgen haben. In diesem Falle führte der Fehler des Kommandanten der «Meridian», der sein Schiff nicht rechtzeitig in die Bucht gerettet hatte, zu Opfern, die vermeidbar gewesen wären. Das mußten die Kommandanten aller Schiffe auf unserem Schauplatz erfahren und künftig beherzigen. In diesem Zusammenhang möchte ich noch etwas anderes anführen. Nachdem ich Flugzeuge zur Angriffsstelle der «Meridian» geschickt hatte, versuchte ich mich mit dem Militärbezirk Archangelsk über den Einsatz seiner Fliegerkräfte zu verständigen.

Der Militärbezirk verfügte damals über zehn bis zwölf Bomber DB-3 (Il-4), die uns durchaus helfen konnten. Die Verhandlungen dauerten ziemlich lange, doch letztlich stiegen sechs DB-3 aus Archangelsk auf. Die Lage auf See hatten wir den Fliegern vor ihrem Start mitgeteilt.

Nach einiger Zeit meldeten die Bomber, sie hätten eine Gruppe gegnerischer Schiffe im Raum Iokanga angegriffen. Dabei sei ein Schiff versenkt worden, zwei hätten bedeutende Beschädigungen davongetragen. Nun war kurz vorher ein Bericht von Kapitän zur See A. I. Dianow, dem Kommandeur des Flottenstützpunktes, eingetroffen, in dem von einem Angriff gegnerischer Flugzeuge auf unsere Schiffe auf der Reede von Iokanga gesprochen wurde. Es seien allerdings keine Treffer erzielt worden.

Ich stellte diese beiden Meldungen einander gegenüber und befahl Dianow, nach Bombensplittern oder Blindgängern zu suchen. Bald meldete Dianow den Fund einer sowjetischen 250-Kilogramm-Bombe. Es blieb mir nichts anderes übrig, als das Kommando des Militärbezirks von Archangelsk über den Vorfall in Kenntnis zu setzen.

Die Schlußfolgerung daraus mußten wir alle ziehen: Im Krieg hat man sich gegenüber solchen Berichten sehr kritisch zu verhalten, besonders dann, wenn es den Beteiligten noch an Kampferfahrungen fehlt.

10. August. Die Faschisten setzten ihre Rudeltaktik fort. Heute griffen sie das Küstenschutzboot «Tuman» an. Übrigens versuchten sie den Verlust eines Zerstörers beim Überfall auf die «Meridian» umzumünzen, indem sie in der Presse die Versenkung des wehrlosen Vermessungsschiffes mit Frauen und Kindern an Bord als Versenkung eines Flugzeugträgers feierten und das weitere Geschehen als ungleichen Kampf gegen sowjetische schwere Bomber und Wasserflugzeuge hinstellten. Im Falle der «Tuman» mußten sie abermals einen Gegenschlag hinnehmen. Aber berichten wir der Reihe nach.

Die erste Meldung von der «Tuman», die sich auf Beobachtungsfahrt bei der Insel Kildin befand und am Eingang zur Kolabucht und an ihren Zugängen patrouillierte, wurde um 03.01 Uhr empfangen. Sie signalisierte einen gegnerischen Bomber, der in 100 Meter Höhe auf Ostkurs flog. Dem weiteren Verlauf der Ereignisse nach zu urteilen, handelte es sich vermutlich um einen Aufklärer. Leider können wir noch nicht operativ genug denken und bereits bekannte Fakten richtig analysieren, um auf mögliche Absichten des Gegners auf dem Schauplatz zu schließen. Beherrschten wir diese Kunst schon, wären die heutigen Ereignisse anders verlaufen. Dann hätten wir nach dem Auftauchen des Aufklärers schneller reagiert. So aber gerieten wir erneut in Zeitverzug.

Um 04.25 Uhr entdeckten die Signalgasten auf der «Tuman» in 50 bis 55 Kabellängen Entfernung drei gegnerische Zerstörer. In Keilformation steuerten sie auf das Küstenschutzboot zu, das im Zickzack fuhr, aber den Hauptkurs einhielt.

Zuerst drehte die «Tuman» nach Backbord ab, um sich schnellstens unter den Schutz der Küstenbatterien zu begeben. Gleichzeitig wurde Gefechtsalarm ausgelöst und eine Meldung durchgegeben, die allerdings nicht an die Nordflotte weitergeleitet wurde.

Die Zerstörer erhöhten die Geschwindigkeit und eröffneten aus einer Entfernung von 25 Kabellängen aus je zwei Geschützen das Feuer. Die erste Salve ging über die «Tuman» hinweg, doch von Splittern einer detonierenden Granate wurde die Antenne zerrissen. Damit ging die Funkverbindung verloren. Die «Tuman» wandte sich nach Steuerbord und legte eine Nebelwand zwischen sich und den Gegner. Das Manöver brachte leider nichts ein, denn der Wind wehte den Nebel zur Seite, und der Gegner bekam die «Tuman» bei der nächsten Wendung wieder zu Gesicht.

Die nächsten beiden Salven trafen das Küstenschutzboot. Achtern brach ein Brand aus, die Ruderanlage wurde beschädigt, und das Schiff konnte nicht mehr auf Kurs gehalten werden. Außerdem verlor die «Tuman» an Fahrt. Eine Salve nach der anderen traf nun das angeschlagene Schiff, die Brücke, das Ruderhaus und das Backdeck wurden in Mitleidenschaft gezogen. Dann fegte eine Granate den Schornstein weg. Einige Besatzungsmitglieder wurden getötet, unter ihnen der Kommandant.

Trotz der bedeutenden Zerstörungen und des Feuers, das die Aufbauten erfaßt hatte, hörte das Abwehrfeuer aus den beiden 45-mm-Kanonen nicht auf. Die Besatzung der «Tuman» hielt sich heldenhaft: Sie führte ein ungleiches Artilleriegefecht und suchte gleichzeitig unter immer komplizierter werdenden Bedingungen, das Schiff zu retten. Die Hilfe der auf Kap Setj-Nawolok stationierten Küstenbatterie kam zu spät und konnte das Schicksal des Schiffes nicht mehr abwenden, es hatte bereits elf Treffer erhalten.

Die «Tuman» verlor die Schwimmfähigkeit, und um 05.30 Uhr ließ man die Rettungsboote zu Wasser. Siebenunddreißig Mann gingen in die beiden Boote. Wenig später bekam die «Tuman» Schlagseite nach Steuerbord und sank um 05.50 Uhr. Mit ihr gingen fünfzehn Besatzungsmitglieder unter, die gleich zu Beginn des Kampfes von Granatsplittern getötet worden waren. Die von der Küstenbatterie unter Feuer genommenen Zerstörer nebelten sich ein und entfernten sich in nordwestlicher Richtung.

Nachdem ich eine Meldung darüber erhalten hatte, befahl ich, ihnen Bomber hinterherzuschicken. Bei Vardö holten sie sie ein, griffen an und versenkten einen Zerstörer.

So konnte sich der Gegner ein weiteres Mal davon überzeugen, daß die Periode, da das Überraschungsmoment noch wirksam war und man uns von See her unbehelligt überfallen konnte, vorbei war, daß unser Widerstand zunahm, Gegenmaßnahmen unverzüglich folgten und sich die Ungleichheit im unmittelbaren Aufeinandertreffen keineswegs demoralisierend auf die Besatzungen unserer Schiffe auswirkte. Im Gegenteil, die Besatzungen der «Passat» und der «Tuman» hatten bis zuletzt nicht aufgegeben, sondern entschlossen jede Möglichkeit genutzt, gegen den Feind zu kämpfen.

Auch wenn wir es jetzt schwer hatten, so war nicht gesagt, daß die Faschisten uns immer an Kräften überlegen sein würden. Nein, die Überlegenheit würde auf uns übergehen, das stand außer Zweifel, denn wir hatten dem Druck der faschistischen Kriegsmaschinerie standgehalten. Und aus unseren Fehlern lernten wir bereits. Sie waren in den ersten Kriegsmonaten unausbleiblich und nur eine zeitweilige Erscheinung. In einem war uns der Gegner schon jetzt unterlegen: Nie würde er über solche Menschen verfügen, die im Kampf über sich hinauswuchsen und selbstlos Heldentaten vollbrachten, so wie die Besatzungen der «Passat» und der «Tuman» oder die Abteilungen der Marineinfanterie. Das konnten wir bereits in die Waagschale werfen.

Ein Schuß bedeutet einen Sieg

September bis Dezember 1941

In der für uns angespanntesten Zeit der zweiten Offensive des Gegners auf Murmansk ertönte im Hafen von Poljarny ein ungewöhnlicher Schuß. Der Gegner hatte nach seinem Mißerfolg im Juni/Juli im Laufe des August Reserven herangeführt, sie in Ausgangsstellungen verlegt und im September im Raum der Westlichen Liza, 50 Kilometer nordwestlich von Murmansk, einen neuen Angriff begonnen. Er beabsichtigte dasselbe wie im Sommer: um jeden Preis zur Küste der Kolabucht bis nach Poljarny und Murmansk durchzubrechen. Heftige Kämpfe entbrannten. Alle Handlungen der Gebirgsjäger ließen erkennen, daß sie es eilig hatten. Sie fürchteten, den Winter mit seiner von Frösten, Nebel und Schneefällen gekennzeichneten langen Polarnacht inmitten der Berge verbringen zu müssen. Das zwang sie zu rücksichtslosem Ansturm, und an einigen Stellen gelang es ihnen tatsächlich, unsere Verteidigung zu durchbrechen, doch nur für kurze Zeit.

Unser hartnäckiger Widerstand wurde nicht nur von dem Willen getragen, Poljarny, den Hauptstützpunkt der Nordflotte, und das in seinem Hinterland gelegene Murmansk zu behaupten. Es ging um mehr. Wir wußten bereits, welche Rolle den äußeren Verbindungen über den Nordatlantik zukommen sollte. Dieses Wissen verdoppelte, nein verzehnfachte unsere Verteidigungsanstrengungen, zumal die uns versprochenen Divisionen, die sich bereits auf dem Wege zu uns befanden, inzwischen nach Leningrad geschickt worden waren, wo eine bedrohliche Lage entstanden war. Wir erhielten ein Telegramm des Generalstabes: Murmansk ist bis zum Äußersten zu verteidigen!

Ein Rückzug auf Murmansk hätte allerdings unweigerlich den Verlust der Kolabucht nach sich gezogen, und damit wären wir des Zugangs zum Ozean verlustig gegangen, ohne den die Verteidigung von Murmansk unter den gegebenen ungünstigen Bedingungen sinnlos geworden wäre. Sich für einen Rückzug zu entscheiden käme für die Flotte fast einem Selbstmord gleich. Und vom Standpunkt der weiteren Sicherheit des Staates konnte das sehr ernste Folgen haben.

Wir führten alle Reserven in den Kampf ein, um die Verteidigung zu halten. Die Flotte stellte der 14. Armee weitere Kämpfer zur Verfügung und übernahm es, alles Notwendige für jene Truppen anzulanden, die den Küstenabschnitt an der Westlichen Liza und an der Landenge zwischen Musta-Tunturi-Gebirge und der Halbinsel Sredni verteidigten. Dort war der Druck des Gegners am stärksten. Er wußte genau, daß die Einnahme der Halbinsel Sredni und der Fischerhalbinsel ihn in die Lage versetzen würde, den Eingang zur Kolabucht zu kontrollieren. Die Faschisten bereiteten sogar ein Landungsunternehmen auf der Fischerhalbinsel vor, doch der weitere Verlauf der Ereignisse machte ihre Pläne zunichte, und es schien ihnen geraten, davon Abstand zu nehmen.

Der Gegner drang zwischen den Hängen des Musta-Tunturi und der Westlichen Liza bis zur Küste vor und brachte dort einige Batterien in Stellung. Damit sollte die Versorgung unserer Truppen auf den Halbinseln behindert werden. Eigentlich waren beide für uns zu Inseln geworden, und der Weg zu ihnen über die Motowskibucht verwandelte sich in einen Korridor, der in seiner ganzen Länge unter Feuer genommen werden konnte. Da wir auf den Weg über das Kap Zyp-Nawolok verzichten mußten, konnten unsere Truppen auf den beiden Halbinseln nur unter diesen erschwerten Bedingungen versorgt werden. Dazu dienten Motorboote.

Solange noch der Polartag herrschte, waren die lediglich mit Maschinengewehren und Nebelkörpern ausgerüsteten Boote mit der «Paradegeschwindigkeit» von 6 Knoten in der Stunde sogar eines solch natürlichen Schutzes wie der nächtlichen Dunkelheit beraubt und unterwegs zweifachen Schlägen ausgesetzt – von der Küstenartillerie und von Flugzeugen. Davor konnten sie lediglich hinter Nebelwänden Rettung suchen, und das meisterten sie recht geschickt, so daß sie den

Gegner häufig überlisteten. Manchmal wuchsen die Versorgungsfahrten zu Kampfhandlungen aus, an denen bedeutende Kräfte beteiligt waren. Die Initiative ging in solchen Fällen gewöhnlich vom Gegner aus. Seine Batterien, die darauf aus waren, die Motorboote zu versenken, eröffneten als erste das Feuer. Sofort traten unsere Batterien in Aktion. So entspannen sich gewöhnlich Artillerieduelle, in deren Verlauf die Faschisten ihre Flieger zu Hilfe riefen. Wir blieben ihnen nichts schuldig, und so kam es über den Batterien und der Motowskibucht zu Luftkämpfen, die zuweilen beträchtliche Ausmaße annahmen. So waren einmal auf beiden Seiten bis zu 200 Flugzeuge an einem Kampf über zwei Schiffchen mit den spaßigen Namen «Sasanok» (Karpfen) und «Pusanok» (Dickbauch) beteiligt.

Die ständigen Versorgungsfahrten während der angespanntesten Kämpfe zu Lande wirkten sich aus. Unsere Truppen, die ununterbrochen mit allem Notwendigen versehen wurden, hielten ihre Stellungen. Beide Halbinseln und die Nordhänge des Musta-Tunturi blieben in unserer Hand, und es würde den Faschisten wohl kaum noch gelingen, die Lage dort zu ihren Gunsten zu verändern. Allerdings wäre das nur dann der Fall, wenn die Nordflotte auch in Zukunft ihre Hauptaufgabe meisterte, auf den Seeverbindungen der gegnerischen Lappland-Gruppierung mit ihren rückwärtigen Stützpunkten in Norwegen aktiv zu werden. Diese Verbindungen liefen entlang der norwegischen Küste zum Varangerfjord, von dort nach Kirkenes und zur Petsamobucht, nach Liinhamari und Petsamo. Auf diesem Wege wurden neben Versorgungsgütern auch Truppenkontingente herangeschafft. Etwas Gleichwertiges stand dem Gegner in dieser Gegend nicht zur Verfügung. Eisenbahnlinien existierten nicht, und die Durchlaßfähigkeit der Autostraßen durch Finnland von Rovaniemi nach Petsamo und durch Norwegen von Tromsö bis Kirkenes war so gering, daß auf ihnen die gegen uns eingesetzten Truppen nicht einmal mit Verpflegung versorgt werden konnten. Der Seeweg war die Achillesferse der gegnerischen Gruppierung, die wir an den fernen Zugängen zu Murmansk zum Stehen gebracht hatten. Die Kampffähigkeit und das weitere Schicksal von Dietls Gebirgskorps und aller Truppen der Lappland-Gruppierung hingen von der Lage auf den Seewegen ab. Gegen die Kriegs- und Transportschiffe des Gegners mußten Tag für Tag ununterbrochen Schläge geführt werden, dann würde den Faschisten die Lust zur Offensive vergehen, und sie würden auch unsere Boote in der Motowskibucht in Ruhe lassen. Man mußte alles tun, damit sie am eigenen Leibe verspürten, wie richtig das Sprichwort war: Wer alles will gewinnen, dem alles wird zerrinnen! Ungeachtet der Kräfteüberlegenheit des Gegners mußten wir unsere Möglichkeit nutzen, ihn durch zielgerichtete Schläge gegen seine Verbindungen empfindlich zu treffen.

Das meiste hatten dabei die Unterwasserkräfte zu leisten. Bestand ihre Aufgabe anfangs darin, die sowjetischen Seegrenzen zu sichern, so wurden sie inzwischen auf den Seeverbindungen des Gegners gegen seine Geleitzüge eingesetzt, die mit Versorgungsgütern und Reserven nach Kirkenes und Petsamo und in umgekehrter Richtung mit Nickelerz unterwegs waren. Und hier waren unsere U-Boote genau richtig, auch wenn sie anfangs Mißerfolge hinnehmen mußten, weil es ihnen noch an Kampferfahrung fehlte. Jetzt operierten die «Maljutkas» am Varangerfjord und am Tanafjord, nicht sehr weit entfernt von unseren Stützpunkten, während die mittelgroßen «Schtschuka»-Boote bis nach Nordkyn und zum Nordkap, an der Grenze zwischen der Barentssee und dem Europäischen Nordmeer, unterwegs waren. Die großen «Katjuschas», die übrigens den Alliierten sehr imponierten, drangen jetzt bis zum Westfjord vor. Die Ergebnisse solch rationellen Einsatzes der U-Boote ließen nicht lange auf sich warten. Man durfte nicht außer acht lassen, daß die Küste westlich der Fischerhalbinsel vom Gegner besetzt war. Dort befanden sich überall Beobachtungsposten, Batterien und Flugplätze. Verständlich, daß die Faschisten ihre Geleitzüge in den tiefen Wassern dicht an der Küste entlangführten. Die Küste war in ihrer gesamten Länge zerklüftet, hatte viele Buchten, in denen Küstenschutzschiffe des Gegners lagen, die zum Schutz der Geleitzüge ausliefen. Diese hatten ohnehin eine starke Sicherung um sich, und bei Flugwetter wurden sie auch aus der Luft gedeckt.

Trotzdem gelang es dem Gegner höchst selten, ohne Verluste von Hammerfest bis Kirkenes oder Petsamo durchzuschlüpfen.

Einen solchen Erfolg verkündete der Schuß, den ich eingangs dieses Kapitels erwähnte. Er ertönte am 19. September 1941 gegen 19.00 Uhr im Jekaterinenhafen, als das U-Boot K-2 unter Kapitänleutnant W. P. Utkin einlief.

Alle, die den Schuß aus der U-Boot-Kanone gehört hatten, wandten sich um Aufklärung an mich. Doch ich wußte ebenfalls nicht, was ich davon halten sollte. Wenige Augenblicke später fiel mir ein Erlebnis ein, das ich vor nicht allzu langer Zeit hatte. Mit dem Chef der britischen Militärmission Bevan stand ich zur Begrüßung des von einer Feindfahrt zurückkehrenden britischen U-Bootes «Tigris», das mit einem weiteren britischen U-Boot in unserem Seegebiet im Einsatz war, an der Pier. Plötzlich heulte eine Sirene los. Die «Tigris» gab ein Signal, dessen Bedeutung keinem bekannt war, und so fragte ich Bevan, welche Bewandtnis es damit habe. Der sechzigjährige Kapitän, ein Kenner der Landwirtschaft, über die er sich endlos verbreiten konnte, erwiderte zuerst, er wisse es auch nicht, doch anschließend meinte er, auf diese Weise verkündeten die englischen U-Boot-Fahrer die Versenkung eines Schiffes. Und tatsächlich, die «Tigris» hatte ein Transportschiff versenkt. Sollte der Kanonenschuß des U-Bootes im Jekaterinenhafen etwas Ähnliches bedeuten?

Wir erhielten Klarheit, als Utkin das Boot an der Pier festgemacht hatte und mit Abteilungskommandeur M. I. Gadshijew, der bei diesem ersten Einsatz dabeigewesen war, auf mich zutrat.

«Genosse Befehlshaber!» meldete er. «Das U-Boot ist von Feindfahrt zurückgekehrt. Ein Transportschiff von 6000 Tonnen wurde versenkt. Leutnant Arwanow schlug vor, unseren ersten Sieg mit einem Salutschuß aus der Kanone zu würdigen, da sie die Hauptrolle bei der Vernichtung des Gegners gespielt hat.»

Seit der Zeit wurde es Sitte, daß jedes U-Boot nach erfolgreicher Fahrt so viele Schüsse aus der Kanone abgab, wie es Schiffe versenkt hatte.

Viele solcher Schüsse, gleichsam Zensuren für die Nordmeer-U-Boot-Fahrer, ertönten bereits über dem Hafen von Poljarny während dieses ersten Kriegshalbjahres. Und es wurden noch mehr, denn der Krieg dauerte leider noch lange. Die Hauptrichtung für den Einsatz der U-Boot-Kräfte der Nordflotte stimmte, die Zahl unserer Siege übertraf die unserer Mißerfolge und nahm mit den Erfahrungen, dem Können und dem Heldentum der Kampfkollektive weiter zu.

Am Vorabend des neuen Jahres 1942 konnte wohl daran erinnert werden, zumal es einiges zu berichten gab.

In den Tagebuchaufzeichnungen vom Dezember war immer wieder von U-Boot-Fahrern die Rede. Unter vielen Namen tauchten häufig diejenigen auf, mit denen die kühnsten und verwegensten Angriffe sowie die größten Erfolge der Nordflotte verbunden waren. Bibejew, Kotelnikow, Moissejew, Lunin, Gadshijew, Kolyschkin, Fissanowitsch, Starikow, Schuiski, Widjajew, Kautski, Stolbow, Melkadse – eine Plejade von U-Boot-Kommandanten, die in den letzten vier Monaten von sich reden machten. Ich sage bewußt vier Monate und nicht sechs, vom ersten Kriegstag an gerechnet. Wir mußten schon den ersten Sieg zugrunde legen, und der wurde von unseren U-Boot-Fahrern erst zwei Monate nach Kriegsbeginn errungen, nach bedauerlichen Fehlschlägen und Mißerfolgen, bei schwierigen Fahrten, unter Sturmbedingungen.

Vieles trug sich zu, ehe die Besatzungen der im Einsatz befindlichen U-Boote zu festgefügten Kampfkollektiven wurden. Was zeichnete sie außer Mut und Entschlossenheit, Initiative und soldatischem Spürsinn vor allem aus? Nicht nur, daß jeder seine Aufgaben inzwischen perfekt beherrschte, nein, das bewußte und einheitliche Handeln war es, das die U-Boot-Besatzungen befähigte, einige Wochen lang auf See zu bleiben und dem Gegner unter den erschwerten Bedingungen unseres Seegebiets aufzulauern. Diese Eigenschaften mußten erst reifen. Deshalb sah es in den ersten Kriegstagen, da unsere Überwasserschiffe, die Zerstörer und U-Jäger, bereits konkrete Erfolge hatten, bei den U-Booten noch anders aus. Obwohl Kommandanten und Besatzungen entschlossen handelten, blieb es bei gelungenen Einzelaktionen. Für zuverlässigere Ergebnisse waren etliche Faktoren mehr ausschlaggebend, so gründliche Kenntnisse des Schauplatzes und der Kampfmethoden des Gegners, der natürlichen wie der von den Faschisten geschaffenen Hindernisse, die Kunst der Suche, die richtige Wahl des Zeitpunkts und der Richtung des Torpedoangriffs. Gadshijew formulierte einmal recht treffend, ein U-Boot-Kommandant müsse der kaltblütigste aller kaltblütigen Seeleute sein, über die lebhafte Phantasie eines Romantikers und den klaren Verstand eines Geschäftsmannes, über die Ausdauer und Geduld eines passionierten Anglers, eines hervorragenden Pfadfinders und findigen Jägers verfügen.

Diese Eigenschaften trafen auf Gadshijew selbst voll zu. Mahomed Gadshijew, ein kaukasischer Bergbewohner aus einem fast über den Wolken gelegenen Aul Dagestans, war U-Boot-Fahrer geworden. Am zweiten Kriegstag meldete er nach dem ersten Einsatz gegen die Verbindungswege des Gegners, daß man dessen Schiffe nicht nur mit Torpedos, sondern auch mit den Artilleriewaffen der U-Boote vernichten könne. Auf die großen «Katjuscha»-Boote mit ihren zwei 100-mm-Geschützen und zwei 45-mm-Kanonen traf diese Schlußfolgerung voll zu, und Gadshijew berücksichtigte sie bei der Ausbildung der ihm unterstellten Bootskommandanten. Der am 19. September auf der Reede von Poljarny von K-2 unter Utkin abgegebene Schuß war nicht nur ein Salut zu Ehren des ersten, von der Mannschaft errungenen Sieges, er verkündete zugleich, daß man bei günstigen Bedingungen die U-Boot-Geschütze erfolgreich einsetzen konnte. Utkin hatte die Empfehlungen seines Kommandeurs beherzigt. Da keine Möglichkeit für einen Torpedoangriff bestand, tauchte das U-Boot auf, und die Geschützbedienungen vernichteten innerhalb von drei Minuten ein Transportschiff, das zum Varangerfjord unterwegs war.

Das jüngste Beispiel war unter dem 3. Dezember vermerkt. Gadshijew nahm an der Feindfahrt von K-3 unter Kapitänleutnant K. I. Malofejew teil. In einer ersten kurzen Notiz darüber schrieb ich: K-3 meldete gegen 16.00 Uhr die Erfüllung der Aufgabe. Das Boot war zu seiner ersten Fahrt ausgelaufen und sollte vor Hammerfest Minen legen. Es meldete die Versenkung eines Transporters, eines Küstenschutzschiffes und eines U-Jägers. An Bord befindet sich der Kommandeur der U-Boot-Abteilung Gadshijew. Er ist nicht nur Zaungast, sondern selbst aktiv. Alle bisherigen Erfolge der großen Boote sind in seiner Anwesenheit erzielt worden.

Nach der Rückkehr von K-3 am 6. Dezember erfuhr ich Einzelheiten. Nachdem das Boot die Minen im vorgesehenen Gebiet gelegt hatte, war es im Lopphavet, einem Labyrinth von Schären, im Einsatz. Dieses Gebiet wurde von gegnerischen Geleitzügen passiert, alle Zugänge waren vermint. Als nun eine solche Sperre entdeckt wurde, beschloß Gadshijew, unter den Minen hinwegzutauchen. Natürlich war damit ein Risiko verbunden, doch es lohnte sich. Bald schon entdeckte der Wachoffizier durch das Sehrohr in 30 Kabellängen Entfernung ein großes Transportschiff, das von einem Küstenschutzschiff und zwei U-Jägern begleitet wurde.

Zehn Minuten später unternahm das U-Boot einen Angriff mit vier Torpedos. Der völlig überraschte Gegner kam nicht dazu, ihnen auszuweichen. Die Torpedos trafen das Schiff. Deutlich war nach dem Auftauchen auf Sehrohrtiefe zu erkennen, daß der Bug des Transporters im Wasser versank, während ein Sicherungsschiff auf ihn zueilte, um die Besatzungsmitglieder zu retten.

Der U-Boot-Kommandant ließ sein Boot wegtauchen, doch der gegnerische Ausguck hatte das Sehrohr entdeckt, und die Sicherungsschiffe nahmen die Verfolgung auf.

Nach einigen vergeblichen Versuchen, den Wasserbomben zu entgehen, befahl Gadshijew, das Boot in der Nähe einer Insel auf Grund zu legen, ein vernünftiger Entschluß, zumal auf der Karte eine günstige Tiefe verzeichnet war.

Doch beim Tauchen hatte das Boot plötzlich Bodenberührung. Also stimmte die tatsächliche Tiefe nicht mit der eingezeichneten überein. Unterdessen gingen die Wasserbomben immer dichter um K-3 herum nieder. Der Bootskörper erzitterte unter der Wucht der Detonationen. Alle zwei Minuten wiederholten sich die Angriffe. Der Gegner mußte Anhaltspunkte haben, wo das Boot auf Grund lag.

Gadshijew erriet die Ursache. Vermutlich hatten einige Wasserbomben Kraftstoffzellen leck geschlagen, und Dieselöl war ausgetreten. Die Flecken an der Wasseroberfläche verrieten das Boot. Jede Minute konnte die letzte sein. K-3 mußte weg von dieser Stelle, sonst war ihm die Vernichtung sicher.

Gadshijew hielt sich mit dem Kommandanten Malofejew und dem Kommissar Granow in der Zentrale auf. Er erinnerte daran, daß die «Katjuscha» nicht von ungefähr mit ausgezeichneten Geschützen bewaffnet sei, die Sicherungsschiffe dürften kaum über solche Waffen verfügen. Zusätzlich komme dem U-Bott seine enorme Überwassergeschwindigkeit zustatten. Also könnte es nur eines geben: auftauchen und die

Geschütze einsetzen. Das Überraschungsmoment und die ungewöhnliche Handlungsweise des U-Bootes unter derartigen Umständen mußten den Erfolg gewährleisten.

Gadshijew hörte sich die Meinung von Malofejew und Granow an, die den Artilleriekampf mit dem Gegner nur aufnehmen wollten, um unter Ausnutzung der eigenen Geschwindigkeit in Überwasserfahrt einer Verfolgung zu entgehen. Er verwarf diesen Vorschlag und befahl nachdrücklich, sich nur darauf zu orientieren, die Sicherungsschiffe mit Artilleriefeuer zu vernichten.

Das war richtig. Es mußte von vornherein verhindert werden, daß man nur den Rückzug ins Auge faßte. Damit half Gadshijew den beiden Genossen, sich voll auf den Gedanken zu konzentrieren, daß einzig Angriffsaktionen in Frage kamen.

Gadshijew ließ die Geschützbedienungen in die Zentrale rufen, erklärte ihnen die Aufgabe und befahl aufzutauchen.

Kaum war K-3 an der Wasseroberfläche, stürzten die beiden Bedienungen zu ihren Geschützen und eröffneten das Feuer. Die Überraschung war geglückt, denn erst nach unschlüssigem Zögern antworteten die Faschisten mit unregelmäßigem Artilleriefeuer, das nichts ausrichtete. Dafür trafen die von K-3 abgefeuerten Granaten das Heck des Küstenschutzschiffes, in dem die Wasserbomben lagen. Eine Säule aus Wasser, Feuer und schwarzem Qualm erhob sich, und wenig später schwammen dort, wo sich eben noch das Schiff befunden hatte, nichts als Trümmer.

Einer der U-Jäger eilte nun, ohne das Feuer auf das U-Boot einzustellen, auf die Untergangsstelle zu.

Unsere Artilleristen schossen genauer. Der U-Jäger wurde mit einigen Salven eingedeckt und versenkt. Der zweite U-Jäger wollte es nicht darauf ankommen lassen, daß auch ihn das Schicksal ereilte. Er zog es vor, sich schleunigst hinter einer Insel zu verbergen. Erst jetzt gestattet Gadshijew, das Boot in Überwasserfahrt auf See hinauszuführen und dort zu tauchen.

Gadshijew war nicht der erste kühne Angreifer in unserer Flotte. Dieses Verdienst gebührte A. J. Moissejew, und die Erfolgsliste der U-Boot-Fahrer des Nordmeeres eröffnete Schtsch-402 unter Kapitänleutnant N. G. Stolbow. Am 14. Juli griff das Boot ein Transportschiff an und versenkte es.

Der erste bedeutsame Sieg, der unsere Möglichkeiten im Kampf mit dem Gegner auf seinen Verbindungswegen und sogar im Bereich seiner Stützpunkte deutlich erkennen ließ, kommt auf das Konto von I. A. Kolyschkin und I. I. Fissanowitsch. Und errungen wurde er weder mit einer «Katjuscha» noch mit einer «Schtschuka», sondern mit M-172, einer «Maljutka», einem jener U-Boote, deren Kampfeigenschaften viele in der Flotte anzweifelten. Der Gerechtigkeit halber sei gesagt, daß auch ich keine allzu großen Hoffnungen auf diese Boote setzte. Doch genau zwei Monate nach Kriegsausbruch wurden die Zweifler ein für allemal eines besseren belehrt.

Am 21. August drang M-172 unter Kapitänleutnant Fissanowitsch durch die Petsamobucht bis zur Reede von Liinhamari vor, die von See her durch Beobachtungsposten und Küstenbatterien, aus der Luft durch Flugzeuge gesichert wurde. Die natürliche Lage des Hafens in der engen Bucht ließ ihn zusätzlich geschützt erscheinen. Unbemerktes Passieren erschien kaum möglich, und schon gar nicht ein Vordringen in den Hafen unter den Bedingungen des Polartages.

Bestimmend für den Erfolg von M-172 war, daß sowohl Fissanowitsch, der das Boot unlängst übernommen hatte und für den dies der erste Kampfeinsatz war, als auch Kolyschkin, der erfahrene Chef einer U-Boot-Abteilung, der wie üblich einen Bootskommandanten bei seiner ersten selbständigen Fahrt unterstützte, einheitlich handelten.

Kolyschkin war sehr feinfühlig und taktvoll. Als erstes riet er Fissanowitsch, den Durchbruch von M-172 in den Hafen um einen Tag zu verschieben, auch wenn sich das Boot bereits am Eingang der Bucht befand. Fissanowitsch sollte sich Zeit nehmen, um mit der Lage vertraut zu werden, die Manöver des Vorpostenschiffes zu studieren und alles zum Erfolg Notwendige zu berücksichtigen. Auch am folgenden Tag empfahl Kolyschkin, mit dem Durchbruch noch zu warten, der Kommandant der «Maljutka» sollte sich beherrschen lernen. Es verging noch ein Tag, ehe Fissanowitsch mit Billigung des Abteilungskommandeurs das Boot zum Durchbruch führte und ungehindert das Vorpostenschiff passierte. Er wußte genau, auf welchem Kurs es fuhr und wie lange es ihn jeweils beibehielt. Unbemerkt glitt M-172 an den Beobachtungsposten vorbei, passierte innerhalb der Bucht erneut das Vorpostenschiff, verriet sich durch nichts und erreichte die Reede von Liinhamari.

Dort griff M-172 am hellichten Tage um 14.00 Uhr einen Transporter an. Fissanowitsch verlor nicht eine Minute im Hafen, führte das Boot zurück in die See und entkam so den Verfolgern. Einen Tag später griff das Boot auf See erneut an und vernichtete ein Motorschiff.

Während dieses Einsatzes konnte sich Kolyschkin ein endgültiges Bild von seinem Schutzbefohlenen machen, der erst unmittelbar vor der Übernahme von M-172 einen Sonderlehrgang für U-Boot-Kommandanten absolviert hatte. Kolyschkin hielt Fissanowitsch für fähig, selbständig ein U-Boot zu führen und schwierige Aufgaben zu erfüllen. Besonders schätzte er Fissanowitschs Initiative und seine Fähigkeit, den Gegner zu überlisten und sich aus der gefährlichsten Lage zu befreien, eine Eigenschaft, ohne die kein U-Boot-Kommandant denkbar ist. Mit scharfem Verstand ausgestattet, gehörte Fissanowitsch dennoch nicht zu denen, die die Nase hoch trugen. Man durfte einiges von ihm erwarten.

Mich freute nicht nur die Einschätzung, als ich den Bericht des Abteilungskommandeurs vernahm. Fregattenkapitän Kolyschkin brachte mit dem Urteil über Fissanowitschs Qualitäten zugleich sein Kredo zum Ausdruck. Alles, was er seinem jungen Genossen an Gutem nachsagte, zeichnete diesen erfahrenen Seeoffizier der Nordflotte selbst aus.

Ich verfolgte seinen Werdegang bereits seit längerer Zeit. Schon bei der ersten Begegnung weckte Kolyschkin durch seine ruhige Sicherheit, seine gründlichen Kenntnisse und seine mit Selbstbewußtsein gepaarte Bescheidenheit Sympathie. Im Norden war er seit 1933, seit Bestehen der Nordflotte. Er traf damals mit den ersten Schiffen ein, war Torpedooffizier auf einem U-Boot des Typs «Dekabrist». Als Erster Offizier von D-1 empfing er Stalin, Woroschilow und Kirow auf seinem Boot, als diese, von der Ostsee kommend, auf der Reede von Soroka (Belomorsk) weilten. Die geographischen Gegebenheiten und die Besonderheiten der Natur auf dem nördlichen Schauplatz kannte er ebenso wie die Kampfeigenschaften der U-Boote. Er hatte in der Flotte, zu der er wie viele von uns durch den Komsomol geschickt worden war, eine gute Schule durchgemacht. Unzweifelhaft verfügte er über pädagogisches Talent, über die Fähigkeit, einem seine Meinung nicht aufzuzwingen, aber durch seinen Rat so einzuwirken, daß man wie von selbst zur notwendigen Schlußfolgerung gelangte. Viele U-Boot-Kommandanten verdankten Kolyschkin ihre Erfolge. Und nicht nur die Erfolge. Der Krieg ist eine ernste und grausame Sache und unerbittlich dem gegenüber, der Fehler begeht. Jeder Fehler, der im Krieg begangen wird – und ganz besonders auf einem U-Boot –, kann schwerwiegende Folgen für das Boot und damit für die gesamte Besatzung haben. Die Anwesenheit von Kolyschkin bewahrte so manchen jungen Kommandanten vor einem verhängnisvollen Schritt, vor einem ungerechtfertigten Risiko und garantierte den Erfolg.

Im Zusammenhang mit Fissanowitsch wäre hier auch Bibejew zu nennen. Ich erinnerte mich an ihn, als ich in meinem Tagebuch die Dezembereintragungen überlas.

15. Dezember. Das zentrale Ereignis des Tages war die Rückkehr von D-3. Es versenkte drei Transportschiffe, eines von 6000 Tonnen am 28. November, eines von 10000 Tonnen am 5. Dezember und einen 9570-Tonnen-Tanker am 6. Dezember. Sie waren sämtlich nach Osten – Kirkenes, Petsamo – unterwegs. Das erstgenannte Schiff wurde von zwei Fahrzeugen gesichert, die, ihren Manövern nach zu urteilen, mit Räumgeräten fuhren, um dem Transporter den Weg frei zu machen. Sie kamen nicht dazu, gegen das U-Boot vorzugehen. Im zweiten Falle fuhren zwei Transporter im Schutze eines Torpedobootes, das ebenfalls nichts gegen D-3 unternahm, sondern sich darauf beschränkte, Besatzungsmitglieder des untergehenden Transporters zu retten. Der Tanker wurde von zwei Räumfahrzeugen begleitet. Während das von einem Torpedotreffer beschädigte Schiff sank, übernahm ein Räumfahrzeug Besatzungsmitglieder, das andere war untätig und unterließ die Suche nach dem U-Boot, wohl um jedes überflüssige Risiko unter den Bedingungen der Polarnacht zu vermeiden.

Der Kommandant von D-3, Korvettenkapitän M. A. Bibejew, bewährte sich bei diesem Einsatz, die Hauptrolle spielte allerdings Kolyschkin.

Beim Lesen dieser Eintragung erinnerte ich mich an die Fahrt, die D-3 im September unternommen hatte. Das Boot stand damals unter dem Befehl von F.W. Konstantinow. Auch diesmal hatte Kolyschkin, unermüdlich wie Gadshijew, die Fahrt sichergestellt. Nicht umsonst galten die beiden als alte, treue Freunde, waren sie auch charakterlich sehr verschieden.

Konstantinow verhielt sich anfangs wie Fissanowitsch. Auch er konnte nicht abwarten und wollte unverzüglich, kaum daß das U-Boot auf Position lag, in die Bucht eindringen, statt erst in der Nähe ihres Eingangs geduldig abzuwarten, bis ein Gegner auftauchte. Kolyschkin zügelte den Heißsporn und erreichte, daß Konstantinow sehr bald begriff, was für einen U-Boot-Kommandanten die Hauptsache war, um bei Gefechtseinsätzen erfolgreich zu sein.

Als er den Abteilungskommandeur zum wiederholten Male an das Sehrohr bat, weil er befürchtete, der Gegner könne entkommen, und sagte, er möge sich doch mit eigenen Augen davon überzeugen, daß am Horizont zwei Masten zu sehen seien, erwiderte Kolyschkin nach einem Blick: «Das ist doch kein Ziel für uns! Zwei Schiffchen.» Und als er sah, wie enttäuscht Konstantinow war, fügte er hinzu: «Die suchen sicherlich den besten Weg für ein größeres Schiff. Also können wir uns langsam auf den Angriff vorbereiten.»

Und tatsächlich. Nach kurzer Zeit steuerte ein Tanker die Bucht an.

«Jetzt greif an, Kommandant», munterte Kolyschkin Konstantinow auf und ließ ihm volle Handlungsfreiheit.

Als D-3 von dieser Fahrt zurückkehrte, verkündeten die Schüsse im Hafen von Poljarny die Versenkung gleich mehrerer Schiffe.

Im Herbst übernahm Bibejew das Boot. Und Kolyschkin versäumte es nicht, zum Einsatz wieder mit hinauszufahren. Er und Gadshijew verdienten es, zur Auszeichnung mit dem Ehrentitel Held der Sowjetunion vorgeschlagen zu werden.

Eine weitere Eintragung im Dezembertagebuch rief interessante Einzelheiten in mir wach. Sie betrafen V. G. Starikow.

6. Dezember 1941. M-171 war zurückgekehrt. Es hatte einen 3000-Tonnen-Tanker angegriffen. Wegen ungünstiger Bedingungen konnte eine Aufklärungsgruppe nicht angelandet werden. Bei der Rückkehr unterlief dem U-Boot-Kommandanten ein grober Navigationsfehler, und er steuerte nicht Zyp-Nawolok, sondern Voitelakti an. Zur selben Zeit sollte M-176 von einer Fahrt zurückkehren. Ein Glück für M-171, denn unter anderen Umständen hätte es durchaus von unseren Küstenbatterien unter Feuer genommen werden können.

Kapitänleutnant Valentin Starikow war ein schweigsamer, gerechter und entschlußkräftiger Mensch. Als drittem Nordmeer-U-Boot-Fahrer war es ihm gelungen, in die Petsamobucht einzudringen. Er hatte es schwerer als Fissanowitsch und Jegorow, dem das einen Monat nach Fissanowitsch geglückt war. Der Gegner hatte unterdessen entsprechende Abwehrmaßnahmen ergriffen. Dazu gehörten Netzsperren am Hafen Liinhamari, von denen Starikow nichts wußte. Beim Einlaufen kam das Boot auch ungehindert an ihnen vorbei. Zwei große Transporter fesselten Starikows Aufmerksamkeit. Er griff sie an, registrierte zwei Detonationen, ging auf Gegenkurs und strebte dem Ausgang der Bucht zu, jedoch etwas seitlich von der Stelle, an der er in den Hafen eingedrungen war. Und so geschah es. In voller Fahrt stieß das Boot in 18 Meter Tiefe gegen ein U-Boot-Netz und verfing sich darin, während Küstenschutzboote bereits mit Wasserbomben angriffen. Alle Versuche, sich mit unterschiedlicher Geschwindigkeit aus der Falle zu befreien, verliefen ergebnislos. M-171 war dem Untergang geweiht. Manövrierunfähig, war das Boot den Wasserbomben schutzlos preisgegeben.

Plötzlich stellten die Schiffe das Bombenwerfen ein. Die Faschisten hatten festgestellt, daß sich das U-Boot im Netz verfangen hatte, und wollten es entweder zusammen mit der Besatzung in ihren Besitz bringen, sollte es auftauchen, oder vernichten, wenn Widerstand geleistet wurde.

In dieser Situation bewies Starikow seine Stärke. Er gab sein Boot nicht auf. Noch einmal befahl er: «Volle Fahrt zurück!» Das Boot wurde maximal hecklastig, und man ging sogar das Risiko ein, daß das Elektrolyt aus den Akkumulatoren auslief. Die Folgen muß ich wohl nicht näher erläutern.

Das Manöver gelang. Die «Maljutka» schlüfte aus dem Netz, über dem die gegnerischen Schiffe lauerten, blieb jedoch in der Bucht. Der Weg in die See war versperrt, davon mußte sich Starikow überzeugen, als er wiederholt versuchte, den einzigen Durchschlupf zu passieren. Dort lauerte der Gegner mit mehreren Schiffen, bereit, seine Wasserbomben auf M-171 abzuwerfen. Das Boot versuchte unter dem Netz hindurchzuschlüpfen, indem es auf maximale Tiefe ging. Doch auch hier stieß es gegen das Hindernis. Indessen wurde die Luft im Boot immer knapper, während die Ladedichte der Akkumulatoren-Batterien auf ein Minimum herabsank.

Starikow fand den richtigen Ausweg. Er befahl, die Regenerierung einzuschalten, und gab seinen Entschluß bekannt: in Überwasserfahrt über das Netz hinwegfahren, die Verwirrung des Gegners ausnutzen, zu der es höchstwahrscheinlich kommen würde, und zu einem Artilleriekampf bereit sein. Sollte es nicht gelingen, sich des Gegners zu erwehren, würde das Boot gesprengt werden.

Weder das eine noch das andere war notwendig, denn die Natur selbst kam dem Boot zu Hilfe. Die «Maljutka» brauchte nur etwas höher zu steigen und fuhr, ohne die Wasseroberfläche erreicht zu haben, ungehindert und unbemerkt über das Netz hinweg. Eine solche Möglichkeit hatte sich aus der einsetzenden Flut ergeben, die in unseren nördlichen Gewässern beachtlich ist.

Auf den faschistischen Schiffen begriff man erst viel zu spät, was da vor sich gegangen war. M-171 entkam in voller Fahrt in die offene See und kehrte wohlbehalten zu seinem Stützpunkt zurück.

Ich befragte Starikow ausführlich über die Umstände der Fahrt und überzeugte mich, daß seine Handlungen durchdacht und darauf gerichtet gewesen waren, das Boot aus der Falle herauszuführen. Er war seiner Besatzung ein Vorbild an Mut und Entschlossenheit, und sie führte alle Befehle exakt aus. Die gemeinsamen Anstrengungen des Kommandanten und der Parteigruppe hatten die Besatzung der «Maljutka» zu einem Kampfkollektiv zusammengeschlossen.

Ohne zu übertreiben, wage ich zu sagen: Die Männer von M-171 hatten einen Kommandanten, auf den sie in kritischen Minuten bauen konnten. In der Navigationskunst hatte Starikow allerdings noch Schwächen. Fehler wie der erwähnte mußten künftig vermieden werden, wollte er nicht Gefahr laufen, einmal bitter dafür bezahlen zu müssen.

Die Dezember-Bilanz auf dem Nordmeerschauplatz sagte folgendes aus: Die Gesamttonnage der in diesem Monat von unseren U-Booten versenkten Schiffe betrug 66000, rund 20 Prozent des gesamten Gütertransports der Faschisten in diesem Raum. Das bedeutete, daß ihre Lappland-Gruppierung vieles nicht erhielt, was sie im Winter und für die Kampfhandlungen unbedingt benötigte. So erhielt sie 20000 Halbpelze nicht, die vor einigen Tagen mit einem Transporter von K-22 unter dem Nordmeerveteranen Fregattenkapitän W. N. Kotelnikow auf den Meeresgrund geschickt wurden.

Als Kotelnikow erfuhr, was das von seiner «Katjuscha» torpedierte Transportschiff mitgeführt hatte, sagte er: «Sollen die Gebirgsjäger in der Kälte tanzen. Keiner hat sie hergebeten.»

Ich beendete das Dezembertagebuch mit folgender Eintragung, an die man sich zu Ende des Krieges erinnern sollte: Ein halbes Jahr Krieg. Hitler hat den Deutschen versprochen, den Krieg in höchstens zehn Monaten zu beenden. Daraus wird nichts, das ist klar. Die Zerschlagung der faschistischen Horden vor Moskau, die Befreiung von Rostow am Don, die Landung unserer Truppen in Kertsch und Feodossija mit Hilfe der Schwarzmeerflotte – alles zeigt genügend deutlich, daß wir den faschistischen Truppen immer häufiger nichts mehr schuldig bleiben. Es ist eine Frage der Zeit, wann wir sie endgültig zerschlagen.

Auf den äußeren Verbindungen

September 1941 bis Juni 1942

Während der zweiten Offensive der faschistischen Truppen im September erreichte die angespannte Lage am Küstenabschnitt der Karelischen Front ihren Höhepunkt. Die erbitterten Kämpfe in der Murmansker Richtung dauerten an der Küste der Motowskibucht, zwischen der Westlichen Liza und den Zugängen zur Halbinsel Sredni, bis in den Oktober hinein an. Die Faschisten mußten sich letztlich davon überzeugen, daß sie den Widerstand der sowjetischen Truppen nicht brechen konnten; ihre Hoffnungen, den Winter in Murmansk zu verbringen, zerschlugen sich. Auch mit der Landung auf der Fischerhalbinsel hatten sie kein Glück. Trotz langer und gründlicher Vorbereitung – wir wußten davon und warteten gespannt darauf –, entschlossen sie sich nicht dazu. Ob sie nun wollten oder nicht, sie mußten ernsthaft daran denken, dort zu überwintern, wo sie steckengeblieben waren: auf den Bergen, in der Tundra. Dabei gelang es ihnen nicht einmal, sich überall dort zu halten, wo wir sie zum Stehen gebracht hatten. Am 7. November beging die 14. Armee mit Unterstützung der Schiffsartillerie der Nordflotte würdig den 24. Jahrestag der Großen Sozialistischen Oktoberrevolution. Sie unternahm Gegenangriffe in der Westlichen-Liza-Bucht. Seite an Seite mit Armeetruppenteilen kämpften auch diesmal wieder Abteilungen der Marineinfanterie. Der als stellvertretender Kompaniechef eingesetzte Unterleutnant Alexander Torzew, Sekretär der Komsomolorganisation einer dieser Abteilungen, vollbrachte in der Nacht zum 7. November eine Heldentat. Zweimal verwundet, verteidigte er sich bis zur letzten Patrone gegen Gebirgsjäger, die ihn von allen Seiten bedrängten und aus Nahdistanz beschossen. Als ihm nichts mehr blieb, richtete er sich zu voller Größe auf und schleuderte eine Handgranate unter die anstürmenden Feinde.

Ein weiteres Beispiel für den selbstlosen Einsatz der Marineinfanterieabteilung der Nordflotte erlebten wir beim Sturm auf die den Teufelspaß beherrschende stark befestigte Höhe Washnaja – von den Faschisten Stahlhelm genannt. Durch entschlossenes Handeln vertrieben die Marineinfanteristen die Gebirgsjäger nicht nur von dieser, sondern auch noch von einer benachbarten Höhe.

In diesen Kämpfen zeichnete sich erneut Obersergeant W. P. Kisljakow aus, der schon am 13. August als Held der Sowjetunion geehrt worden war. Allein gegen hundert Faschisten hielt er die Verteidigung und bewies, über wieviel Mut und seemännischen Scharfsinn er verfügte.

Allgemein kann man sagen, daß die Front im Polargebiet nach unseren Angriffen gegen die faschistischen Truppen an der Liza noch stabiler geworden war. Der Gegner mußte sich das Fiasko des Blitzkrieges eingestehen. Nichts anderes verbarg sich hinter der Presseformulierung über die Lage seiner Lappland-Gruppierung: «Ihre Haupttätigkeit wurde die Sorge um die Erhaltung des Lebens.»

Zu unserem Erfolg trugen die Handlungen der Nordflotte auf den Seeverbindungswegen des Gegners nicht unwesentlich bei. Längst nicht alle Transportschiffe mit lebensnotwendigen Gütern erreichten ihr Ziel. Viele von ihnen wurden torpediert oder liefen auf Minen, die von unseren U-Booten gelegt worden waren.

Wir taten, was in unseren Kräften stand, obwohl wir es schwer, sehr schwer hatten. Es genügt wohl zu erwähnen, daß Mitte November wegen Nachschubschwierigkeiten die Nahrungsmittel in Murmansk und in Poljarny zu Ende gingen. Der Grund: Ende September hatte der Gegner die nach Süden führende Kirow-Eisenbahn abgeschnitten. Bis zur Fertigstellung der Obosersker Zweigstrecke mußten alle Güter auf dem Umweg über Archangelsk durch das Weiße Meer und die Barentssee zu uns gebracht werden. Unter solch ungünstigen Bedingungen hielten wir nicht nur stand und ließen den Gegner keinen Bodengewinn mehr erzielen, wir unternahmen auch Gegenangriffe und zwangen ihn, sich zu befestigen. Ja, mehr noch, wir vermochten sogar entsprechende Flottenkräfte für die Lösung jener Sonderaufgabe einzusetzen, die von Kriegsmonat zu Kriegsmonat an Bedeutung gewann.

Neben der Unterstützung für die Truppen am Küstenabschnitt, den Kampfhandlungen auf den Seeverbindungen des Gegners, dem Schutz der eigenen Seewege – darunter des wichtigsten, des Nördlichen Seeweges, auf dem wir von Oktober bis Dezember im Geleitzugsystem alle Frachter und Eisbrecher in Sicherheit brachten –, hatten wir den Begleitschutz für alliierte Geleitzüge in der sogenannten äußeren Richtung zu gewährleisten. Solche Geleitzüge brachten Kriegsmaterial aus den USA und aus England zu den nördlichen Häfen der Sowjetunion.

Die ersten Transporter wurden bereits im August losgeschickt. Ihr Ziel war Archangelsk. Den Geleitschutz während der Überfahrt von den englischen Häfen bis zum Bestimmungshafen übernahmen sowohl Kräfte der britischen Home Fleet als auch unserer Nordflotte. Nach Verhandlungen mit Vertretern des Oberkommandos der britischen Seestreitkräfte von Mitte Juli wurde die Route der Geleitzüge in zwei Operationsgebiete eingeteilt. Die eine reichte von Großbritannien über Island bis zur Bäreninsel; sie war den britischen Sicherungsschiffen vorbehalten. Die zweite erstreckte sich von der Bäreninsel bis nach Archangelsk; hier übernahmen britische und sowjetische Schiffe sowie Fliegerkräfte den Geleitschutz.

Die Kolabucht und der Hafen Murmansk waren bis zur Fertigstellung der Zweigbahn Oboserskaja–Belomorsk im November nicht zum Empfang von Transportschiffen vorgesehen. Bis Ende 1941 liefen hier nur Kriegsschiffe der Alliierten ein, die in Abstimmung mit dem Kommando der Nordflotte entweder an Kampfhandlungen auf dem Schauplatz teilnahmen oder Sonderaufträge auszuführen hatten. Zur ersten Gruppe gehörten die britischen U-Boote «Tigris» und «Triad» sowie acht bis neun Räum- und Küstenschutzschiffe der «Speedy»-Klasse.

Der britische Kreuzer «Kent» brachte Außenminister Eden nach Murmansk, von wo er nach Moskau weiterreiste. Der Kreuzer «Edinburgh» und die Zerstörer «Echo» und «Escapade» gaben dem Tanker «Mirlow» und dem Transporter «Dekabrist» Geleitschutz, die unmittelbar für die Flotte bestimmte Ladung an Bord hatten. Seit den ersten Kriegswochen, als die zwischenstaatlichen Beziehungen der Sowjetunion mit Großbritannien und den USA im gemeinsamen

Kampf gegen die Faschisten geregelt waren, bestand im Kommando der Nordflotte kein Zweifel über die besondere Bedeutung der äußeren Verbindungswege des nördlichen Seeschauplatzes. Wiederholt erinnerte ich mich an die Worte Stalins bei meiner Versetzung zur Nordflotte im Jahre 1940: Im ersten Weltkrieg sei die Seeverbindung unseres Landes mit der Außenwelt im Norden sicherer gewesen als über die Ostsee oder das Schwarze Meer. Ähnlich entwickelten sich die Dinge auch jetzt, selbst wenn die Verhandlungen der Konteradmirale Vian und Miles im Juli mit uns lediglich die Abgrenzung der Operationsgebiete betrafen. Bestärkt wurde ich in meiner Annahme durch eine Anweisung des Volkskommissariats, die mir Kapitän zur See M. Woronzow vom Hauptstab der Seekriegsflotte überbrachte. Er begleitete unsere britischen Verhandlungspartner und übermittelte mir, ich solle die Konteradmirale mit der Lage im Norden bekanntmachen und Möglichkeiten erörtern, britische Schiffe in der Kolabucht zu stationieren. Einige Fragen, die die Engländer uns stellten, klangen in unseren Ohren recht merkwürdig. So wollten sie wissen, ob wir die Schiffe mit Gemüse versorgen könnten, von welcher Qualität das sei und ob man es vorher in Augenschein nehmen könnte. Weiter fragten sie nach Heizöl und, sollten wir es liefern können, welche Qualität es hätte. Das ging ja noch an. Aber was sollten wir davon halten, als man wissen wollte, ob wir eine Arrestanstalt für britische Matrosen einrichten könnten und wie es mit Bordellen bei uns aussähe. Ich antwortete, an Gemüse würden wir das zur Verfügung stellen, was wir selber hätten; Bordelle gäbe es in unserem Lande nicht und würde es auch in Zukunft nicht geben; ein Gefängnis für englische Matrosen würden wir nicht einrichten.

Solcherart Gespräche führten wir zwei Tage lang. Die meisten Fragen stellte Konteradmiral Vian. Er war groß von Wuchs, hager, etwa fünfzig Jahre alt. Zu Beginn des Krieges hatte er eine Zerstörerflottille befehligt und sich bei Aktionen an der norwegischen Küste einen Namen gemacht. Er gab sich recht auffällig und betont selbstbewußt, sprach laut und abgehackt. Sein Kollege, Konteradmiral Miles, bis vor kurzem Kommandant der «Nelson», eines der stärksten britischen Schiffe, begnügte sich damit, Einzelheiten von Vians Fragen zu präzisieren, und machte überhaupt einen angenehmeren Eindruck. Etwas kleiner als Vian, doch etwa gleichaltrig, benahm er sich wesentlich taktvoller. Er sprach höflich und formulierte sehr vorsichtig.

Bei unserem letzten Gespräch fragte mich Vian: «Admiral, welche Hilfe würden Sie denn gern von den britischen Seestreitkräften erhalten?»

Ich weiß nicht, welche Antwort er erwartete, aber ich sagte ohne Umschweife: «Wir verfügen gegenwärtig nur über geringe Fliegerkräfte, dabei müßte man gegen die Stützpunkte des Gegners in Kirkenes und Petsamo vorgehen. Ich bitte zu berücksichtigen, daß das auch Ihnen nutzen würde, sollten Ihre Schiffe in die Kolabucht einlaufen. Es wäre wünschenswert, einen solchen Angriff noch vor dem Eintreffen dieser Schiffe in unseren Gewässern zu fliegen.»

Vian erklärte, diese Frage falle nicht in seine Kompetenz, er persönlich halte jedoch eine solche Operation für möglich und wolle diesbezüglich seine Vorgesetzten konsultieren.

Über den Verlauf der weiteren Verhandlungen in Moskau erfuhr ich nichts weiter, doch erhielt ich schon bald vom Volkskommissar den Befehl, alle unsere U-Boote, die westlich der Kolabucht im Einsatz waren, von ihren Positionen abzuberufen. Den Fliegerkräften wurde untersagt, Schiffe auf See zu bombardieren. Was da im einzelnen geplant war, entzog sich meiner Kenntnis, ich konnte lediglich annehmen, daß eben jener Schlag gegen die faschistischen Stützpunkte bevorstand, über den ich mit Vian und Miles gesprochen hatte.

Und tatsächlich, am 30. Juli meldeten unsere Batterien und Posten auf der Fischerhalbinsel um die Mittagszeit: «Über Petsamo und Kirkenes findet ein Luftkampf statt. Flugzeuge nicht identifizierter Typen werfen Bomben ab.» Am folgenden Tag ging aus einer Mitteilung des Hauptstabes der Seekriegsflotte hervor, daß britische Flugzeuge, die von Flugzeugträgern aufgestiegen waren, Kirkenes und Petsamo bombardiert hätten. Leider waren die Verluste der Engländer wesentlich höher als der Schaden, den sie anrichteten. Die Bomber stießen auf starkes Flakfeuer und wurden von Jagdflugzeugen bedrängt. Das britische Kommando hatte die Luftabwehr von Kirkenes und Petsamo eindeutig unterschätzt.

Am 2. August teilte man von der Fischerhalbinsel mit, man habe zwei englische Flieger in einem Schlauchboot gerettet. Ich schickte einen U-Jäger los, der die Engländer nach Poljarny brachte. Es handelte sich um einen Leutnant und einen Sergeanten. Der Zustand des Sergeanten war zufriedenstellend, der des Leutnants aber besorgniserregend. Nach intensiver Behandlung im Lazarett konnte der Sergeant nach etwa 20 Tagen entlassen werden. Da seine Kleidung völlig unbrauchbar geworden war, erhielt er eine sowjetische Uniform. Und so spazierte er bis zu seiner Rückführung in die Heimat in der Seemannsuniform mit dem Band, auf dem «Nordflotte» stand, umher. Im Gespräch mit unseren Seeleuten versicherte er, er wolle diese Uniform zum Andenken an den Krieg und an die Sowjetunion aufbewahren. Während der Sergeant bald mit einem Flugzeug nach England abflog, lag der Leutnant etwa vier Monate im Lazarett. Die Blutübertragungen, die Pflege und die Bemühungen der Ärzte brachten auch ihn wieder auf die Beine. Er erhielt ebenfalls eine sowjetische Uniform. Anfang 1942 nahm ihn ein britisches Schiff mit in die Heimat. Ich hoffe, daß sich beide an die Begegnungen mit den sowjetischen Kameraden, die gegen denselben Feind kämpften, erinnern.

Die Besatzungen der anderen abgestürzten britischen Flugzeuge hatten den Tod gefunden.

Es wäre übertrieben, wollte man den Einsatz der britischen Flieger eine spürbare Hilfe für uns nennen. So sahen es auch die Engländer selbst. Ihren Pressemitteilungen zufolge, maßen sie ihm jedoch diplomatische Bedeutung bei. Und da die hohen Verluste angeführt wurden, unterstrich man gleichzeitig, daß diese Opfer den Bundesgenossen, das heißt uns zuliebe, gebracht worden waren.

Um diese Zeit traf eine ständige britische Marinemission mit Kapitän Bevan an der Spitze bei uns in Poljarny ein. Bevan war ein älterer Marineoffizier, der seiner Dienststellung in der Flotte entsprechend den zeitweiligen Dienstgrad Konteradmiral erhielt. Früher hatte er einen Zerstörer befehligt, danach war er lange Jahre als Marineattaché tätig gewesen. Zu Kriegsbeginn war er bereits im Ruhestand und hatte sich als Farmer niedergelassen. Und nun kam er direkt aus der Landwirtschaft zu uns. Ihm zur Seite stand der Stabschef der Mission, Commander Davis, ein energischer, kluger Mann, ein früherer U-Boot-Fahrer und allem Anschein nach nun ein Aufklärer.

Die Ankunft dieser Mission in Murmansk und Archangelsk bestärkte uns in unserer Überzeugung, daß dem nördlichen Seeschauplatz eine besondere Rolle zukam, vor allem der Kolabucht und Murmansk. Tatsächlich gab es bei uns im Polargebiet keine gleichwertigen Plätze für Flottenstützpunkte sowie für den Seetransport. Das verdankten wir dem Golfstrom, der diese Häfen das ganze Jahr über eisfrei hielt.

Kein Wunder also, daß wir, die 14. Armee und die Nordflotte, mit keiner Silbe daran dachten, uns auf Murmansk zurückzuziehen, als die zweite Offensive der faschistischen Truppen einsetzte und Dietls Gebirgsjäger unsere Verteidigung zu durchbrechen versuchten.

Unsere Vorstellungen wurden im Kommando der Nordwestrichtung erörtert. K. J. Woroschilow und A. A. Shdanow sandten uns ein Telegramm, in dem sie anwiesen, alle der Nordflotte zur Verfügung stehenden Kräfte in den Kampf zu werfen und ihre befestigten Positionen auszuweiten, dabei neue Stützpunkte vorzuschieben und Reservestützpunkte in der Tiefe des Raumes vorzubereiten.

Auch vom Volkskommissar für die Kriegsflotte erhielten wir eine Direktive. Darin hieß es: «Die Nordflotte hat, wie sich die Lage an der Landfront auch gestalten möge, in Poljarny zu bleiben und diesen Punkt bis zum äußersten zu verteidigen.»

Beide Weisungen deckten sich. Der Gegner durfte auf keinen Fall bis zur Küste der Kolabucht vordringen, Murmansk mit seinem eisfreien Hafen abschneiden und einnehmen. Ein weiteres Mal wurde bestätigt, welche Bedeutung die Kolabucht hatte. Der Gegner kam allerdings erst später darauf.

In mein Tagebuch schrieb ich damals:

5. November 1941. Die britische Mission warf die Frage auf, ob es möglich sei, daß Geleitzüge den Hafen von Murmansk anlaufen. Es müßte gehen, denn die Anlegestellen und Krane erlauben das Löschen. Die Gleisanlagen gewährleisten die weitere Beförderung von Gütern auf der Obosersker Strecke. Die Missionsvertreter baten, zur Versorgung der britischen Sicherungsschiffe für den Rückweg jeweils 2000 Tonnen Kraftstoff für die Kreuzer und Zerstörer und Verpflegung für 2500 Mann für sechs bis sieben Tage zu liefern. Die Eislage zwinge die Transportschiffe, Murmansk anstatt Archangelsk anzulaufen. Voraussichtlich werden auch die britischen Kriegsschiffe Archangelsk ab der zweiten Dezemberhälfte nicht mehr anlaufen können und darum ersuchen, daß Murmansk sie versorgt.

10. Dezember. Allem Anschein nach werden die Geleitzüge Murmansk anlaufen; von hier werden auch die Fischereifahrzeuge zum Einsatz gelangen. Es sind energische Maßnahmen zu treffen, um die Lage auf den Verbindungswegen zu stabilisieren. Die in Murmansk vorhandenen Vorräte an Kohle und Kraftstoff reichen für die Geleitzüge nicht aus, sie decken kaum den Bedarf der eigenen Flotte. Damit auch noch die Handelsschiffe zu versorgen wird sehr schwer sein. Insgesamt gesehen, können wir uns auf viele Schwierigkeiten gefaßt machen.

25. Dezember. An der Karelischen Front sind drei Marineschützenbrigaden eingetroffen. Eine haben wir nach Murmansk geschickt, die übrigen an die Front verteilt, die auch 24 Flugzeuge «Hurricane» erhalten hat. Auf hoher See sind sie von einem britischen Flugzeugträger aufgestiegen und am 7. November auf dem Flugplatz Vaenga gelandet. Die Engländer werden so lange bei uns bleiben, bis unsere Flieger die neue Technik gemeistert haben. Die «Hurricane» stehen unter dem Befehl von Colonel Isherwood. Es wäre verfrüht, sich über die Kampfeigenschaften dieser Maschinen zu äußern, doch die Flugzeugspezialisten haben schon einige wesentliche Mängel festgestellt.

Allem Anschein nach werden die Transportschiffe in Murmansk einlaufen. Jetzt wird es Sorgen über Sorgen geben, besonders nach der Mitteilung, daß die Faschisten weitere neun U-Boote mit kampferprobten Kommandanten nach dem Norden verlegen wollen. Viel Mühe macht die Versorgung der Engländer mit Lebensmitteln und Kraftstoff, da wir selber nicht genug haben.

17. Januar 1942. Die erwarteten Geleitzüge haben, wie vorgesehen, Murmansk angelaufen. Der erste, aus neun Transportern bestehende Konvoi ist am 12. Januar eingetroffen und noch immer nicht gelöscht. Die Arbeiten sind schlecht organisiert. Viele Ausrüstungen sind im ersten Kriegsmonat aus Murmansk abtransportiert und Vorkehrungen zum Empfang von Geleitzügen nicht getroffen worden. Das muß sich zwangsläufig auf das Umladen von den Schiffen auf die Waggons auswirken.

Heute traf der nächste Geleitzug ein. Gegen 20.00 Uhr teilte die britische Mission mit, ein Transportschiff sei 10 Meilen nördlich vom Gawrilow-Leuchtturm von einem Torpedo beschädigt worden. Ein Begleitschiff habe den Transporter in Schlepp genommen. Ich ordnete an, ihn nach Teriberka zu bringen. Zu seinem Schutz wurden vier U-Jäger bereitgestellt. Kaum war ich mit dieser Sache fertig, als eine weitere Meldung eintraf. Um 23.29 Uhr war nördlich von Teriberka der britische Zerstörer «Matabele» von einem Torpedo getroffen worden. Er sank drei Stunden später. Also mußte die Information von der Verlegung zusätzlicher gegnerischer U-Boote mit erfahrenen Kommandanten der Wahrheit entsprechen.

Wie sich dann herausstellte, wurde im Januar auch das Schlachtschiff «Tirpitz», eines der größten Kriegsschiffe des Gegners, nach Nordnorwegen verlegt. Die Vermutung lag nahe, daß nach der «Tirpitz» weitere große Schiffe der faschistischen Kriegsmarine auf dem nördlichen Seeschauplatz auftauchen würden. Der im Februar gelungene Durchbruch zweier Schlachtschiffe, der «Gneisenau» und der «Scharnhorst», des Schweren Kreuzers «Prinz Eugen» und einer Gruppe von Zerstörern von Brest durch den Ärmelkanal nach Deutschland war symptomatisch. Daß die Engländer, die auf See doch zweifellos überlegen waren, diesen Durchbruch nicht vereitelt hatten! Die britischen Vertreter in Poljarny zuckten auf entsprechende Fragen nur mit den Schultern. Verwirrung und Verlegenheit klangen auch in den Antworten von Offizieren der britischen Schiffe an, die bei uns eintrafen. Keiner wußte etwas Bestimmtes, doch daß das Kommando der britischen Seestreitkräfte (und auch der Luftstreitkräfte) ganz eindeutig Fehler begangen hatte, gaben alle zu.

Unterdessen war klar geworden, daß der Gegner in aller Eile starke Marinekräfte in Nordnorwegen zusammenzog. Dabei vermied er tunlichst das Risiko, die «Tirpitz» auf jenen Seewegen einzusetzen, die die alliierten Geleitzüge benutzten. Wahrscheinlich wollten die Faschisten das Ende der Polarnacht abwarten.

Wir aber warteten nicht ab. Wurde unser Operationsgebiet von August bis einschließlich Dezember 1941 von elf alliierten Geleitzügen in beiden Richtungen passiert – sieben in unsere Richtung und vier umgekehrt –, so waren es allein im Laufe des Januar und Februar des neuen Jahres in beiden Richtungen zwischen Murmansk und der Báreninsel neun. Inzwischen waren die Voraussetzungen, unter denen der Begleitschutz erfolgte, weitaus schlechter geworden. Erstens war die U-Boot-Gefahr gewachsen. Zweitens brachten die Stürme mit dem Golfstrom Treibminen aus westlicher Richtung heran. Drittens waren die Bedingungen auf dem nördlichen Seeschauplatz im Winter ohnehin miserabel. Schon Mitte November begann die lange, fast drei Monate währende Polarnacht mit häufigen Unwettern und den Eisfeldern, die aus nördlichen Breiten in den südlichen Teil der Barentssee trieben. Stürme auf See, häufiges, lang anhaltendes Schneetreiben und dichte Nebelwände schufen für die Navigation ungemein schwierige Bedingungen und waren unser zweiter Gegner. Die Geleitzüge durften unter gar keinen Umständen zurückbleiben, um günstiges Wetter abzuwarten, sondern mußten fahren und ungeachtet aller Gegebenheiten ihren Kurs einhalten. Und sie fuhren.

Ich rekonstruierte anhand der kurzen und unvollständigen Tagebuchaufzeichnungen Einzelheiten über einige alliierte Geleitzüge vom Frühjahr/Sommer 1942. Zu jener Zeit verfügten die Faschisten in Nordnorwegen – im Altafjord und einigen anderen Fjorden – über einen starken Verband von schweren Überwassereinheiten. Er bestand aus dem Schlachtschiff «Tirpitz», den Schweren Kreuzern «Admiral Scheer», «Lützow» – die ehemalige «Deutschland» – und «Admiral Hipper», dem Leichten Kreuzer «Köln» und den ihnen zugeteilten 8 bis 12 Zerstörern, nicht gerechnet jene, die schon vom ersten Tag der Kriegshandlungen an auf dem Schauplatz im Einsatz waren.

Ende März lag der erste Einsatz der «Tirpitz» gegen die Seewege im Nordatlantik etwa drei Wochen zurück. Das von drei Zerstörern begleitete faschistische Schlachtschiff war damals aus dem Altafjord ausgelaufen, um den Geleitzug PQ-12 abzufangen, der zu uns unterwegs war, fand ihn jedoch nicht. Britische Torpedoflugzeuge, die von einem Flugzeugträger aus dem Geleitschutz aufgestiegen waren, entdeckten die «Tirpitz» nahe der norwegischen Küste, griffen sie an und zwangen sie, auch wenn sie sie nicht beschädigten, die weitere Suche nach dem Geleitzug aufzugeben. Der erste Versuch brachte den Faschisten also keinen Erfolg.

Der folgende Geleitzug, PQ-13, wurde von sowjetischen Schiffen im Morgengrauen des 30. März westlich vom 30. Meridian während eines Sturmes, der von häufigem Schneetreiben und sehr schlechter Sicht begleitet war, in Empfang genommen. Die Zerstörer «Gremjaschtschi» und «Sokruschitelny» schlossen sich sofort dem Geleitschutz an und fuhren zur Abwehr von U-Booten steuerbords im Zickzackkurs. Etwas voraus auf der Backbordseite befand sich das Führerschiff der britischen Eskorte, der Kreuzer «Trinidad», noch weiter entfernt kreuzten, zeitweise am Horizont verschwindend, auf Fernsicherung britische Zerstörer.

Die Lage war schwierig. Der Sturm nahm weiter zu. Die Funkaufklärung machte gegnerische Schiffe in der Nähe des Geleitzuges aus, das Schneetreiben und der Nebel verhinderten jedoch, daß man sie zu Gesicht bekam. Deshalb sah man auf der «Trinidad» die drei faschistischen Zerstörer erst, als sie sich bereits auf Torpedoschußweite befanden. An ein Ausweichen war nicht mehr zu denken. Der Kreuzer wurde getroffen, doch trotz der Beschädigung nahm er den Kampf auf. Sofort eilte ihm ein sowjetischer Zerstörer zu Hilfe.

Das Ergebnis des Artilleriekampfes: Ein faschistischer Zerstörer wurde von Salven aus den Turmgeschützen der «Trinidad» versenkt, auf dem zweiten brach Feuer aus, der dritte kam auf der Flucht in Reichweite der Schiffsgeschütze des Zerstörers «Sokruschitelny», erhielt bei der zweiten Salve einen Volltreffer in die Maschine, stieß große Dampfwolken aus und verschwand im Schneetreiben.

Das Ganze geschah 150 Meilen von der Murmanküste entfernt. Der Überfall kam die Faschisten teuer zu stehen, ganz abgesehen davon, daß es ihnen nicht gelang, überhaupt bis zu den Transportern durchzubrechen. Doch auch wir mußten einiges einstecken. Der Kreuzer «Trinidad» war so schwer beschädigt, daß er sich sofort zur Reparatur in die Kolabucht zurückziehen mußte, bevor er die Rückfahrt nach Großbritannien antreten konnte. Mit dem Kreuzer entfernten sich auch die britischen Zerstörer vom Geleitzug.

Alleinigen Schutz gewährten nun unsere Zerstörer «Gremjaschtschi» und «Sokruschitelny». Vor ihnen lag der letzte Teil der Route, auf dem wie immer U-Boot-Angriffe zu erwarten waren.

Fast 24 Stunden lang fuhr PQ-13 unbehelligt in zwei Kolonnen in Kiellinie, und wie bisher herrschten Schneetreiben, Nebel und Sturm. Am schwersten machte der Seegang den Zerstörern zu schaffen. Die Brecher waren so mächtig, daß sich auf der «Gremjaschtschi» die Deckstützen unter dem Oberdeck verbogen. Das Deck begann sich zu krümmen und durchzuhängen. Es mußte schleunigst etwas getan werden, um größere Schäden zu verhindern. Dabei gab die «Gremjaschtschi» die Geleitzugsicherung nicht auf.

Am Morgen des 31. März erreichten die Schiffe den Eingang in die Kolabucht. Schon zeichneten sich die Umrisse der Insel Kildin auf der einen Seite und des Kaps Zyp-Nawolok auf der anderen Seite ab, als die Faschisten erneut angriffen, zuerst mit einem U-Boot. Die Wasserbomben von der «Gremjaschtschi» jagten es in die Tiefe. Es tauchte weg und kam gar nicht erst dazu anzugreifen. Trümmer und Dieselöl an der Wasseroberfläche ließen vermuten, daß das gegnerische Boot entweder vernichtet oder schwer beschädigt worden war. Einen zweiten Versuch unternahm eine Gruppe Junkers. Ihr Angriff endete damit, daß die Flakartilleristen der «Gremjaschtschi» einen Bomber abschossen und die übrigen verjagten.

PQ-13 erreichte die Kolabucht, passierte Poljarny und legte in Murmansk an. Ein besonderes Lob gebührte dafür der Besatzung der «Gremjaschtschi» unter Korvettenkapitän A. I. Gurin.

PQ-16 war der zweite jener beiden Geleitzüge, die im Mai bei uns eintrafen und fast im gesamten sowjetischen Operationsgebiet verstärkten Angriffen des Gegners ausgesetzt waren. Beide Male setzten die Faschisten alles daran, daß die Schiffe ihren Bestimmungshafen nicht erreichten. Es gelang ihnen zwar nicht, aber sie demonstrierten ihre Möglichkeiten, und die durften wir nicht unterschätzen.

Die Okkupation Norwegens erlaubte es dem Gegner, die Routen der alliierten Geleitzüge, die parallel zur Küste Nordnorwegens verliefen, unter Kontrolle zu halten. In dem Maße, wie die Geleitzüge vorankamen, wechselten die faschistischen Flieger von Flugplatz zu Flugplatz und griffen ununterbrochen an. Gleichzeitig traten die U-Boote in Aktion. Und dennoch war es dem Gegner nicht mehr möglich, Versäumtes nachzuholen und die Initiative auf dem Schauplatz an sich zu reißen, den die Faschisten für zweitrangig gehalten hatten. Zu spät hatten sie erkannt, daß von allen nach Westen führenden Verbindungen die nördliche für die UdSSR die wichtigste war. Nun strengten sie sich an, hier ein solches Kräftepotential zu schaffen, das die Effektivität der Geleitzüge zunichte machen könnte.

Genaugenommen hing das aber weniger vom Gegner als vielmehr von unseren Verbündeten ab. Folgende Bedingungen hätten erfüllt sein müssen, damit die unvermeidlichen Verluste so gering wie möglich blieben: Der Geleitschutz hätte ausreichend sein müssen, die Handlungen der Sicherungsschiffe hätten sich der Aufgabe unterordnen müssen, die Transporter wirksam zu beschützen, nicht aber sie bei der geringsten Beschädigung zu vernichten, wie das bei den Mai-Geleitzügen praktiziert worden war. Schließlich hätten sich auch die Besatzungen der Transporter nach Kräften bemühen müssen, ihre Schiffe zu retten, so wie es die Besatzung des sowjetischen Motorschiffes «Stary Bolschewik» vorgemacht hatte.

Keiner von uns zweifelte an der Tapferkeit, Standhaftigkeit und Furchtlosigkeit der britischen Seeleute, die auf unserem Seeschauplatz im Einsatz waren. Ich selbst könnte genügend Beispiele dafür anführen, daß sie ihrer Bündnispflicht im Kampf gegen den gemeinsamen Feind getreulich nachkamen. Gewiß gab es Erscheinungen von übertriebener Selbstsicherheit und Voreingenommenheit, doch die Ursachen dafür dürften in der entsprechenden Erziehung zu sehen sein. Ihr lag sicher die einstige Vormachtstellung der Engländer auf den Meeren sowie eine intensive antisowjetische Propaganda zugrunde. Besonders auffällig benahm sich die Besatzung der

«Tigris». Doch nicht das war entscheidend, die meisten britischen Seeleute verhielten sich einwandfrei. Schwerwiegender waren einige Entscheidungen, die daran erinnerten, daß der persönliche Einsatz der Seeleute und die Politik der britischen Regierung zweierlei waren. Dafür einige Beispiele.

Im August 1941 traf der Minenleger «Adventure» mit Kriegsmaterial für die Flotte, darunter Magnetminen und Zünder, in Archangelsk ein. Diese Minen taugten nur für Wassertiefen von 20 bis 25 Metern und waren für uns völlig unbrauchbar. Und die Zünder? Man konnte mit ihnen anfangen, was man wollte, sie zündeten nicht.

Oder nehmen wir die Vernichtung beschädigter Schiffe. Wozu schickte man Transporter mit Tausenden Tonnen Gütern auf die Reise, wenn man sie nach einem Bomben- oder Torpedotreffer letztlich doch selber versenkte, obwohl die Schiffe durchaus noch schwimmfähig und in der Lage waren, die Fahrt fortzusetzen?

Die Besatzung der «Stary Bolschewik» zeigte, welche Möglichkeiten die Bundesgenossen vergaben und wie man mit Schwierigkeiten fertig wurde.

Gewiß, der Geleitzug, in dem das Motorschiff fuhr, befand sich in einer schwierigen Lage. Die Sicherungsschiffe hatten die Transporter drei Tage lang fast ununterbrochen vor den Überfällen faschistischer Flugzeuge – Bomber und Torpedoflugzeuge – zu verteidigen und in der Zeit zwischen den Luftangriffen Torpedoangriffe von U-Booten abzuwehren gehabt. Doch rechtfertigte das die Anweisung der britischen Admiralität, die von den Faschisten beschädigten Transportschiffe preiszugeben und sie zu vernichten? Hätte man nicht danach trachten müssen, alles zur Rettung dieser Schiffe zu unternehmen?

Die «Stary Bolschewik» wurde von den Faschisten nicht weniger angegriffen als die übrigen Transporter. Innerhalb von drei Tagen hatte die Besatzung 47 Angriffe faschistischer Flugzeuge abgewehrt. Als eine Bombe das Backdeck traf und einen Brand auslöste, griffen die Flieger, vom Qualm angelockt, erneut an, um dem Motorschiff den Todesstoß zu versetzen. Die Besatzung hatte nun zwei Gegner, die faschistischen Flugzeuge und das Feuer. Den Flakartilleristen gelang es, einen Bomber abzuschießen und die übrigen zu verjagen.

Der Kampf zur Rettung des Transporters und der Ladung wurde fortgesetzt. Doch was tat der Kommandant des britischen Führerschiffes? Er schlug der Besatzung der «Stary Bolschewik» vor, das Schiff zu verlassen und auf eines der Begleitschiffe überzusetzen, denn er wolle das beschädigte Motorschiff versenken.

Der Kapitän des sowjetischen Transporters ließ übermitteln, er habe nicht die Absicht, das Schiff aufzugeben. Daraufhin wurde der brennende Transporter allein gelassen.

Einen Tag lang dauerten die Bemühungen, das Feuer zu löschen und das Schiff wieder fahrtüchtig zu machen. Dann holte es den Geleitzug ein, schloß sich ihm an und erreichte wohlbehalten und mit unversehrter Ladung Poljarny. Die britische Admiralität kam nicht umhin, der Besatzung ihre Hochachtung auszusprechen.

Drei Besatzungsmitgliedern der «Stary Bolschewik», dem Kapitän I. I. Afanassjew, dem I. WO M. P. Petrowski und dem Rudergast B. I. Akasjonok wurde der Titel Held der Sowjetunion verliehen, während das Motorschiff selbst mit dem Leninorden ausgezeichnet wurde. Augenscheinlicher als von seiner Besatzung konnte kaum demonstriert werden, wie unsinnig die Vorschrift war, beschädigte Transporter zu versenken. Nicht aufgeben und vernichten, sondern verteidigen, behaupten und retten – davon sollte sich jeder leiten lassen, der sich als unser Bundesgenosse im gemeinsamen Kampf bezeichnete!

Wir wußten uns zu verteidigen, mit allen uns zur Verfügung stehenden Kräften. Gruppen sowjetischer Flugzeuge versetzten den faschistischen Stützpunkten und Flugplätzen in Nordnorwegen immer neue Schläge, verringerten so die Kampffähigkeit des Gegners und schwächten seine Einwirkungsmöglichkeiten auf alliierte Geleitzüge. Zunehmend sicherten auch unsere Flieger die Geleitzüge.

Bei einem Einsatz zum Schutze des letzten Geleitzuges im Mai verloren wir den Kommandeur eines Fliegerregiments, Oberstleutnant Boris Safonow. Er fiel am 30. Mai bei der Verteidigung von PQ-16.

Der Geleitzug war noch 60 Meilen von der sowjetischen Küste entfernt, als die Faschisten zu einem massierten Bombenangriff mit 45 von Messerschmitts gedeckten Junkers ansetzten. Vier rotbesternte Jäger stiegen auf, um ihnen den Weg abzuschneiden. Safonow führte sie. Der Flieger Kucharenko mußte auf halbem Wege wegen eines Motorschadens umkehren. So etwas kam leider recht häufig vor, seitdem wir nach dem Lend-Lease-Abkommen auch amerikanische Maschinen «Kitty Hawk» flogen. Diese Flugzeuge hatten Motor-Kugellager, die mit einer Silberlegierung ausgegossen waren. Die Amerikaner betrachteten das als die neueste technische Errungenschaft. Doch die Motoren mit diesen Kugellagern fielen häufig aus. Unsere Flieger prägten mit bitterer Ironie für sie den Begriff vom «Wunder der motorlosen Luftfahrt».

Die «Kitty Hawk» standen mehr auf den Flugplätzen herum, als daß sie flogen. So war es auch am 30. Mai. Von Safonows Flugzeugen konnten nur vier aufsteigen. Und von diesen fiel dann noch eins aus. Die übrigen drei Maschinen setzten den Flug fort, zu dritt nahmen sie auch den Kampf auf. Drei gegen 45 Junkers und eine unbestimmte Anzahl Messerschmitts!

Dennoch ließen Safonow, Pokrowski und Orlow den Gegner nicht an die Transportschiffe heran. Sie koordinierten ihre Handlungen mit dem Flaksperrfeuer der Sicherungsschiffe. Vor aller Augen schoß Safonow zwei Bomber ab, während Pokrowski und Orlow je einen Abschuß verbuchen konnten.

Wenig später wurden auf dem Gefechtsstand in Vaenga über Funk Safonows Worte empfangen: «Deckt mich von hinten!» Dann sahen die Signalgasten des Zerstörers «Kuibyschew», wie sich Safonow auf die dritte Junkers stürzte. Im selben Augenblick tauchte ein gegnerischer Jäger aus den Wolken auf und griff Safonow an. Kurze Zeit darauf gab Safonow an den Gefechtsstand durch: «Habe die dritte Junkers getroffen. Motor. Rakete.» Rakete war das Kodewort für den Fall, daß eine Notlandung erfolgen mußte. Das weitere spielte sich nach den Berichten der Signalgasten folgendermaßen ab: Safonows Flugzeug verlor an Höhe, flog in Richtung der «Kuibyschew», erreichte sie jedoch nicht, stürzte in 20, 25 Kabellängen Entfernung ins Meer und versank.

Der Luftkampf in der Nähe des Geleitzuges war beendet. Die faschistischen Bomber klinkten ihre Bombenlast aufs Geratewohl aus und flogen in Richtung Nordnorwegen davon, ohne auch nur ein einziges Transportschiff versenkt zu haben.

Nach dem Kampf suchte der Zerstörer Safonow zwei Stunden lang, konnte ihn aber nicht finden. So blieb die Ursache seines Absturzes ungeklärt. Möglich, daß der Motor aussetzte, weil er getroffen worden war, wahrscheinlicher war allerdings, daß wie schon mehrmals in kritischen Momenten bei den «Kitty Hawk», ein technischer Defekt zum Absturz führte. Alle Vermutungen änderten nichts an der Tatsache, daß Safonow umgekommen war, umgekommen bei seinem 224. Gefechtsstart, bei seinem 34. Luftkampf und nach seinem 25. Abschuß.

Sein Tod schmerzte uns sehr. Mit ihm würde die Kodebezeichnung des letzten Geleitzuges im Mai für immer in meinem Gedächtnis haften bleiben: PQ-16. Die Nordflotte hatte einen hervorragenden Flieger und einen talentierten Offizier verloren.

Zwei Wochen nach seinem Tode wurde Safonow als erster zum zweitenmal mit dem Titel Held der Sowjetunion geehrt. Die Flottenzeitung bereitete einen umfangreichen Beitrag über ihn vor. Und das würde sicherlich nicht das letztemal sein, daß man über Safonow schrieb. Mit seinen Heldentaten hatte er nicht nur die Flieger der Nordflotte, sondern unsere Marineflieger überhaupt berühmt gemacht. Am meisten zählte aber, daß er viele Flieger ausgebildet und erzogen hatte, die sein Erbe antraten und ihm nacheiferten.

28. Juni 1942. Seit dem Zeitpunkt der letzten Eintragung ist viel Zeit vergangen. Vieles hat sich inzwischen ereignet. Wir sind nun schon in das zweite Kriegsjahr eingetreten. Da ist es wohl angebracht, eine Bilanz des ersten auf dem nördlichen Seeschauplatz zu ziehen. Wir haben 135 Schiffe des Gegners mit insgesamt 583 400 Tonnen Wasserverdrängung versenkt und 412 Flugzeuge vernichtet. Die eigenen Verluste betragen 56 Schiffe und 156 Flugzeuge (einschließlich derer, die wir auf den Flugplätzen eingebüßt haben). Mit alliierten Geleitzügen trafen 179 Transporter (über eine Million Tonnen Güter) und 133 Kampfschiffe bei uns ein. Die Rückfahrt traten 145 Transporter und 83 Kampfschiffe an, unterwegs gingen bei Überfahrten in beiden Richtungen 22 Transporter und

5 Kampfschiffe verloren, darunter der britische Kreuzer «Edinburgh».

Die äußere Seeverbindung auf dem nördlichen Seeschauplatz hat gesamtstaatliche Bedeutung erhalten. Dort erwarten die Flotte auch die größten Schwierigkeiten. Das ist jetzt allen klar. Es muß auch allen klar sein.

Der Geleitzug PQ-17

Juli 1942

Gegen Ende des ersten Halbjahres 1942 sah das militärische Kräfteverhältnis auf unserem Seeschauplatz folgendermaßen aus: Der Gegner hatte ein Geschwader aus schweren Überwassereinheiten geschaffen, das in Nordnorwegen stationiert war und für Einsätze auf den Verbindungswegen im Nordmeer und in der Barentssee bestimmt war. Am 1. Juli bestand dieses Geschwader aus dem Schlachtschiff «Tirpitz», den Schweren Kreuzern «Admiral Scheer», «Lützow» und «Admiral Hipper», 4 leichten Kreuzern und 8 bis 10 Zerstörern. Außerdem hatte der Gegner etwa 30 Vorposten- und Minenräumboote, 14 bis 16 U-Boote, 2 Mutterschiffe, 16 Hilfsschiffe, 428 Kampfflugzeuge – davon 300 Bomben- und Torpedoflugzeuge – sowie 90 Transportflugzeuge in den Häfen Narvik, Tromsö, Trondheim, Hammerfest, Honnigsvåg, Vardö und Kirkenes sowie auf Flugplätzen in Nordnorwegen stationiert.

Wir waren vorläufig bei beiden Teilstreitkräften noch schwach, hatten keine Schlachtschiffe und Kreuzer auf dem Seeschauplatz, bei Flugzeugen waren wir zahlenmäßig unterlegen. Und dennoch gewährleisteten wir in unserem Operationsgebiet den Schutz der alliierten Geleitzüge, auf die die Faschisten vor allem Jagd machten. Die Sicherheit der Geleitzüge hing in vieler Hinsicht vom Zusammenwirken zwischen uns und den Verbündeten ab. Jede ungenügende Abstimmung bot dem Gegner zusätzliche Erfolgschancen. Die tragische Geschichte des Geleitzuges PQ-17 mag als Beispiel dafür stehen, wohin es führte, wenn ein Partner – in diesem Falle die britische Admiralität – den Bündnispflichten nicht ausreichend nachkam. Dazu folgende Tagebucheintragung:

2. Juli 1942. Bis zum heutigen Morgen ist der Geleitzug PQ-17, der am 27. Juni aus dem Hvalfjord in Island auslief und ununterbrochen im Nebel fuhr, vom Gegner nicht entdeckt worden. Er besteht aus 37 Transportern – 3 davon sind nach Island zurückgekehrt – und 21 Geleitschiffen. Zur Gruppe der Nahsicherung gehören die Kreuzer «London», «Norfolk», «Wichita» und «Tuscaloosa» sowie 3 Zerstörer, während die Fernsicherung aus den Schlachtschiffen «Duke of York» und «Washington» dem Flugzeugträger «Victorious», 4 Kreuzern und 14 Zerstörern besteht. Gegen Mittag wurde von den Transportern aus erstmals seit dem Auslaufen ein faschistisches Aufklärungsflugzeug gesichtet, das aber außer Sicht geriet. Neun Stunden später orteten die Sicherungsschiffe ein U-Boot und griffen es mit Wasserbomben an. Weitere Versuche, den Geleitzug anzugreifen, gab es bis Mitternacht nicht. Der Geleitzug setzt den Kurs fort und befindet sich gegenwärtig 400 Meilen westwärts der Bäreninsel.

Die übrigen Nachrichten sind beunruhigend. M-176 und D-3 antworten nicht auf Anrufe. Möglicherweise sind beide Boote verlorengegangen. Insgesamt haben wir schon sechs U-Boote eingebüßt. Das beeinträchtigt natürlich die Stimmung in der Brigade, sie ist gedrückt. Man muß die taktischen Einsatzprinzipien unserer U-Boote neu überdenken, sich neu orientieren, möglicherweise lassen wir manches unberücksichtigt. Daß die Faschisten ihre U-Boot-Abwehr verstärkt haben, liegt auf der Hand. Wir müssen nur erst dahinterkommen, womit. Ich befürchte, es sind Minen. Um ihnen aus dem Wege zu gehen, darf man sich keineswegs nur auf die bekannten Seeverbindungen orientieren. Man muß herausfinden, auf welchen Routen der Gegner fährt, und diese selber benutzen.

3. Juli. Gestern und vorgestern ist Murmansk wiederholt bombardiert worden. Ein Großbrand hat alles vernichtet, was nach dem vorigen Brand noch unversehrt war. Die Stadt ist fast völlig zerstört. Die Materiallager auf dem Hafengelände konnten gerettet werden. Die Anlegestellen und die Bahnanlagen sind intakt, der Hafenbetrieb kann weitergehen.

Erst jetzt hat die Luftverteidigung von Murmansk 100 Fliegerabwehrkanonen erhalten. Die Verspätung ist bedauerlich, doch werden die Waffen noch gute Dienste leisten.

Wir müssen schleunigst Maßnahmen zum Schutz der Reparaturwerften ergreifen. Bisher sind sie glücklicherweise nicht in Mitleidenschaft gezogen worden, doch wie schnell können sie bei systematischen Angriffen zerstört werden. Gestern wurden Werkhallen der Hauptverwaltung Nördlicher Seeweg von Bomben getroffen. Die Schleusentore der Schwimmdocks und die Außenwand eines im Dock liegenden U-Bootes sind von Splittern beschädigt. Die reparaturbedürftigen Schiffe müssen so schnell wie möglich in der Kolabucht dezentralisiert werden. Das Schwimmdock der Nordflotte lasse ich sofort verlegen.

4. Juli. Sewastopol mußte aufgegeben werden. Die Schwarzmeermatrosen hatten sich außerordentlich tapfer geschlagen und ihre Stellungen länger gehalten, als in einer solchen Lage zu erwarten war. Wir verneigen uns vor ihren Heldentaten, über die noch zu schreiben sein wird. Uns bedrückt der Verlust sehr.

Von PQ-17 gibt es kein Lebenszeichen. Das muß noch nichts Schlimmes bedeuten, dennoch sind wir beunruhigt. Sicherlich ist das eine Reaktion auf die Nachricht von Sewastopol.

7. Juli. Die schlimmsten Befürchtungen haben sich bewahrheitet. PQ-17 fuhr bis zum 4. Juli unbehelligt. Die Fahrt von QP-13 von Archangelsk und Murmansk nach Island, Großbritannien und den USA verlief ebenfalls ohne Zwischenfälle. Am 4. Juli aber begann es – eine schreckliche, bedrückende Geschichte, für die es keinerlei einleuchtende Erklärungen und keinerlei Rechtfertigung gibt. U-Boote und Flugzeuge des Gegners versenkten 23 von 34 Transportschiffen, 122000 Tonnen Güter von 188000 gingen verloren, Hunderte von Seeleuten kamen um.

Was zur Zerschlagung des Geleitzuges führte, so dachte ich damals, würde wohl erst nach dem Kriege endgültig aufgeklärt werden. Jedoch bestand schon über so manches kein Zweifel mehr.

Zu den tieferen Ursachen mußte man zwei Ereignisse rechnen, die fünf Monate beziehungsweise fast ein Jahr zurücklagen. Damals brach ein deutscher Verband aus Brest aus – ich erwähnte es bereits.

Und im Mai 1941 feierte die britische Presse die Hetzjagd

fast aller Kampfkräfte der Home Fleet auf zwei faschistische Handelsstörer. Die Jagd endete schließlich mit der Versenkung des Schlachtschiffes «Bismarck» im Atlantik, 400 Meilen von Brest entfernt.

Diese Geschichte war charakteristisch und wichtig für das Verständnis weiterer Ereignisse bis hin zu PQ-17. Die Mißerfolge und Fehler der britischen Seekriegsleitung bei dieser Aktion waren augenscheinlich, wobei ich nicht so vermessen bin festzustellen, was der übermäßig vorsichtigen und schleppenden Handlungsweise wirklich zugrunde lag. Wie auch immer, fast eine Woche lang verfolgten vier Schlachtschiffe, ein Schlachtkreuzer und zwei Flugzeugträger der Home Fleet – die Kreuzer und Zerstörer nicht mitgerechnet – das faschistische Schlachtschiff und den Kreuzer «Prinz Eugen». Entdeckt wurden sie am 21. Mai 1941 bei Bergen, versenkt werden konnte aber nur die «Bismarck», und zwar am 27. Mai, weit von den britischen Inseln entfernt. Der Preis dafür war hoch: Die Briten verloren eines ihrer mächtigsten Schiffe, den Schlachtkreuzer «Hood» mit 42000 Tonnen Wasserverdrängung – er sank nach Treffern von der «Bismarck» in den Munitionsbunker –, und das Schlachtschiff «Prince of Wales» wurde schwer beschädigt.

Die «Prinz Eugen» konnte entkommen, man entdeckte sie erst zwei Wochen nach der Versenkung der «Bismarck» am Liegeplatz in Brest neben den Schlachtschiffen «Scharnhorst» und «Gneisenau» wieder.

Selbst eine oberflächliche Analyse gab zu bestimmten Überlegungen Anlaß. Trotz vielfacher Übermacht hatten die Engländer Mühe, auch nur eines der beiden gegnerischen Schiffe zur Strecke zu bringen. Wichtig ist, was daraus folgte. Die «Prinz Eugen» war ohne den geringsten Schaden auf und davon, und nun bangten die Briten so lange um ihre Verbindungen auf dem Atlantik, bis die deutschen Kriegsschiffe Brest verließen. Ja, verließen und nicht etwa durchbrachen. Nur so ist das Auslaufen der «Gneisenau«, der «Scharnhorst», der «Prinz Eugen» und der neun Zerstörer aus dem blockierten Brest, ihr Weg durch den Kanal und die Straße von Dover, an den Marinestützpunkten und weittragenden Festungsgeschützen vorbei, einzuschätzen.

Es wäre naiv, die Hinweise auf angebliche Versäumnisse

des Beobachtungsdienstes und die schlechte Sicht ernst zu nehmen. Der als Durchbruch bezeichnete, ungehinderte Abzug der gegnerischen Schiffe nahm schließlich zwei volle Tage in Anspruch, vom 10. bis zum 12. Februar. Welche Kräfte hatten die Engländer gegen diese Streitmacht aufgeboten? Lächerliche acht langsame Torpedoboote und sechs veraltete Torpedoflugzeuge vom Typ «Swordfish». Und das, obwohl in der Seekriegsleitung und bei den Luftstreitkräften bereits Informationen darüber vorlagen, daß die gegnerischen Schiffe sich vorbereiteten, den Hafen von Brest zu verlassen. Selbst die wahrscheinliche Route und das Datum waren bekannt. Damit nicht genug. Der Gegner sicherte das Auslaufen seiner Schiffe aus Brest auch dadurch, daß er vor den Augen der Engländer sechs Küstenschutzschiffe als Orientierungspunkte an den Stellen postierte, an denen die größte Minengefahr bestand.

Und die Faschisten entkamen ungestraft in die Richtung, die den Engländern am angenehmsten war – nach Osten, weiter weg von den lebenswichtigen Verbindungen Großbritanniens im Atlantik. Wohin die Schiffe verlegt werden sollten, war unschwer zu erraten. Die Faschisten hatten bei den Vorstößen ihrer schweren Überwassereinheiten im Südatlantik das Schlachtschiff «Admiral Graf Spee» verloren und dann im mittleren Atlantik die «Bismarck» eingebüßt, nun wollten sie auf jenen Seewegen Revanche nehmen, auf denen die Geleitzüge aus den USA und aus Großbritannien in die UdSSR verkehrten.

Deshalb hatte die «Prinz Eugen» schon zweimal versucht, durch die Schären nach Nordnorwegen durchzubrechen, deshalb waren im Frühjahr dieses Jahres bedeutende Marinekräfte in den norwegischen Fjorden zusammengezogen worden, denen man beachtliche Fliegerkräfte zur Sicherung beigegeben hatte. Nach wie vor verfügten die Faschisten in unmittelbarer Nähe des sowjetischen Operationsgebiets über die «Tirpitz», die Schweren Kreuzer «Admiral Scheer», «Lützow» und «Admiral Hipper», die Leichten Kreuzer «Köln» und «Nürnberg», je eine Zerstörer- und eine Torpedoboot-Flottille, eine große Zahl von U-Booten, zahlreiche Aufklärungs- und Torpedoflugzeuge. Diese Kräfte sollten in erster Linie die Seewege im Nordatlantik bedrohen und Geleitzüge bekämpfen, die zu den nördlichen Häfen der Sowjetunion unterwegs waren. Daß diese Kräftekonzentration durch die Handlungsweise der britischen Flottenführung begünstigt wurde, dürfte außer Zweifel stehen.

Auch die Gründe dafür lagen auf der Hand. Was mir die Vertreter der britischen Marinemission über die Fahrt des gegnerischen Geschwaders durch den Kanal zu sagen hatten, bestätigte meine Schlußfolgerungen.

Premierminister Churchill hatte in einer Parlamentsrede offen erklärt, er habe mit außerordentlicher Erleichterung vom Abzug der deutschen Schiffe aus Brest erfahren.

In diesem Lichte besehen, war das Schicksal von PQ-17 nur die logische Folge britischer Politik.

Die erste Meldung erhielten wir von den Engländern. Sie teilten mit, daß der Geleitzug PQ-17 von deutschen Flugzeugen entdeckt worden sei. Dann folgte die Meldung, die «Tirpitz» und die «Hipper» hätten Trondheim verlassen.

In der Nacht zum 4. Juli wurde der Geleitzug dann gegen 03.00 Uhr von Torpedoflugzeugen angegriffen und verlor sein erstes Schiff, einen Transporter, der, beschädigt, von den Geleitschiffen versenkt wurde. Nach Angaben der Funkaufklärung hatte ein gegnerisches Torpedoboot seinem Geschwader über Funk mitgeteilt, daß es den Geleitzug entdeckt habe. Gegen Mittag wurde die Sicht besser, und um 18.30 Uhr griffen 24 Torpedoflugzeuge den Geleitzug erneut an. Zwei Transportschiffe der Alliierten und der sowjetische Tanker «Aserbaidshan» wurden von Torpedos getroffen. Die beiden Transporter, die von der Besatzung verlassen worden waren, wurden von den eigenen Geleitschiffen versenkt, die «Aserbaidshan» aber, auf der der Schaden beseitigt werden konnte, gliederte sich wieder in den Bestand des Geleitzuges ein.

Nachdem die britische Admiralität von ihrer Aufklärung verständigt worden war, daß der aus dem Schlachtschiff «Tirpitz», dem Schweren Kreuzer «Admiral Scheer» – letzterer wurde fälschlicherweise für die «Admiral Hipper» gehalten – und mehreren Zerstörern bestehende faschistische Verband den norwegischen Stützpunkt verlassen habe, befahl sie um 23.00 Uhr dem Kommandeur des Geleitschutzes, den Transportschiffen «das Recht auf selbständige Fahrt» zu den sowjetischen Häfen zu erteilen, das heißt, einzeln zu fahren, ohne

Schutz und auf einem Kurs nach eigenem Ermessen. Mit andern Worten, der Befehl bedeutete: Rette sich, wer kann!

Das geschah, noch bevor der Konvoi die Grenzen des sowjetischen Operationsgebiets erreicht hatte. Wir waren auch über das Geschehen nicht informiert worden, und so konnten wir die Ausführung dieses unheilvollen Befehles weder verhindern noch hinauszögern.

Befehlsgemäß überließen die Schiffe der Nahsicherung die Transporter ihrem Schicksal und nahmen, wie uns dann mitgeteilt wurde, Kurs auf den Flugzeugträger, der sich bei den Schlachtschiffen, Kreuzern und Zerstörern der Fernsicherung befand. In der Admiralität war man der Meinung, daß die großen Schiffe einen zu schwachen Schutz hätten, man müsse ihn unbedingt durch die unmittelbaren Begleitschiffe verstärken. Bei den Transportern blieben nur wenige kleine Schiffe zurück.

Nach dem Signal zur Auflösung des Konvois und dem Abzug der Nahsicherung fuhr eine Gruppe von Transportern mit zwei kleinen Geleitschiffen in Richtung Nowaja Semlja weiter. Ihr folgte eine zweite Gruppe ohne jeglichen Schutz. Die übrigen Schiffe nahmen einzeln Kurs auf die Kolabucht und den Sund des Weißen Meeres. Der Gegner machte mit U-Booten Jagd auf die zerstreuten Schiffe. Dabei stellten wir sieben neue U-Boote fest, von denen vier Funkverbindung mit Wilhelmshaven unterhielten.

Bald fingen wir Alarmsignale von den Transportschiffen auf, die über Angriffe von U-Booten und Torpedoflugzeugen informierten. In weniger als zwölf Stunden meldeten sich sechs Transporter. Ihr anschließendes Schweigen sprach Bände.

Auf den ersten Blick erschien das Ganze wie ein unbegreiflicher Zufall. Dabei waren die um PQ-17 konzentrierten britischen Marinekräfte denen des Gegners mindestens fünffach überlegen. Warum gingen die Verbündeten einer Begegnung mit der «Tirpitz» und der «Admiral Scheer» aus dem Wege, obwohl sie doch alle Voraussetzungen hatten, ein Gefecht siegreich zu bestehen?

Während sich die britischen Kriegsschiffe in voller Fahrt vom Geleitzug entfernten, stellte sich unser U-Boot K-21 unter Fregattenkapitän N. A. Lunin den Faschisten entgegen. Lunin war Held der Sowjetunion und einer der erfahrensten Nordmeer-Kommandanten. Mit anderen Booten war K-21 befehlsgemäß zum Schutz des Geleitzuges ausgelaufen. Die Bedingungen in unserem Operationsgebiet waren für U-Boote ungünstig. Tag und Nacht war es hell, außerdem herrschte völlige Windstille. Selbst die geringste Bewegung an der Wasseroberfläche, beispielsweise die Welle, die das ausgefahrene Sehrohr verursachte, war von den gegnerischen Aufklärungsflugzeugen, die das faschistische Geschwader an PQ-17 heranführten, leicht zu erkennen.

Lunin bestätigte, wie immer lakonisch, meine beiden an alle U-Boote auf Position gerichteten Funksprüche, in denen ich über das Auslaufen des faschistischen Geschwaders informierte und befahl, den Gegner entschlossen anzugreifen. Zu diesem Zeitpunkt befand sich K-21 auf Position bei der Insel Ingöy. Lunin ließ sofort die Batterien aufladen, das Boot tauchen und die Suche aufnehmen.

Am 5. Juli vernahm der Horchposten von K-21 um 16.33 Uhr steuerbord voraus Motorengeräusche. Das Boot tauchte bis auf Sehrohrtiefe auf, doch auf See war nichts auszumachen.

Wenig später erblickte der Gehilfe des Kommandanten, Lukjanow, durch das Sehrohr die Silhouette eines Kriegsschiffes. Er hielt es für ein aufgetauchtes gegnerisches U-Boot, brachte K-21 auf Gefechtskurs, befahl Bereitschaft zum Torpedoangriff und machte dem Kommandanten Meldung.

Lunin nahm seinen Posten ein, fuhr das Sehrohr aus und identifizierte das Schiff als einen gegnerischen Zerstörer, hinter dem bereits andere Schiffe in Sicht kamen.

Das U-Boot behielt seinen Kurs bei und näherte sich dem Gegner. Lunin fuhr das Sehrohr erneut aus, stellte fest, daß sich das Boot bereits inmitten des gegnerischen Geschwaders befand, entdeckte nach einer Rundumbeobachtung voraus zwei Zerstörer, dahiner den Schweren Kreuzer «Admiral Scheer», gefolgt von einem dritten Zerstörer, dem Schlachtschiff «Tirpitz» und weiteren Zerstörern.

Lunin konzentrierte sich ganz auf die «Tirpitz», das war unbedingt richtig. Diese riesige schwimmende Festung war das wichtigste Ziel. Vor drei Jahren in Dienst gestellt, verkörperte sie wie die «Bismarck» den modernsten Schlachtschifftyp der faschistischen Kriegsmarine. Ihre Daten: Wasserverdrängung – 53000 Tonnen; Maschinenleistung – 138000 PS; Geschwindigkeit – 30 Knoten; Reichweite – 8100 Meilen; Bewaffnung – 8 380-mm-Geschütze, 12 150-mm-Kanonen, 15 105-mm- und 16 37-mm-Fla-Kanonen, 6 Torpedorohre und 4 Bordflugzeuge. Ein furchtgebietendes Ungeheuer, das es mit jedem beliebigen modernen Kampfschiff aufnehmen konnte. Kein Wunder, daß die Engländer nach ihren Erfahrungen mit der «Bismarck» die «Tirpitz» fürchteten.

Diesem Riesen einen überraschenden Schlag zu versetzen, ihn kampfunfähig zu machen – nur daran konnte und mußte ein wahrer U-Boot-Kommandant bei einer Begegnung mit ihm denken.

Nikolai Lunin war ein solcher Kommandant, tollkühn, aber doch umsichtig. Diese Eigenschaften förderte er auch bei seiner Besatzung. Immer wieder erfand er neue Kriegslisten und sicherte sich so den Erfolg. Einmal stahl er sich mit seinem Boot in einer recht hellen Nacht in einen Flottenstützpunkt des Gegners, in dem mehrere Schiffe versammelt waren. Das mußte in Überwasserfahrt geschehen, vorbei an einem felsigen Kap, auf dem sich ein gegnerischer Beobachtungsposten befand. Von dort wurden Lichtsignale gegeben. Ohne lange zu überlegen, befahl Lunin, dieses Signal zu wiederholen. Vom Posten wurde erneut signalisiert. Inzwischen war K-21 schon vorüber. Das wiederholte sich am zweiten und dritten Posten, bereits innerhalb der Bucht. Ehe der Gegner zur Besinnung kam, war K-21 schon in günstige Position gelangt und schoß aus den Bugrohren Torpedos auf die Schiffsansammlung an der Anlegestelle ab. Detonation folgte auf Detonation, Trümmer flogen durch die Luft. Lunin wendete das Boot, gab eine zweite Salve aus den Heckrohren ab und führte das Boot in aller Ruhe aus dem gegnerischen Stützpunkt hinaus.

Dieser Seemannssohn aus dem Süden hatte es vom Matrosen auf einem Handelsschiff bis zum Kapitän, vom Kommandanten des Segelschulschiffes «Wega», das auf dem Schwarzen und dem Asowschen Meer fuhr, zum Kommandanten eines U-Bootes im Polargebiet gebracht.

Um die «Tirpitz» anzugreifen, die sich inmitten des faschistischen Verbandes befand, war mehr als nur Mut vonnöten.

Man mußte beim Angriff ganz sichergehen, um das Boot und die Besatzung nicht umsonst aufs Spiel zu setzen. Fünfzehnmal fuhr Lunin das Sehrohr aus und änderte den Kurs des Bootes, ehe die Torpedogasten das von ihnen so sehnlichst erwartete Wort des Kommandanten vernahmen. Die Bugtorpedorohre von K-21 waren seit dem Augenblick, da Lukjanow Bereitschaft zum Torpedoangriff befohlen hatte, ständig zum Schuß bereit. Als es aber bis zur Salvendistanz nicht mehr als drei Minuten Fahrt waren, vollführte das faschistische Geschwader eine unerwartete Wendung und ging auf einen neuen Kurs. Nun durfte nicht mehr gezögert werden, und Lunin faßte auch diesmal den einzig richtigen Entschluß, nämlich auf 17 bis 18 Kabellängen Entfernung in Abständen von vier Sekunden aus den Bugrohren eine Salve aus vier Torpedos abzugeben.

Zwei Detonationen wurden vom Hydroakustiker nach zwei Minuten und 15 Sekunden registriert; der Donner einer dritten Detonation hielt 20 Sekunden an; anschließend waren noch zwei Detonationen zu hören. Die Faschisten waren von dem verwegenen Angriff so überrascht, daß K-21 entkommen konnte.

Nach einer halben Stunde tauchte das Boot auf Sehrohrtiefe auf. Lunin überzeugte sich, daß die See ringsum leer war, und meldete seinen Angriff und den Kurs, den der faschistische Verband eingeschlagen hatte.

Einen Tag später entdeckten Flugzeuge unserer Luftaufklärung die «Tirpitz», die «Scheer» und die sie begleitenden Zerstörer unweit der norwegischen Küste. Das faschistische Geschwader hielt einen Kurs, auf dem es unmöglich auf den Geleitzug PQ-17 stoßen konnte; es wich nach Süden aus und fuhr auch nicht mit der in einem solchen Falle üblichen Geschwindigkeit. Das konnte eigentlich nur bedeuten, die Torpedos von K-21 hatten das gegnerische Schiff empfindlich getroffen und es seiner normalen Geschwindigkeit beraubt, ein zwingender Grund, vom Geleitzug abzulassen. Wieder zwei Tage später machten unsere Aufklärer das Schlachtschiff, zwei Kreuzer und sieben Torpedoboote erneut ausfindig, diesmal lag das Geschwader südwestlich der Insel Arnöy vor Anker.

Die Frage, ob sich die britische Admiralität mit ihrem Befehl PQ-17 betreffend nicht allzusehr beeilt hatte, ist wohl berechtigt. Meine Vermutung, daß man alles unternehmen würde, die Bedeutung und das Ergebnis des Angriffs von K-21 herunterzuspielen, bestätigte sich. Was blieb der britischen Admiralität auch anderes übrig, vor ihren Seeleuten und der Öffentlichkeit diesen Befehl zu rechtfertigen. Aber Tatsachen sind ein hartnäckig Ding. Die Engländer wichen einer Begegnung mit dem faschistischen Geschwader aus, ließen den Geleitzug im Stich, verurteilten ihn dazu, zerschlagen zu werden. Die sowjetischen Seeleute fuhren dem faschistischen Geschwader entgegen, griffen sein größtes Schiff an, beschädigten es und zwangen den Gegner, sein Vorhaben aufzugeben.

Da wir zu spät von der Auflösung des Geleitzuges erfahren hatten, konnten wir die Suche nach den Transportschiffen erst aufnehmen, als bereits viele den U-Boot- und Flugzeugangriffen zum Opfer gefallen waren. Innerhalb von drei Wochen retteten sowjetische Schiffe an den verschiedensten Stellen der Barentssee rund dreihundert Seeleute. Der Zerstörer «Gremjaschtschi» fuhr mehrmals bis zum Rande der Packeisfelder, fand dort schutzlose Transportschiffe vor, die sich vor dem Gegner gerettet hatten, führte sie in den Sund des Weißen Meeres.

Ein Kapitel für sich in der Geschichte von PQ-17 bildete der Bericht von Oberst I.P.Masuruk, Kommandeur der Nördlichen Fliegerabteilung. Er entdeckte auf einem Suchflug entlang der Küste von Nowaja Semlja im südlichen Teil der Mollerbucht, gegenüber der Litkebucht, einen Transporter, landete unweit und stellte fest, daß keine Menschenseele auf dem Schiff war. Vollbeladen und intakt, war der amerikanische Transporter «Winston Salem» an einer seichten Stelle auf Grund gelaufen. Am Ufer erblickten unsere Flieger einige Zelte, in denen sich die komplette Besatzung des verlassenen Schiffes aufhielt.

Die «Winston Salem» war glücklicherweise von faschistischen U-Booten und Flugzeugen verschont geblieben, hatte wohlbehalten Nowaja Semlja erreicht und hätte ohne weiteres in südlicher Richtung, an der Küste entlang, bis zum Sund des Weißen Meeres fahren und den Bestimmungshafen Archangelsk anlaufen können. Der Kapitän führte den Transporter jedoch in die erstbeste Bucht, setzte ihn auf Grund und befahl, die Geschützverschlüsse herauszunehmen und über Bord zu werfen. Danach schlug er am Ufer ein Lager auf. Das kam in Kriegszeiten einer Befehlsverweigerung und Desertion gleich. Doch der Kapitän der «Winston Salem» sah das offenbar anders. Er verlangte von unseren Fliegern, einen Vertreter der Sowjetregierung herbeizuschaffen.

Masuruk zeigte auf ein Abzeichen, das ihn als Deputierten des Obersten Sowjets der UdSSR auswies.

Daraufhin verlangte der Kapitän der «Winston Salem» kategorisch, daß man ihm einen Platz im Flugzeug zur Verfügung stellte. Er wollte in die USA gebracht werden. Unnachgiebig weigerte er sich, das Schiff flottzumachen und es in den Bestimmungshafen zu führen, es sei ja bereits in einem sowjetischen Hafen. Auf alle Argumente erwiderte er, ihn interessiere weder das Schicksal des Schiffes noch das der Ladung. Zu einer Zeit, da die Rote Armee einen neuen Ansturm des Gegners auf den Kaukasus und auf Stalingrad zu parieren hatte, dachte er nur an seine eigene Haut.

Ich wußte natürlich, daß man nicht alle Amerikaner mit diesem gewissenlosen Menschen gleichsetzen konnte, ebenso wie man die Haltung der meisten Engländer nicht an den Handlungen der britischen Admiralität messen durfte.

Der neue Chef der britischen Marinemission in Poljarny, Konteradmiral Fisher, informierte mich offiziell darüber, daß am 17. Juli in London eine Beratung stattgefunden habe, auf der beschlossen worden sei, die für uns bestimmten Transporte bis zum September einzustellen. Der 18. Geleitzug würde nicht auslaufen.

Ich mußte mich sehr beherrschen, um Konteradmiral Fisher, unlängst noch Kommandant des Schlachtschiffes «Barham» und meiner Ansicht nach fern politischer Intrigen, nicht ins Gesicht zu sagen, was ich von diesem Beschluß hielt. Was hätte das schon geändert, es gehörte nicht zu den Dienstpflichten des Chefs der Mission, die Fragen, die uns quälten, zu beantworten. Und auf ein offenes Gespräch würde sich Fisher nicht einlassen. Seit dem Fiasko mit PQ-17 schlug er ohnehin bei jeder Begegnung mit mir die Augen nieder und errötete, ja, er errötete. Im übrigen suchte er solchen Begegnungen aus dem Wege zu gehen.

Zwei Bemerkungen seien mir an dieser Stelle gestattet. Die erste: Wesentlich später erfuhr ich den Inhalt der Botschaften, die der britische Premierminister Churchill und Stalin im Zusammenhang mit dem tragischen Schicksal des Geleitzuges PQ-17 austauschten.

Zu einem Zeitpunkt, da Schiffe der Nordflotte noch immer nach Transportschiffen von PQ-17 suchten, schrieb Churchill an Stalin: «Im Falle des letzten Geleitzuges mit der Kennziffer P.Q. 17 haben die Deutschen aber nunmehr ihre Streitkräfte so eingesetzt, wie wir es schon immer befürchtet hatten. Sie konzentrierten ihre U-Boote westlich der Bäreninsel und hielten ihre Überwasserstreitkräfte für einen Angriff östlich der Bäreninsel zurück. Das endgültige Schicksal des Geleitzuges P.Q. 17 ist noch nicht bekannt. Im Augenblick haben erst vier Schiffe Archangelsk erreicht, und sechs andere liegen in Buchten von Nowaja Semlja. Die letzteren können jedoch noch einzeln aus der Luft angegriffen werden. Im besten Falle wird also nur ein Drittel übriggeblieben sein.

Ich muß Ihnen die Gefahren und Schwierigkeiten auseinandersetzen, die sich aus einer Stationierung des feindlichen Flottengeschwaders im hohen Norden für die Operationen unserer Geleitzüge ergeben. Wir halten es nicht für richtig, unsere Home Fleet östlich der Bäreninsel oder dort, wo sie von den Flugzeugen der an der Küste stationierten deutschen Luftwaffeneinheiten angegriffen werden kann, aufs Spiel zu setzen. Falls ein oder zwei unserer sehr wenigen schwersten Kriegsschiffe verlorengingen oder auch nur ernstlich beschädigt würden, während die ‹Tirpitz› und ihre Begleitschiffe, zu denen bald noch die ‹Scharnhorst› stoßen wird, kampffähig blieben, würden wir die ungeteilte Herrschaft über den Atlantik einbüßen.»[2]

Auf diese Botschaft Churchills, die die Ursachen der Lage im Nordatlantik verschwieg, welche ja von keinem anderen als dem britischen Kommando selbst verschuldet worden war, erwiderte Stalin am 23. Juli unumwunden: «Unsere Marinesachverständigen halten die Argumente der britischen Marine-Experten für das Einstellen der Zufuhr von Kriegsmaterial nach den Nordhäfen der UdSSR nicht für stichhaltig. Sie sind

2 Briefwechsel Stalins mit Churchill, Attlee, Roosevelt und Truman 1941–1945, Berlin 1961, S. 65 f.

überzeugt, daß es bei gutem Willen und bei der Bereitschaft, die übernommenen Verpflichtungen zu erfüllen, möglich wäre, die Fahrten unter großen Verlusten für die Deutschen regelmäßig durchzuführen. Der Befehl der britischen Admiralität an den Geleitzug P.Q. 17, die Frachtschiffe im Stich zu lassen und nach England zurückzukehren, und an die Frachtschiffe, sich zu zerstreuen und sich ohne Geleitschutz einzeln zu den sowjetischen Häfen durchzuschlagen, ist unseren Experten unverständlich und unerklärlich. Ich bin natürlich nicht der Meinung, daß ein regelmäßiger Transport nach den nördlichen Häfen der Sowjetunion ohne Risiko und Verluste möglich sei. Aber in Kriegszeiten kann keine große Aufgabe ohne Risiko und Verluste durchgeführt werden. Ihnen ist natürlich bekannt, daß die Sowjetunion unvergleichlich größere Verluste erleidet. Jedenfalls hätte ich niemals annehmen können, daß uns die Regierung Großbritanniens die Lieferung von Kriegsmaterial gerade jetzt verweigern würde, da sie die Sowjetunion angesichts der ernsten Lage an der sowjetisch-deutschen Front besonders dringend benötigt. Selbstverständlich werden die Lieferungen über die persischen Häfen in keiner Weise den Verlust ausgleichen, der bei der Verweigerung der Transporte auf der nördlichen Route eintreten wird.»[3]

Die zweite Bemerkung: Noch später erfuhr ich Dinge, die eines jener Geheimnisse ans Licht brachten, die die Politik der Verbündeten in den Kriegsjahren bestimmten. Ich meine den eigentlichen Grund für den Befehl der britischen Admiralität über den Abzug der Zerstörer und der beiden Abteilungen von Sicherungsschiffen des Geleitzuges PQ-17 zu ihren Stützpunkten.

Im Buch von Alistair MacLean «H.M.S. ‹Ulysses›», London, 1959, heißt es: «Ein großer gemischter Geleitzug – er bestand aus mehr als 30 britischen, amerikanischen und panamaischen Transportern – verließ Island und nahm unter dem Schutz von einem halben Dutzend Zerstörern und wohl einem Dutzend kleinerer Kriegsschiffe samt einer aus Kreuzern und Zerstörern bestehenden englisch-amerikanischen Abteilung Kurs auf Rußland. Die zweite, eine geheime Sicherungsabteilung, die einen Flugzeugträger, zwei Schlachtschiffe, drei Kreuzer und eine Zerstörerflottille umfaßte, fuhr

3 Ebenda, S. 69 f.

weiter nördlich. Diese Abteilungen waren als Falle gedacht ... Es war Mitte Sommer 1942 ... In der Nähe des 20. Meridians war der Geleitzug einem schweren Angriff von U-Booten und Fliegerkräften ausgesetzt.

Am Tag des Angriffs erhielt die zum Schutz des Geleitzuges eingesetzte Abteilung von Schiffen einen Funkspruch, dem zufolge die ‹Tirpitz› soeben aus dem Altafjord ausgelaufen sei .... (Nach dem erfolglosen Versuch eines am Morgen des 5. Juli unternommenen Ausfalls mußte sie am Abend desselben Tages wieder umkehren: Gerüchten zufolge sei sie von Torpedos eines russischen U-Bootes beschädigt worden.) Die Sicherungsabteilung entfernte sich sofort in westlicher Richtung, ließ die Transporter im Stich und empfahl ihnen, sich zu dezentralisieren und auf eigene Faust nach Rußland zu fahren! Man kann sich leicht vorstellen, in welcher Verfassung sich die Besatzungen der Handelsschiffe bei diesem Verrat der Kriegsschiffe, die sich selbst in Sicherheit brachten, befanden.»[4]

Das Zitat aus MacLeans Buch wirft ein Schlaglicht auf das viele Jahre von der britischen Admiralität sorgfältig gehütete Geheimnis. Das Schicksal des 17. Geleitzuges war bereits lange vor seinem Auslaufen aus den Häfen von Island vorherbestimmt: Er sollte der große Köder für die «Tripitz» sein, die man in der britischen Admiralität fürchtete und auf die man ebenso Jagd machen wollte wie auf die «Bismarck». Das Schicksal der 34 Transportschiffe, ihrer Besatzungen und der für die Sowjetunion bestimmten Ladungen interessierte die Initiatoren der Jagd nicht, wichtiger erschien es ihnen, die «Tirpitz» mit einer leichten Beute zu verführen, sie aus ihrem Stützpunkt zu locken und ihr dann mit überlegenen Kräften den Garaus zu machen. Lunins Torpedoangriff kam diesem schlauen Plan zuvor und vereitelte ihn. Das faschistische Geschwader war gezwungen, sich wieder in die norwegischen Fjorde zurückzuziehen, und die «Tirpitz» war drei Monate lang nicht einsatzfähig.

4 Alistair MacLean, H.M.S. Ulysses, London 1959, S. 260f.

Die «Admiral Scheer» erhält eine Abfuhr

August/September 1942

Man ist versucht zu sagen: eins kommt zum anderen, nimmt man die Tatsache, daß der Schwere Kreuzer «Admiral Scheer» in die Karasee, bis zu unserem Nördlichen Seeweg, vorgestoßen war. Nach dem Abzug der britischen Geleitschiffe von PQ-17 und dem Untergang vieler Transportschiffe hatte sich die Lage auf dem Seeschauplatz verschärft. Ich war gezwungen, die bescheidenen Kräfte der Flotte auf eine Aufgabe zu konzentrieren, und dabei kam der Schutz unserer arktischen Gewässer zu kurz. Etwa 20 Tage lang war die gesamte Flotte – die Überwasserschiffe, die U-Boote und die Fliegerkräfte – ohne die geringste Ruhepause auf der Suche nach alliierten Transportschiffen im Einsatz. Sie umfaßte einen Raum von 1000 Meilen Ausdehnung, und zwar von Spitzbergen entlang der Eisgrenze bis nach Nowaja Semlja. Erst am 24. Juli ging die Aktion mit dem Geleit für das letzte der ausfindig gemachten Transportschiffe zu Ende.

Die Zerschlagung von PQ-17, das vergebliche Warten auf zwei unserer U-Boote, die beunruhigenden Nachrichten aus dem fernen Süden, in dem um den Kaukasus und die Wolga gekämpft wurde, die drei Wochen lang Tag und Nacht anhaltende Anspannung auf See – alles deprimierte. Dazu kam das Verhalten der Verbündeten, auf deren Unterstützung wir kaum hoffen konnten, sollte der Gegner auf unseren Seeschauplatz vordringen. Die britische Marinemission in Poljarny hatte mich bereits mit Churchills Standpunkt bekanntgemacht. Im Namen seiner Regierung hatte der britische Premier erklärt, man lehne es ab, die Schiffe der Home Fleet auf den Seewegen im Nordatlantik einer Gefahr auszusetzen. Bis September werde es keine Geleitzüge und keinen Geleitschutz von Island bis zur Bäreninsel geben. Unseren Transportschiffen standen Einzelfahrten auf eigenes Risiko bevor.

Und die Versprechungen der Verbündeten, eine zweite Front zu eröffnen? Man wollte nicht schlecht über jene denken, die sich selbst dazu erboten hatten, uns zu helfen, doch angesichts der angespannten Lage, zu der es erneut an der sowjetisch-deutschen Front und besonders bei Stalingrad gekommen war, gingen einem schon betrübliche Gedanken durch den Kopf.

Noch immer schnüffelten die Faschisten dort herum, wo unlängst die Route der einzeln fahrenden Transporter des 17. Geleitzuges verlief. Am 27. Juli drang ein U-Boot bis zur Reede in der Bucht Malyje Karmakuly, im Südteil von Nowaja Semlja, vor und belegte die dortige Polarstation, die Häuser und die Depots der Überwinterer, mit Artilleriefeuer. Ein Toter und vier Verwundete waren zu beklagen. In der Bucht lagen weder Transport- noch Kampfschiffe, auch militärische Objekte gab es an der Küste nicht. Lediglich zwei Wasserflugzeuge des Polarflugdienstes, die auch in Friedenszeiten Eisaufklärung betrieben, befanden sich in der Bucht.

Einige Tage lang lebten die Besatzungen der übrigen Polarstationen und Beobachtungsposten von Nowaja Semlja in angespannter Erwartung, doch bis zum 17. August unternahm der Gegner keine weiteren Überfälle. Allmählich ließ die Anspannung bei den Polarforschern nach, bis sie nach drei Wochen einer sträflichen Gelassenheit Platz machte. Begünstigt wurde diese Unbekümmertheit durch die Tatsache, daß Schiffe der Nordflotte in der ersten Augusthälfte drei Schiffskonvois auf Arktisrouten aus dem Weißen Meer durch die Meerengen Jugorski Schar und Karastraße bis zum Nördlichen Seeweg geleitet hatten. Außerdem hielt man an der Überzeugung fest, daß sich die Faschisten nicht weiter als bis nach Nowaja Semlja ostwärts vorwagen würden und sie nichts mehr fürchteten als das Eis der Arktis. Wie teuer mußte dieser Irrtum bezahlt werden! Am 17. August wurden zwei sowjetische Schlepper, die «Nord» und die «Komsomolez», mit Lastkähnen im Schlepp auf dem Weg von Jugorski Schar zur Matwejewinsel von U-Booten angegriffen. Ein Lastkahn mit Menschen an Bord und ein zweiter mit Bekleidung gingen verloren. Ein Schlepper geriet in Brand und wurde von der Besatzung auf eine Sandbank gesetzt. Nur dreiundzwanzig schiffbrüchige Seeleute konnten gerettet werden, die Faschisten schossen von den U-Booten aus mit Maschinenpistolen auf die im Wasser Schwimmenden.

Am 21. August überfielen erneut zwei U-Boote sowjetische Schiffe und beschossen sie vor der Beluschjabucht bei Nowaja Semlja mit Artillerie. Am folgenden Tag wiesen wir den Leiter der Hauptverwaltung Nördlicher Seeweg darauf hin, daß der Gegner bei Nowaja Semlja aufgetaucht sei, und trafen Maßnahmen, ihn abzufangen. Wir schickten «Katjuschas» und «Schtschukas» zum Kap Shelanija, an dem der Kurs des Gegners höchstwahrscheinlich vorbeiführen würde. Entsprechende Hinweise ergingen an die Fliegerkräfte.

Leider wurde die Nordflotte nach wie vor nicht über Schiffsbewegungen auf den arktischen Seewegen unterrichtet, so daß unsere Transporter nicht selten ohne jeden Schutz unterwegs waren. Diese Fahrlässigkeit hatte erneut traurige Folgen: Der Gegner versenkte den Transporter «Kuibyschew», der ohne Sicherung von Jugorski Schar nach Dickson unterwegs war. Der Chef der Weißmeerflottille wies den Stab für Seeoperationen des Westlichen Arktissektors erneut auf das mögliche Auftauchen des Gegners im Raum Nowaja Semlja hin. Diese Warnung wirkte endlich: Der Stab auf der Insel Dickson leitete die Warnung an die Schiffe in der Karasee und an die Polarstationen weiter.

Die Mitteilung darüber, daß sich ein großes gegnerisches Überwasserschiff bereits im Bereich der inneren arktischen Seewege befinde, erhielt die Flotte erst anderthalb Tage nach seinem dortigen Erscheinen. Es handelte sich um den Schweren Kreuzer «Admiral Scheer». Sein Aktionsradius betrug 21500 Seemeilen, die Geschwindigkeit lag bei 28 Knoten; bewaffnet war er mit 6 280-mm-Kanonen, 8 150-mm-Kanonen, 6 105-mm- und 8 37-mm-Geschützen, 8 Torpedorohren und 2 Bordflugzeugen. Ein Schwesterschiff der «Admiral Scheer», die «Admiral Graf Spee», war schon im Dezember 1939, kurz nach Ausbruch des zweiten Weltkrieges, in Südamerika von einem britischen Geschwader in die La-Plata-Mündung gejagt und schließlich von der eigenen Besatzung versenkt worden.

Aus der ersten, verspäteten Meldung über die Jagd der «Admiral Scheer» auf den arktischen Seewegen ging hervor, daß der Kreuzer an der Nordspitze von Nowaja Semlja, dem

Kap Shelanija, vom Eisfeld her in die Karasee eingedrungen war. Dabei hatte er sich den günstigen Umstand zunutze gemacht, daß Südwinde das schwere Packeis weit nach Norden weggedrückt hatten. Am frühen Morgen des 25. August hatten Mitglieder der Polarstation auf Kap Shelanija ein aus der Barentssee kommendes unbekanntes Schiff erblickt. Sie hielten es zunächst für unser Transportschiff «Belomorkanal», das sich in Alleinfahrt von Island zur Koshewnikowbucht dem Kap näherte. Als die Überwinterer ihren Irrtum erkannten, war es zu spät, darauf zu reagieren. Das unbekannte Schiff beschoß die Gebäude der Station. Das Wohnhaus, die Wetterstation, das Haus der Flieger und der Speicher brannten nieder. Beschädigt wurde auch das Gebäude mit der Funkstation, doch sie selbst blieb intakt. Nach dem Beschuß entfernte sich das Schiff auf Ostkurs und verschwand in der Karasee. Vom Kap Shelanija wurde folgender Funkspruch nach Dickson durchgegeben: «Gegnerisches Schiff hat Überfall verübt; Beschuß; brennen, brennen, viel Feuer.» Die Richtung, in der sich der Gegner entfernt hatte, wurde nicht mitgeteilt; nicht nur ein Beweis, wie verwirrt die Überwinterer waren, sondern auch wie schlecht man sie instruiert hatte.

Wenige Stunden später, um 12.56 Uhr, fing die Zentrale in Dickson einen Funkspruch vom Kapitän des Eisbrechers «Sibirjakow», A. A. Katscharawa, auf. Die «Sibirjakow» war am Vortag mit Ausrüstungen und dem Personal einer neuen Polarstation für Nowaja Semlja aus Dickson ausgelaufen, hatte aber noch nicht einmal die Hälfte der Entfernung bis zum Bestimmungsort zurückgelegt. In seiner ersten Meldung teilte Kapitän Katscharawa mit, daß ein gegnerischer Hilfskreuzer auf ihn zusteuere. In Wirklichkeit war es die «Admiral Scheer», die ein ganzes Dutzend Hilfskreuzer aufwog. Die zweite Meldung von Kapitän Katscharawa besagte, das gegnerische Schiff habe Angaben über die Eislage auf dem Wege zur Wilkizkistraße und dem Kap Tscheljuskin verlangt. Diesem Kap näherte sich nun aber gerade der dritte arktische Geleitzug, der in Begleitung unserer Sicherungsschiffe wohlbehalten von Archangelsk bis zu den Meerengen von Nowaja Semlja gelangt war und nun selbständig, von den Eisbrechern «Lenin» und «Krassin» eskortiert, zur Wilkizkistraße und weiter ostwärts auf dem Nördlichen Seeweg unterwegs war. Der

Anfrage zufolge wußte man auf der «Scheer» von diesem Geleitzug.

Kapitän Katscharawa ließ die Anfrage der Faschisten unbeantwortet und wendete die «Sibirjakow» zur Küste, doch die «Scheer» folgte ihr und verlangte erneut Angaben über die Eislage. Daraufhin versuchte Kapitän Katscharawa Zeit zu gewinnen. Er fragte an, mit was für einem Schiff er es zu tun habe. Als Antwort übermittelte man ihm einen japanischen Namen – «Sisijama». Gleichzeitig wurde auf der «Scheer» die USA-Flagge gesetzt. Jetzt wußten die «Sibirjaken», daß ihnen ein hinterhältiger Gegner auf den Fersen war. Kapitän Katscharawa befahl Oberleutnant Medwedew, die 76-mm- und die 45-mm-Geschütze feuerbereit zu machen. Besatzung und Passagiere nahmen ihre Gefechtsposten ein. Gleichzeitig gab der Funker einen weiteren Spruch nach Dickson durch. Daraufhin forderte man von der «Scheer» ultimativ, den Funkverkehr einzustellen, die Maschine zu stoppen, die Flagge einzuholen und Angaben über die Eislage in der Wilkizkistraße zu übermitteln. In dem Augenblick, da man auf Dickson den vierten Funkspruch von der «Sibirjakow» aufnahm, befahl Kapitän Katscharawa, das Feuer auf das faschistische Schiff zu eröffnen.

Die «Sibirjakow» nahm den ungleichen Kampf auf. Man erinnere sich: Die «Sibirjakow» bewältigte vor zehn Jahren unter Kapitän W.I.Woronin den Nördlichen Seeweg in seiner gesamten Länge während einer Schiffahrtsperiode. Ein Veteran der Arktis, der nur schwach bewaffnet war und eine geringe Geschwindigkeit entwickelte, nahm den Kampf gegen ein mächtiges, mit 280-mm-Kanonen bestücktes und gepanzertes schnelles Schiff auf! Natürlich konnte die «Sibirjakow» nicht im entferntesten mit einem Erfolg rechnen. Doch der Entschluß, den Kapitän Katscharawa gefaßt hatte, war richtig: Er hoffte, den Gegner möglichst lange aufzuhalten, um dem dritten Arktis-Geleitzug ein Entkommen aus der Gefahrenzone zu ermöglichen.

Um 13.37 Uhr erwiderte die »Scheer« das Feuer, dabei hielt sie sich in einer Entfernung, die Treffer von der «Sibirjakow» ausschloß. Einige Funksprüche, die in Dickson während des ungleichen Gefechts aufgefangen wurden, bestätigten, was zu erwarten gewesen war: Zuerst wurde das Heckgeschütz außer

Gefecht gesetzt, dann die Buggeschütze. Ein Brand brach aus und brachte Benzinfässer an Oberdeck der «Sibirjakow» zur Explosion. Einschläge in den Maschinen- und Kesselraum machten das Schiff manövrierunfähig. Die Brücke und das Bugdeck waren zerstört. Mit Schrapnellgranaten wurden zahlreiche Besatzungsmitglieder und Passagiere, darunter auch Frauen, getötet. Um 14.05 Uhr brach die Funkverbindung mit dem Eisbrecher ab. Die Menschen auf der «Sibirjakow» erfüllten selbstlos ihre Pflicht. Wenigstens eine Stunde und zehn Minuten hielten sie den faschistischen Räuber auf.

Das von Dickson aus in das entsprechende Seegebiet entsandte Flugzeug entdeckte weder die «Sibirjakow» noch die «Scheer». Es ließen sich auch keinerlei Spuren auf dem Wasser finden, die auf eine Versenkung hindeuteten.

Am folgenden Tag, dem 26. August, erhielt ich um 12.30 Uhr vom Leiter der Hauptverwaltung Nördlicher Seeweg I. D. Papanin einen Funkspruch. Darin wurde die Bitte geäußert, dem Chef der Weißmeerflottille sofort zu befehlen, eine Bomberkette mit einem reichlichen Bombenvorrat in die Arktis aufsteigen zu lassen, um den faschistischen Kreuzer zu vernichten. Er habe angeblich bereits in der Nacht in voller Fahrt auf Ostkurs das Kap Tscheljuskin passiert.

Wie sich später herausstellte, traf das nicht zu. Die «Scheer» passierte weder die Wilkizkistraße noch drang sie zum Kap Tscheljuskin oder gar bis hinter die Eisgrenze vor.

Fast gleichzeitig mit Papanins Bitte wurde mir über den Chef des Hauptstabes folgender Befehl übermittelt: Im Zusammenhang mit der zunehmenden Aktivität gegnerischer U-Boote vor Nowaja Semlja und dem Auftauchen des Überwasserschiffes ostwärts der Insel ist in kürzester Frist zu melden, welche Abwehrmaßnahmen getroffen werden.

Welche Maßnahmen konnten wir ergreifen? Dem Chef der Weißmeerflottille wurde befohlen, bei günstigem Wetter sofort Bomber in die Arktis zu entsenden, um das faschistische Schiff ausfindig zu machen und zu versenken. Entsprechende Befehle wurden dem Kommandeur der Flottenfliegerkräfte, dem Chef der U-Boot-Brigade und dem Chef der Torpedoboot-Brigade erteilt.

Befehle zu erteilen war das eine, doch bis jetzt konnten wir ernsthaft weder von Vorteilen noch von einem Kräftegleichgewicht auf dem Seeschauplatz sprechen. Unsere Fliegerkräfte waren zahlenmäßig schwächer als die des Gegners. An Überwasserschiffen konnten wir ihm nur die Zerstörer entgegenstellen, die in ihren Kampfqualitäten seine jedoch nicht erreichten. Bis die Verstärkungen von der Pazifikflotte – das Führerschiff «Baku» und die Zerstörer «Rasjarjonny» und «Rasumny» – hier eintrafen, mußten wir uns auf die U-Boote sowie auf die Initiative und das Können unserer Leute verlassen. Lunin und die Besatzung von K-21 hatten im Kampf gegen die «Tirpitz» bewiesen, daß Erfolge möglich waren.

Um 20.30 Uhr meldete ich, was zum Schutz der arktischen Seewege eingeleitet worden war. Viereinhalb Stunden später verließ ein aus Transport- und Begleitschiffen bestehender Geleitzug die Kolabucht mit Kurs auf die Beluschjabucht von Nowaja Semlja. Dieser Geleitzug war ganze fünf Minuten unterwegs, als auf Dickson Ereignisse ihren Lauf nahmen, über die mich Kapitän zur See N. P. Annin, Chef der Nördlichen Abteilung der Weißmeerflottille, informierte. Danach hatte der Kommandeur des Beobachtungspostens Nowy Dickson am Nordwestzipfel der Insel am 27. August um 01.05 Uhr gemeldet: «Drei Meilen westwärts unbekanntes Kriegsschiff. Es nähert sich.» Dieses Schiff entpuppte sich sehr schnell als die «Admiral Scheer». Da sie den dritten arktischen Geleitzug nicht mehr einholen konnte und es nicht riskierte, der Eisgrenze zu nahe zu kommen – im Funkspruch vom Kap Tscheljuskin war der Kurs des Kreuzers falsch angegeben worden –, lief es auf Dickson zu, um den Hafen und die dort liegenden Schiffe zu zerstören.

Im Hafen wurde Gefechtsalarm ausgelöst. Sämtliche Kampfmittel waren gefechtsbereit, noch bevor der Gegner in Sicht kam. Das diesige Wetter an diesem Tag veränderte die Sichtweite laufend. An der Anlegestelle lag das Küstenschutzschiff «Deshnew», ein in den Kriegsdienst gestelltes Motorschiff, das als Eisbrecher ausgelegt war. Es sollte entladen werden. Man löste die Leinen, blieb aber vorläufig in der Nähe des Schleppkahns, der die Fracht übernehmen sollte. Sie bestand aus 152-mm-Geschützen, die jetzt an der Anlegestelle standen.

Die Sichtweite betrug zu diesem Zeitpunkt nicht mehr als drei Meilen, deshalb konnte man vom Hafen aus den faschistischen Räuber erst erblicken, als er sich der Anlegestelle bereits bis auf etwa 30 Kabellängen genähert hatte. Sein Erscheinen wurde um 13.30 Uhr registriert, und sieben Minuten darauf begann die «Admiral Scheer» mit dem Beschuß der küstennahen Gebäude von Dickson und der im Hafen liegenden Schiffe, des Küstenschutzschiffes «Deshnew» sowie der Motorschiffe «Kara» und «Revolutionär».

Auf Dickson erwiderte man nach der ersten Geschützsalve von See her das Feuer. Das Gefecht nahmen die «Deshnew» mit ihren 76-mm- und 45-mm-Geschützen, die Batterie 152-mm-Geschütze, die gerade verladen werden sollte, und das Motorschiff «Revolutionär» auf, auf dessen Oberdeck man 76-mm-Geschütze in Stellung gebracht hatte. Auf der «Deshnew» leitete zu Beginn der Stellvertreter des Kommandanten, S. A. Krotow, die Handlungen, Kommandant A. S. Giduljanow kehrte nach einem Sonderauftrag erst auf das Schiff zurück, als das Gefecht bereits entbrannt war. Die «Deshnew» machte sich auf den Weg zur Samoljotnajabucht, führte während der Fahrt Geschützfeuer und legte eine Nebelwand, um Hafen und Schiffe der Sicht des Gegners zu entziehen. In den ersten acht bis zehn Minuten war die «Deshnew» für die «Scheer» das wichtigste Ziel. Sie erhielt vier Treffer, die zwei Lecks unterhalb der Wasserlinie verursachten, das größere maß 60 × 40 Zentimeter. Zerstört wurden das Entfernungsmeßgerät und ein Maschinengewehr, zwei 45-mm-Geschütze beschädigt, sieben Mann getötet und zweiundzwanzig verwundet. Unterwegs übernahm Kommandant Giduljanow wieder das Kommando über das Schiff. Nach den Treffern im Rumpf bekam es eine bedrohliche Schlagseite. Giduljanow faßte den richtigen Entschluß, führte die «Deshnew» noch weiter in die Samoljotnajabucht hinein und setzte sie an einer seichten Stelle auf Grund. Anschließend sorgte er dafür, daß die Verwundeten ans Ufer zu einer Sanitätsstelle gebracht wurden.

Opfermut bewiesen auch die Seeleute des Motorschiffes «Revolutionär» unter Kapitän F. K. Panfilow. Die Artilleristen stellten das Feuer aus ihren 76-mm-Geschützen auf die «Scheer» selbst dann nicht ein, als an Bord Feuer wütete, das von einem Granattreffer in die Kapitänskammer herrührte. Erst nachdem das brennende Schiff hinter der Nebelwand verschwunden war, stellten die Artilleristen das Feuer ein und halfen, den Brand zu löschen.

Die 152-mm-Geschütze unter ihrem Batteriechef N. M. Kornjakow feuerten auf das faschistische Schiff unter ungünstigen Bedingungen. Sie standen an der ungedeckten Anlegestelle, und die Geschützbedienungen waren nicht vollzählig. Der Batteriechef hatte Hafenarbeiter von Dickson herangeholt, die Granaten schleppten. Die «Admiral Scheer» war nach zwei Treffern von der Batterie gezwungen, eine Nebelwand zu legen und auf die See auszuweichen.

Der erste Angriff hatte 23 Minuten gedauert. Den zweiten Angriff unternahm die «Scheer» anderthalb Stunden später, nachdem sie sich dem Hafen aus einer anderen Richtung genähert hatte. In der Zwischenzeit hatte sie die Häuschen von Jägern und die Nordküste von Dickson beschossen. Auch diesmal wurde sie mit Geschützfeuer der 152-mm-Batterie und des Küstenschutzschiffes «Deshnew» empfangen.

Der Angreifer erhielt einen dritten Treffer, der zu einem Brand führte, verbarg sich hinter einer Nebelwand und verschwand – diesmal endgültig.

Der Kampf bei Dickson dauerte etwa zwei Stunden und brachte der «Admiral Scheer» nicht den erhofften Erfolg. Der Hafen und die Polarstation mit ihrer leistungsstarken Funkzentrale blieben unzerstört, die im Hafen liegenden Schiffe sanken nicht, obwohl der Gegner rund 100 280-mm-Granaten und 300 Granaten leichterer Kaliber abgefeuert hatte. Die Schäden im Hafen waren nach drei Tagen beseitigt.

Ich verneige mich vor dem Mut und dem Heldentum der Polarbewohner – der Besatzung und des Forschungspersonals an Bord der «Sibirjakow», der Besatzungen der «Deshnew» und der «Revolutionär», der Artilleristen und der Hafenarbeiter von Dickson. Sie alle erfüllten ihre Pflicht als sowjetische Patrioten. Die Abfuhr, die sie dem faschistischen Räuber erteilten, vereitelte die Pläne der Faschisten. Und dennoch hätten wir der «Scheer» weitaus stärker zusetzen können, wäre die Flotte rechtzeitig informiert worden. So aber kamen eine «Katjuscha» und zwei «Schtschukas», die wir zum Kap Shelanija losschickten, während auf einer zweiten «Katjuscha» die Reparaturen eingestellt und das Boot zum Auslaufen vorbereitet wurde, zu spät an den Ort des Geschehens. Unsere realen Möglichkeiten waren nicht genutzt worden. Und diese realen Möglichkeiten der Nordflotte stellte der Gegner offenkundig in Rechnung, als er sich nach der zweimaligen Abfuhr – von der «Sibirjakow» und den Männern in Dickson – von den arktischen Seewegen zurückzog. Das geschah in großer Fahrt und auf demselben Wege, auf dem die «Scheer» in die Karasee eingedrungen war. Fortan wurde sie in der Arktis nicht mehr gesehen.

Der Alltagsrhythmus auf den arktischen Seeverbindungen war bereits wiederhergestellt, als Ende September von Dickson die Mitteilung eintraf, in der Karasee sei unweit des Seegebiets, in dem die «Sibirjakow» im ungleichen Kampf mit der «Admiral Scheer» spurlos verschollen war, ein Teilnehmer des Kampfes gefunden worden. Wie ein Polarrobinson hatte der Heizer Wawilow aus einem Vorort von Archangelsk über einen Monat lang allein auf einer kleinen granitenen Insel verbracht. Man erblickte ihn von der Brücke des Motorschiffes «Sacco», das von der Tiksibucht nach Dickson unterwegs war, doch konnte man ihn wegen der starken Brandung nicht von der Insel herunterholen. Der Kapitän des Motorschiffes meldete seine Entdeckung sofort nach seinem Eintreffen in Dickson. Ein Flugzeug wurde ausgesandt. Und drei Tage später befreite der Polarflieger I. I. Tscherewitschny Wawilow aus seiner mißlichen Lage. In Dickson berichtete er Einzelheiten über den Kampf der «Sibirjakow». So erfuhr man, daß nicht alle Besatzungsmitglieder umgekommen waren. Wawilow hatte sich noch an Bord des in Flammen gehüllten Motorschiffes befunden, das von den Faschisten wegen der Weigerung, die sowjetische Flagge einzuholen, zerschossen worden war, als er in der Nähe einen Kutter gewahrte, den man von der «Admiral Scheer» zu Wasser gelassen hatte. Der Kutter näherte sich dem Rettungsboot, in dem sich mehrere Besatzungsmitglieder der «Sibirjakow» befanden, meist Verwundete. Die Faschisten erschossen einen der Seeleute und schafften die übrigen zur «Scheer». Ob Kapitän Katscharawa unter ihnen war, konnte Wawilow nicht sagen. Von den Insassen des Rettungsbootes hatte er nur den Funker Scherschawin und den Leiter der Polarstation Solotow erkannt. Allerdings hatte er kurz vor Ende des Kampfes jemanden auf Deck sagen hören, der Kapitän sei getötet oder schwerverwundet worden.

Wawilow sprang über Bord, als die «Sibirjakow» schnell zu sinken begann. Er kam nicht rasch genug aus der Gefahrenzone heraus, sondern wurde im Sog an der Untergangsstelle hinabgezogen. Seine Rettung war, daß er sich instinktiv an einem Holzgegenstand festgeklammert hatte, mit dem er wieder an die Wasseroberfläche gelangte. Zwei andere Seeleute, die zusammen mit Wawilow in den Strudel geraten waren, hatten den Tod gefunden. Er konnte schwimmend das Rettungsboot erreichen, aus dem vor wenigen Minuten seine Kameraden von den Faschisten auf die «Scheer» verschleppt worden waren. Im Rettungsboot lag der getötete Heizer Matwejew. Wawilow fischte alles aus dem Wasser, was ihm von den nach dem Untergang der «Sibirjakow» an die Wasseroberfläche emporgetriebenen Dingen von Nutzen sein konnte, und ruderte zu der kleinen Granitinsel hinüber. Auf ihr verbrachte er allein und in großer Not 34 Tage.

Das Gefecht am Kanin Nos

September 1942

Der Kampf um den alliierten Geleitzug im September war die beste Antwort auf alle Einwände gegen Schiffstransporte über die sowjetischen Nordhäfen. Wir ergriffen rechtzeitig Maßnahmen, seine Sicherheit innerhalb des sowjetischen Operationsgebiets zu gewährleisten.

Auf den Seiten des Tagebuches hielt ich damals folgendes fest:

7. September 1942. Der alliierte Geleitzug PQ-18 – 34 ausländische und 6 sowjetische Transporter, 16 Sicherungsschiffe und mehrere Flugboote «Catalina» – hat Island mit Kurs auf Archangelsk verlassen. Alle unsere U-Boote, die sich auf Position befinden, sind benachrichtigt.

Wir verwirklichen den Geleitschutzplan, indem wir die Flugplätze und Geleitzüge des Gegners bombardieren und zusätzliche U-Boote an den Ausgängen der faschistischen Marinestützpunkte Position beziehen lassen.

12. September. Bis einschließlich heute verläuft die Fahrt des Geleitzuges normal, auch wenn wir keine offiziellen Mitteilungen erhalten haben. Bekannt ist nach Angaben unserer Aufklärung, daß der von sechs Zerstörern eskortierte Verband schwerer Überwassereinheiten des Gegners – die Kreuzer «Admiral Scheer», «Admiral Hipper» und «Köln» – sich gestern mit Kurs auf Nordnorwegen auf See befand, aber allem Anschein nach keine Kenntnis von dem Geleitzug. Außerdem patrouillieren zwei oder drei Torpedoboote und sechs Küstenschutzschiffe in den Küstengewässern, während sich im Raum des Geleitzuges fünf U-Boote befinden. Doch der Geleitzug wurde nicht angegriffen.

Bei Jan Mayen wurde seine Eskorte durch einen Flugzeugträger, einen Kreuzer, fünf Zerstörer, zwei U-Boote und ein Räumfahrzeug verstärkt.

Sollten die Faschisten den Schiffskonvoi noch nicht entdeckt haben? Ihr Verband traf jedenfalls gestern im Altafjord ein und liegt auch heute noch dort.

Der Geleitzug PQ-18 fährt gegenwärtig im Europäischen Nordmeer in zehn Kolonnen mit 8 Knoten Geschwindigkeit. Besondere Vorkommnisse sind nicht gemeldet, die Funkaufklärung hat allerdings inzwischen auf der gesamten vorgesehenen Route des Geleitzuges U-Boote ausgemacht. Das könnte bedeuten, der Gegner hat seine Überwasserschiffe zurückgerufen und bereitet statt dessen einen Schlag mit U-Booten und Torpedoflugzeugen vor. Doch wo? Sollte das in unserem Operationsgebiet geschehen, so werden wir nach besten Kräften dagegenhalten. Für die Wegstrecke davor kann man nur Vermutungen anstellen. Sollten die Faschisten mit ihrem Angriff Erfolg haben – und dafür werden sie alles tun –, so würde das den Standpunkt der Alliierten untermauern, daß sich Geleitzüge hier im Norden nicht lohnen.

13. September. Nach einer Mitteilung der britischen Marinemission in Poljarny haben um 08.51 Uhr U-Boote und um 15.30 Uhr etwa 40 Torpedoflugzeuge den Geleitzug 120 Meilen von der Bäreninsel entfernt angegriffen. Zehn Schiffe sollen versenkt worden sein. Wenn sich die Meldungen bestätigen, ist das ein großes Unglück. Unsere Aufklärung hatte noch keine gegnerischen Torpedoflugzeuge festgestellt.

Erst gegen 17.00 Uhr registrierte man den Start von zwei Gruppen Ju 88 des 30. Luftwaffengeschwaders. Ihr Ziel dürfte der Geleitzug sein. Die gestern von unserer Funkaufklärung entdeckten U-Boote hielten ihre Position. Die Überwassereinheiten blieben im Altafjord und die Fliegerkräfte auf den nördlichen Flugplätzen konzentriert.

Man muß auch auf einen Schlag des Gegners in unserem Operationsgebiet gefaßt sein, wobei das Kräfteverhältnis und die Lage zu berücksichtigen sind. Wenn es uns jetzt nicht gelingt, die Faschisten auf ihren Flugplätzen spürbar zu treffen, können sie den ganzen Geleitzug in zwei, drei Tagen vernichten. Freilich rät man uns davon ab, weil die Faschisten provokatorische Überfälle auf schwedische Städte unternehmen und diese Bombenangriffe uns zuschreiben. Doch ich sehe keinen anderen Ausweg, um zu verhindern, daß der Geleitzug vernichtet wird. Alle unsere einsatzbereiten Flugzeuge müssen gegen die Flugplätze in Tromsö, Bardufos und Banak aufgeboten werden.

Gegen 22.00 Uhr befand sich der Geleitzug zwischen der Bäreninsel und Spitzbergen.

14. September. Die Meldung über die Versenkung von zehn Transportschiffen ist bisher nicht bestätigt worden. Dafür gab es Mitteilungen über die heutigen Verluste des Geleitzuges: U-Boote haben einen Tanker und Trägerflugzeuge einen Transporter versenkt. Gegen Mitternacht befand sich der Konvoi nahe der Hoffnungsinsel.

15. September. Torpedoflugzeuge haben den Geleitzug zweimal angegriffen. Am ersten Angriff beteiligten sich 22 Flugzeuge, am zweiten 25. Außerdem sind viele Angriffe von Ju88 registriert worden. Die Transporter und Sicherungsschiffe haben keinen Schaden davongetragen, dafür hat der Gegner sieben Flugzeuge verloren, die in Luftkämpfen von britischen Maschinen des Flugzeugträgers über dem Geleitzug abgeschossen wurden. Die Engländer büßten drei Flugzeuge ein, konnten aber ihre Piloten retten.

Die britische Marinemission präzisierte ihre Mitteilungen: nicht zehn, sondern zwei Transporter sind versenkt worden, davon ein sowjetischer, die «Stalingrad». Doch müssen auch diese Angaben überprüft werden, nicht ausgeschlossen, daß es sich um den Tanker und den Transporter von gestern handelt.

Die Faschisten dagegen behaupten in gewohnter Weise im Rundfunk, sie hätten 19 Transporter vernichtet.

Unsere Luftangriffe der beiden letzten Tage auf Flugplätze des Gegners hatten keinen nennenswerten Erfolg. Unsere Torpedoflugzeuge kamen nicht bis zum Altafjord durch. Die Maschine von Charew ist nicht zurückgekehrt.

Die britische Mission hat eine Mitteilung erhalten, wonach die Admiralität ihre U-Boote weiter nach Osten verlegt habe. Unsere Funkaufklärung hat eine große Anzahl U-Boote vor Nowaja Semlja auf der Route des Geleitzuges ausgemacht. Die vorigen Geleitzüge waren entlang der Eisgrenze bis nach Nowaja Semlja gelangt. Der Gegner nimmt also an, daß auch dieser Konvoi so laufen wird. Deshalb wäre es sinnvoll, den Kurs zu ändern und den Geleitzug nach Iokanga zu dirigieren. Die Engländer sind dagegen. Leider. Also muß bei Nowaja Semlja die U-Boot-Suche verstärkt werden. Den Geleitzug überlassen wir ihnen nicht!

Nach unserer Berechnung müßte sich PQ-18 gegen 22.00 Uhr 470 Meilen nördlich vom Kap Swjatoi Nos befinden.

In unsere Sorge um den Geleitzug mischt sich die Sorge um Stalingrad, von wo beunruhigende Meldungen eintreffen. Die Schlacht, die dort ihren Fortgang nimmt, entscheidet vieles und ist nicht weniger grandios als die Schlacht vor Moskau im vorigen Jahr. Die Lage ist schwer. Stalingrad braucht Verstärkung. Wie überall findet auch bei uns in der Flotte die Freiwilligenbewegung Unterstützung. Bei den Kommandanten und Kommissaren gehen viele Gesuche mit der Bitte ein, nach Stalingrad entsandt zu werden. Der Kriegsrat hat entschieden, die Zahl der Freiwilligen auf sieben Mann je Schiff zu beschränken. Insgesamt gesehen ergibt das jedoch nicht weniger als ein Bataillon. Eine bedrohliche Situation besteht nicht nur bei Stalingrad, sondern auch im Kaukasus.

16. September. Die Morgenaufklärung hat ergeben: Die faschistischen Überwassereinheiten befinden sich nach wie vor im Altafjord. Demnach ist ihr Auslaufen in den Ostteil der Barentssee zum Abfangen des Geleitzuges schon wenig wahrscheinlich. Von den Verbündeten haben wir keinerlei Angaben über den Geleitzug, sieht man von den präzisierenden Meldungen der Marinemission ab, die besagen, daß nicht zwei Transportschiffe versenkt wurden, wie es am Vortag hieß, sondern zwölf. Übrigens ging von den ersten zehn nur die «Stalingrad» sofort unter, die übrigen neun unter den Flaggen der Verbündeten fahrenden Schiffe blieben nach Torpedotreffern schwimmfähig und wurden von den eigenen Sicherungsschiffen versenkt. Das Beispiel der «Stary Bolschewik» vom Mai-Geleitzug hat nicht auf die Verbündeten gewirkt. Anscheinend fällt es ihnen nicht sonderlich schwer, ein Schiff mit Frachten zu vernichten, wenn es für uns bestimmt ist!

Ein großer Teil der britischen Begleitschiffe – ein Kreuzer, ein Flugzeugträger, 12 Zerstörer und zwei U-Boote – hat den Schutz von PQ-18 aufgegeben und den des 14. Geleitzuges übernommen, der von Archangelsk auf dem Rückweg nach Island ist.

17. September. Den ganzen Tag über herrschte schlechtes

Wetter, das schränkte die Zahl der Flüge ein. Die «Catalina» starteten zur Aufklärung und haben auch das Seegebiet überflogen, durch das die Route des Geleitzuges führt. Dabei ist die «Scheer» entdeckt worden. Sie liegt tief im Langfjord versteckt, ideal vor Torpedoangriffen geschützt.

Die gegnerischen U-Boote lauern noch immer auf den Konvoi, an verschiedenen Stellen, die meisten nach wie vor bei Nowaja Semlja.

Ich habe Simonow, dem Chef einer Zerstörerabteilung, befohlen, sich mit der «Kuibyschew» und der «Urizki» in diesen Raum zu begeben und sich morgen den Sicherungsschiffen des Geleitzuges anzuschließen. Außerdem sind Küstenschutzschiffe und Räumfahrzeuge aus dem Bestand der Weißmeerflottille sowie «Catalina» zur Unterstützung der Kräfte des Stützpunkts Nowaja Semlja bei der U-Boot-Abwehr dorthin entsandt worden.

Koltschin, der Chef einer anderen Zerstörerabteilung, hat sich mit der «Gremjaschtschi» und der «Sokruschitelny» bereits dem Geleitzug PQ-18 angeschlossen. Von ihm traf auch die erste direkt an uns gerichtete Meldung über den Geleitzug ein. Er ist eher als geplant in Richtung auf den Sund des Weißen Meeres eingeschwenkt. Dessen ungeachtet haben unsere Maßnahmen auch so bereits günstig gewirkt. Den gegnerischen U-Booten bei Nowaja Semlja ist es beispielsweise nicht gelungen, den Geleitzug anzugreifen. Jetzt fahren die Transportschiffe in mehreren Kolonnen, und über jeder ist ein Sperrballon aufgelassen worden. Trotz des ungünstigen Flugwetters hängen sich ständig Ju 88 an den Schiffskonvoi, allerdings bleiben sie in sicherer Entfernung von der Schiffsflak.

18. September. Im Morgengrauen befand sich der Geleitzug im Raum des Kaps Kanin Nos. Hier lauern Faschisten.

Die Versuchung ist auch groß. Der Konvoi zählt jetzt rund 80 Schiffe, eine ganze Flotte also. Davon sind 28 Frachtschiffe mit über 100000 Tonnen. Lange genug ist der Gegner um den Geleitzug herumgestrichen, da wird er sich eine solche Gelegenheit nicht entgehen lassen.

Aber wir sind gerüstet und zur Abwehr bereit. Die «Urizki» und die «Kuibyschew» gehören bereits zum Geleitschutz des Konvois, der bei Kanin Nos sowohl unsere als auch die britischen Kampfschiffe nebst einer schwachen Luftdeckung –

Flugzeuge, die mit einer Katapultstartanlage vom Oberdeck großer Transportschiffe gestartet werden – umfaßt. Bereits im Morgengrauen sind über dem Geleitzug wieder Sperrballons hochgelassen worden. Sie bieten einen faszinierenden Anblick. Auf den Luftbildern sieht der Geleitzug wie eine riesige schwimmende Stadt aus. Er besteht aus einigen Kolonnen und wird auf beiden Seiten von Torpedobooten und anderen Schiffen gedeckt.

Die Faschisten begannen ihren Angriff auf den Geleitzug bei Tagesanbruch, bei mittlerer Sicht und leichtem Dunst, nachdem zuvor ein Aufklärungsflugzeug aufgetaucht war. Natürlich war der Schlag gegen den Geleitzug als kombinierter Angriff von U-Booten und Flugzeugen geplant. Doch die Flugzeuge verspäteten sich, und die U-Boote wurden von unseren Schiffen mit Wasserbomben vertrieben. Sie mußten vom Geleitzug ablassen.

Der zweite faschistische Aufklärer erschien um 10.00 Uhr über dem Geleitzug. Eine halbe Stunde später bemerkten die Luftbeobachter des Zerstörers «Gremjaschtschi» die erste Staffel gegnerischer Flugzeuge, viermotorige Torpedoflugzeuge vom Typ Focke-Wulf 200, die sich im Tiefflug näherten und von achtern zum Angriff auf den Geleitzug ansetzten. Fast gleichzeitig tauchten auf der Steuerbordseite Bomber aus den Wolkenfetzen auf.

Sofort wurde die Flotte über Funk verständigt und das Feuer mit allen Kampfmitteln eröffnet: mit Fla-Geschützen, Maschinenpistolen, Maschinengewehren, Geschützen schweren Kalibers.

Die Engländer versetzte das in Erstaunen, denn sie sahen zum erstenmal, daß niedrig fliegende Flugzeuge mit Geschützen solchen Kalibers beschossen wurden. Die am Schluß fahrenden Schiffe eröffneten als erste das Feuer und verstärkten es in dem Maße, wie sich die Flugzeuge näherten. Die «Gremjaschtschi» schoß aus ihren schweren Geschützen ganze Breitseiten ab und feuerte mit den 76-mm-Geschützen auf eine Entfernung von etwa 70 Kabellängen. Die meisten Torpedoflugzeuge waren gezwungen, ihre Torpedos bereits weit hinter den letzten Sicherungsschiffen abzuwerfen. Danach flogen die Maschinen, ohne den Kurs und die Höhe zu ändern, zwischen den Kolonnen der Transportschiffe auf die Spitze des Konvois zu, schwenkten links ein und gerieten jetzt in das Feuer der Begleitschiffe und der Transporter. Einige Flugzeuge hielten geradewegs auf die Schiffe zu und beschossen sie, um die Geschützbedienungen auszuschalten, doch das Sperrfeuer war so stark, daß die Torpedoflugzeuge abdrehen mußten. Einige von ihnen stürzten getroffen ins Meer.

Was sich über den Schiffen abspielte, war an der häufigen Unterbrechung der Funkverbindung ablesbar. Von Splittern und Detonationswellen wurden die Antennen einiger Schiffe zerrissen. Die See schien zu kochen. Die Schiffsbesatzungen wurden soweit als möglich zur Geschützbedienung eingesetzt.

Der erste von Torpedo- und Bombenflugzeugen gleichzeitig geführte Angriff wurde zwar abgeschlagen, doch war es dem Gegner gelungen, ein amerikanisches Transportschiff, die «Kentucky», zu torpedieren. Ohne nun etwa fahruntüchtig zu sein oder Schlagseite zu haben, scherte das Schiff aus der Kolonne aus und ging auf Gegenkurs. Es befand sich nur noch 15 Meilen nordwestlich vom Kap Kanin Nos. Unmittelbar danach gab die Besatzung ihr Schiff auf. Faschistische Bomber brachten es nach zehn Minuten mit Bomben zum Sinken.

Danach griffen nur Bomber an. Im Sturzflug kamen sie herunter, doch das intensive Abwehrfeuer von den Kampf- und Transportschiffen zwang sie abzudrehen.

Daraufhin traten erneut Torpedoflugzeuge in Aktion. Sie griffen in zwei Staffeln wiederum von achtern an. Im Abstand von einer Minute fielen zuerst 12 und dann sechs Maschinen über die Schiffe her. Doch die von uns in diesem Kampf erstmals verwendeten 130-mm-Zeitzündergranaten – sie detonierten in der Luft – bewirkten, daß sich kein einziges gegnerisches Flugzeug bis auf Torpedoentfernung heranwagte.

Der Kampf beim Kap Kanin Nos, in dessen Verlauf der Geleitzug von einigen U-Booten, 60 Bombern Ju 88 und viermotorigen Torpedoflugzeugen FW 200 «Condor» angegriffen wurde, dauerte zwei Stunden und 25 Minuten. Dabei verlor der Geleitzug ein einziges Schiff, die «Kentucky», und selbst die hätte gerettet werden können. Der Gegner aber büßte 15 Flugzeuge ein. Je zwei wurden von den Artilleristen der «Gremjaschtschi» und der «Sokruschitelny» und eines von der «Kuibyschew» heruntergeholt. Der Schlag gegen den

Geleitzug wurde dank den Abwehrmaßnahmen der sowjetischen Schiffe buchstäblich ein Schlag ins Wasser.

19. September. PQ-18 traf am Bestimmungsort, auf der Reede von Sewerodwinsk, ein. Von 40 Transportern erreichten 27 das Ziel. Bis zum Beginn des Geleitschutzes durch unsere Schiffe gingen 12 Transporter verloren, neun davon hatten lediglich Torpedotreffer erhalten und wären zu retten gewesen. Doch sie wurden von den alliierten Begleitschiffen vernichtet. Im Operationsgebiet der Nordflotte büßte der Geleitzug einen Transporter ein, der ebenfalls nach einem Treffer von einem britischen Begleitschiff versenkt wurde. Die Zahlen sprechen für sich.

Es ist wohl nicht übertrieben zu sagen, daß die Torpedoflieger des Gegners die Erwartungen nicht rechtfertigten. Nach präzisierten, von den Engländern erhaltenen Angaben führten den ersten Schlag gegen den Geleitzug 45 Torpedoflugzeuge, versenkt wurde aber nur ein Transportschiff. Mit jedem folgenden Anflug verringerte sich die Zahl der Maschinen. Eindeutig falsch war der Einsatz von Torpedos, die nur aus geringer Höhe abgeworfen werden können. Der Geleitzug hätte weit größere Verluste erlitten, wäre er mit anderen Torpedos angegriffen worden. Bei so vielen Transport- und Kampfschiffen, wie sie PQ-18 umfaßte, hätte bestimmt jeder Torpedo ein Ziel gefunden.

Das zweieinhalb Stunden währende Gefecht beim Kap Kanin Nos entschied über den Erfolg des Geleitzuges. Der Bombenangriff in den Abendstunden, als die Transporter bereits auf der Reede von Mudjuga lagen, fügte uns keinen Schaden mehr zu. Die 24 Ju 88 wurden von unseren Jägern abgefangen und klinkten ihre Bomben wahllos über dem Meer aus. Zwei Flugzeuge wurden abgeschossen.

Soweit zu den Ergebnissen des Septembergeleitzuges. Sie bestätigten ein weiteres Mal, daß man die Überwasserschiffe des Gegners bei rechtzeitiger Vorbereitung und bei entschlossenem Handeln der Sicherungskräfte neutralisieren konnte. Auch die Fliegerkräfte und die U-Boote waren bei zweckentsprechender Gefechtsordnung mit Verlusten für den Gegner abzuwehren. Der Erfolg blieb nicht aus, wenn man die eigenen Kräfte rechtzeitig dort entfaltete, wo der Gegner seinen Schlag zu führen gedachte. Kurswechsel konnte die Geleitzugverluste auf ein Minimum reduzieren, selbst unter ungünstigen Bedingungen für die angegriffene Seite. Ich war gespannt, was die Gegner alliierter Geleitzüge in die sowjetischen Nordhäfen nun sagen würden.

Die Tragödie der «Sokruschitelny»

Oktober bis Dezember 1942

Immer häufiger weist mein Tagebuch Lücken auf. Seit dem Gefecht bei Kanin Nos um den Geleitzug PQ-18 bis zur Tragödie der «Sokruschitelny» Ende November hatte ich nur eine einzige Eintragung über das Eintreffen von Verstärkung vom Stillen Ozean gemacht.

14. Oktober. Um 05.35 Uhr bin ich mit dem Zerstörer «Gremjaschtschi» hinausgefahren, dem Großzerstörer «Baku» und den Zerstörern «Rasumny» und «Rasjarjonny» entgegen. Das Wetter war wie um diese Zeit im Polargebiet üblich: nasser Schnee, Nebelstreifen, Dunst, eine niedrige Wolkendecke, die See mit dem Horizont verschmolzen. Die Schiffe der Fernostflotte liefen in die Kolabucht ein. Der Bericht des Kommandeurs der Gruppe über die drei Monate währende Fahrt von Wladiwostok auf dem Nördlichen Seeweg ist mit einigen lakonischen Sätzen wiedergegeben: Die Schiffe begannen die Fahrt am 15. Juli, liefen in die De-Kastri-Bucht ein, dann folgten Petropawlowski auf Kamtschatka, die Buchten Prowidenija, Koljutschinskaja, Tschaunskaja, Ambartschik, Tiksi, die Insel Dickson, die Meerenge Jugorski Schar. Insgesamt wurden im Laufe von 762 Stunden Fahrt im Eis und im offenen Wasser 7360 Meilen zurückgelegt. Unterwegs fand eine Gefechtsausbildung statt, die die Besatzungen des Großzerstörers und der Zerstörer auf Kampfhandlungen unter den neuen Bedingungen vorbereitete.

Ein weiteres Mal wurde bestätigt, welch große Bedeutung dem Nördlichen Seeweg für die Verteidigung der UdSSR unter den Bedingungen der Kriegszeit zukam. Die erfolgreiche Arktisfahrt der Schiffe war das Ergebnis täglicher angestrengter, selbstloser und heldenhafter Arbeit unserer Seeleute und Wissenschaftler auf den durch das Eis führenden

Routen. Wir freuten uns über die Verstärkung. Sie kam zur rechten Zeit.

20. November. Ziemlich lange habe ich nichts eingetragen. Nicht etwa, weil sich nichts ereignet hätte, was des Erwähnens wert gewesen wäre, sondern weil es mir an der Zeit dafür fehlte.

Heute hatten wir einen schweren Tag. Die Zeit für die Rückkehr eines U-Bootes war abgelaufen. Über die Gründe seines Ausbleibens konnte man nur Vermutungen anstellen. War es auf eine Mine gelaufen? Hatte der Kommandant seine Aufgaben nicht gemeistert und das Boot war in eine größere Tiefe geraten, als sie der Bootskörper aushielt? Wie sollte man das herausfinden, wenn es keine Zeugen des Vorgefallenen gab?

Die Wettermeldung hatte zu Besorgnis Anlaß gegeben. Um 02.00 Uhr war der Wind in der Barentssee auf Stärke 9 bis 10 angeschwollen. Ich konnte mir gut vorstellen, was sich dort, auf dem Kurs des Geleitzuges, der sich wieder auf dem Rückweg befindet und von unseren Schiffen, dem Großzerstörer «Baku» und dem Zerstörer «Sokruschitelny» begleitet wird, abspielte. Unklar blieb mir allerdings, weshalb die «Sokruschitelny» früher als vorgesehen vom Geleitzug abgedreht hatte. Den Grund dafür erfuhren wir um 13.00 Uhr aus einem Funkspruch des Kommandanten der «Sokruschitelny», Kurilech, an den Großzerstörer «Baku», der an den Abteilungskommandeur Koltschin weitergeleitet wurde. «Habe vom Geleitzug abgedreht, Kurs 190, 5 Knoten Geschwindigkeit.»

Warum nur 5 Knoten? Ist etwas mit den Maschinen? Oder haben sich die Halterungen an Oberdeck gelockert? Ich will nicht annehmen, daß sich ein Unglück ereignet hat, doch mir geht die Geschichte mit der «Gromki» nicht aus dem Sinn. Im Mai hatte ein Brecher das Vorschiff abgerissen.

Anderthalb Stunden rieten wir herum, was mit der «Sokruschitelny» passiert sein könnte. Um 15.30 Uhr brachte man einen Funkspruch von Kurilech. «Havarie Überwasserschiff: Breite – 73 Grad 30 Minuten, Länge – 43 Grad. Habe Beschädigungen, kann keine Fahrt entwickeln.»

Jetzt stand fest, die Sache war ernst. Ich wartete darauf, was Koltschin meldete, der aber schwieg. Um 17.00 Uhr traf ein weiterer Funkspruch von Kurilech ein. «Breite – 73 Grad

30 Minuten, Länge – 43 Grad, habe Beschädigungen, keine Fahrt, benötige Hilfe.» Warum nur schwieg Koltschin? Er hatte doch nicht etwa die «Sokruschitelny» verloren und beabsichtigte, sich erst nach ihrem Auffinden zu melden?

Ohne weitere Informationen abzuwarten, befahl ich der «Baku», der «Sokruschitelny» unverzüglich zu Hilfe zu eilen. Die Zerstörer «Urizki» und «Kuibyschew» in Iokanga und der Zerstörer «Rasumny» in der Kolabucht erhielten Befehl, ebenfalls zu helfen und die «Sokruschitelny» in die Kolabucht zu geleiten. Die Rettungsschiffe «Schkwal» und «Pamjatj Ruslana» sowie der Schlepper Nr. 2 hatten zum Auslaufen bereit zu sein.

Die Zerstörer liefen wie befohlen aus. Eine Stunde darauf, ich hielt gerade mit den Verbandschefs Unterricht ab, traf ein Funkspruch von Kurilech ein. «Achterschiff bis zum Maschinenraum von Brecher abgerissen und gesunken. Halten uns auf Wasser. Wind Süd, Stärke 10.»

Also doch wie bei der «Gromki». Daß es damals das Vorschiff war und diesmal das Achterschiff, spielte keine Rolle. Die «Gromki» konnten wir retten, aber bei der «Sokruschitelny» haben wir, berücksichtigt man die Koordinaten, die Jahreszeit und die Bedingungen, wenig Hoffnung. Wenn wir wenigstens die Besatzung retten könnten! Einige Opfer muß es schon geben, im Achterschiff befanden sich ja Besatzungsmitglieder, als das Unglück geschah.

Eine schlimme Geschichte. Direkt absurd, denn die «Sokruschitelny» war erst zu Kriegsbeginn einer Reparatur unterzogen worden, bei der man den Schiffskörper verstärkt hatte.

21. November. Stabschef S. G. Kutscherow hat die ganze Nacht Bangigkeit verbreitet. Er lief umher, seufzte und ließ die schlimmsten Befürchtungen laut werden. Dabei macht sich jeder seine eigenen Gedanken. Wen kann es schon gleichgültig lassen, was sich da auf 73 Grad Breite zuträgt? Und doch wäre es besser, seine Empfindungen für sich zu behalten. Gleich, um welches besondere Vorkommnis es sich auch handeln mag, man muß sich zu beherrschen wissen und einen Ausweg aus der Lage finden. Dabei ist nicht nur der Vorfall an sich, sondern auch das Umfeld zu berücksichtigen.

Kurilech teilte mit, daß sich die «Sokruschitelny» nicht länger als sechs Stunden auf dem Wasser halten werde. Das war

Führung der Nordflotte im ersten Jahr des Großen Vaterländischen Krieges: G. Kutscherow, Chef des Stabes; A. G. Golowko; A. A. Nikolajew, Mitglied des egsrates (v.l.n.r.)

Schulter an Schulter verteidigten Seeleute und Infanteristen das sowjetische Polargebiet.
Die Führung der Karelischen Front, der Nordflotte und der 14. Armee im Herbst 1941: G. N. Kuprijanow, A. G. Golowko, W. A. Frolow, A. S. Sheltow (1. Reihe v.l.n.r.); A. I. Krjukow, M. I. Starostin, A. A. Nikolajew, R. I. Panin, A. G. Rumjanzew

Schiffe der Nordflotte – auf dem ausgedehnten nördlichen Seeschauplatz vom Weißen M über die Barents- und die Karasee bis hin zur Wilkizkistraße und der Tiksibucht erfüllte ihre Aufgaben

237

Der Marineflieger B. F. Safonow, zweifacher Held der Sowjetunion

Die ersten Abteilungen Marineinfanterie entstanden inne halb weniger Stunden aus Freiwilligen der Nordflotte. W sam unterstützten sie die 14. Armee im Küstenabschnitt

Nicht allzuoft kam es in den Kriegstagen zu solchen Begegnungen von Kampfgefährten U-Boot-Kräfte. I. I. Fissanowitsch berichtet W. G. Starikow, I. A. Kolyschkin und N. A. Lunin vom Einsatz mit M-172 (v.l.n.r.)

Reede in der Kolabucht

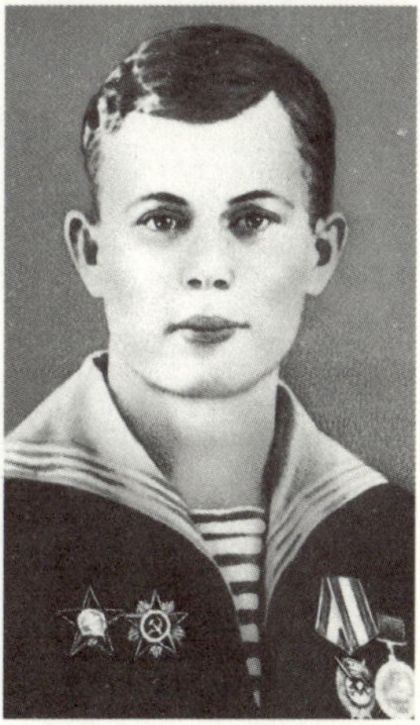

Helden der Sowjetunion M. I. Gadshijew, I. F. Kurtschenko, S. D. Sjusin und G. D. Kurbatow

In solchen von Felsenufern umschlossenen Buchten lagen die Torpedoboote, bereit, jederz auszulaufen

Salutschüsse verkünden einen Sieg über den Gegner

Die Helden der Sowjetunion A. I. Gurin und G. M. Palamartschuk

Der Chef der Nordflotte zeichnet Besatzungsmitglieder der „Gremjaschtschi“ mit Orden und Medaillen aus

…eadmiral Golowko zu …st auf der „Duke of …rck“. Zu seiner Rechten …miral Frazer, zur Linken …nteradmiral Fisher

S-101 unter Korvettenkapitän P. I. Jegorow. Auf sein Konto kommt der Sieg über U-6

Extreme Bedingungen zu Wasser und zu Lande gehörten zum Alltag der Verteidiger des Polargebiets

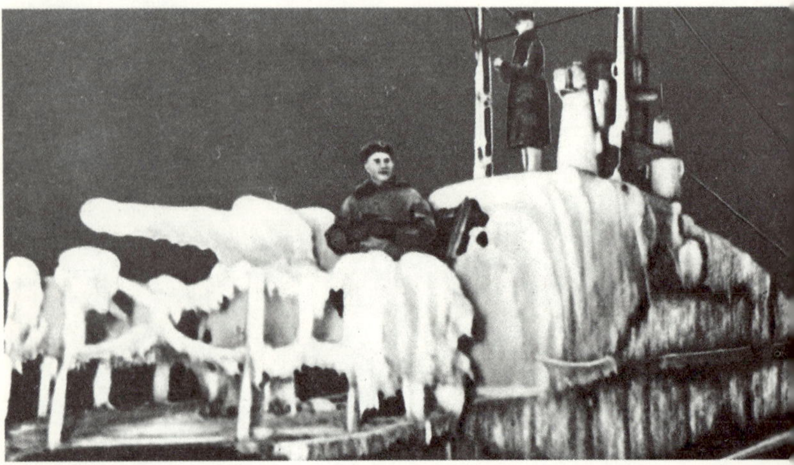

ıgriffe mit Torpedoflugzeugen und Wasserbomben machten dem Gegner zu schaffen

Der Chef der Nordflotte m
seinen Kampfgefährten
F. A. Widjajew (oben) un
N. A. Lunin (unten rechts

ie zweifachen Helden der jetunion W. N. Leonow nd A. O. Schabalin, die Helden der Sowjetunion P. Bartschenko-Jemelja-now, S. M. Agafonow, G. Korschunowitsch und I. A. Kolyschkin

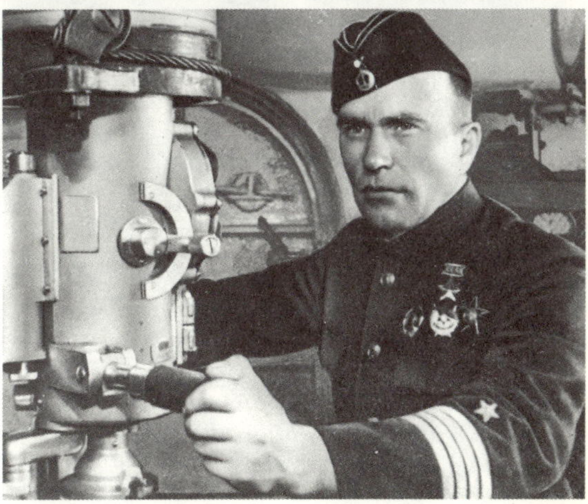

ihrend der Kämpfe um den Musta-Tunturi-Gebirgs-
ken, um Liinhamari …

…und um Kirkenes, Oktober 1944

um 03.00 Uhr. Inzwischen aber war bereits Mittag vorüber, und das Schiff hielt sich noch immer. Weitere Funksprüche von Kurilech wirkten sehr beruhigend, das hatte ich von ihm gar nicht erwartet. Merkwürdig. War das Fatalismus? Dabei sind doch Mut und Fatalismus weit voneinander entfernt.

Allmählich zeichnete sich anhand der Meldungen folgendes Bild ab: Die «Baku» und die «Sokruschitelny» waren gestern, nachdem sie den Geleitzug eskortiert hatten, auf Gegenkurs gegangen. Wegen des Schneetreibens hatten sie keinen Sichtkontakt, doch ihre Absicht war, sich unterwegs zu vereinigen. Die «Sokruschitelny» fuhr auf einem Kurs von 210 Grad und hatte schwer gegen die Dünung von Backbord anzukämpfen. Deshalb wechselte der Kommandant den Kurs nach Luv – auf 190, 180 und 160 Grad – und verringerte die Fahrt bis auf 6 Knoten. Doch auch das half nicht. Um 14.30 Uhr zeigte sich auf dem Achterschiff ein Riß. Drei Minuten später brach es ab und versank nach weiteren zehn Minuten zusammen mit sechs Mann, denen es nicht gelungen war, rechtzeitig herauszukommen. Während das Achterschiff unterging, detonierten die in den Ablaufgerüsten lagernden Wasserbomben. In den zweiten Maschinenraum drang Wasser ein. Um 14.40 Uhr informierte Kurilech, als der ausgefallene Sender wieder instand gesetzt worden war, Koltschin und teilte die Koordinaten der «Sokruschitelny» mit. Dieser Funkspruch, wiederholt durchgegeben, war die erste Nachricht, die uns über das Vorgefallene erreichte.

Koltschin fand die «Sokruschitelny» nicht. Er war wohl in ihrer Nähe, hatte sie aber auch um 21.00 Uhr noch nicht entdeckt. Da er nur noch Kraftstoff für den Rückweg hatte, brach er die Suche ab und hielt auf die Kolabucht zu.

Die «Sokruschitelny» wurde schnell, bis zu 4, ja 4,5 Knoten in der Stunde, vom Wind abgetrieben. Es bestand wenig Hoffnung, daß die Zerstörer sie bald fänden. Deshalb bereiteten wir noch zwei U-Boote und die «Gromki» zum Auslaufen vor, damit sie sich an der Suche beteiligten.

Den Meldungen nach zu urteilen, war die «Rasumny» der «Sokruschitelny» am nächsten. Trotz der hohen See lief sie mit 20, 22 Knoten Geschwindigkeit und suchte das verunglückte Schiff über Funkpeilung. Und sie fand es. Um 17.55 Uhr. Ein Prachtkerl, der Sokolow!

Die Koordinaten der «Sokruschitelny»: 75 Grad 1 Minute Breite, 41 Grad 25 Minuten Länge. Eine Position 420 Meilen nördlich von Iokanga.

Die Bedingungen auf See waren nicht besser als gestern. Alle Versuche der «Rasumny», bis dicht an das verunglückte Schiff heranzukommen und es in Schlepp zu nehmen, scheiterten. Zweimal wurde die Schleppleine übergeben, und beide Male brach sie. Inzwischen verschlechterte sich das Wetter weiter. Sokolow meldete dies und bat um die Erlaubnis, die Besatzung der «Sokruschitelny» zu übernehmen und das Abschleppen aufzugeben. Sokolows Entschluß zur Rettung der Besatzung war richtig, doch schien es verfrüht, auf das Abschleppen zu verzichten. Waren die Menschen erst herübergeholt, würde sich alles weitere finden.

Aus der folgenden Mitteilung war ersichtlich, daß Sokolow weder das eine noch das andere gelang. Bis unmittelbar an die «Sokruschitelny» heranzukommen war unmöglich. Die Schiffe wurden so herumgeschleudert, daß sie sich gegenseitig zertrümmert hätten. Viele Male näherte sich die «Rasumny» der «Sokruschitelny» so weit, daß ein Sprung auf das Deck der «Rasumny» möglich schien. Das gelang jedoch nur einem Besatzungsmitglied. Weitere Versuche wagte Sokolow nicht.

Wenig später trafen die «Kuibyschew» und die «Urizki» am Ort des Geschehens ein. Dieser Schiffstyp lag bei hoher See stabiler auf dem Wasser, ich wußte das noch aus meiner Zeit als Erster Offizier auf der «Urizki», die damals auf der Ostsee fuhr.

Da der Stab der Flotte vor U-Booten in diesem Raum gewarnt hatte, übernahm Sokolow die U-Boot-Abwehr, während die «Kuibyschew» und die «Urizki» bemüht waren, die Männer von der «Sokruschitelny» zu holen. Die «Rasumny» hatte nur noch wenig Kraftstoff, es war damit zu rechnen, daß sie jeden Augenblick um die Erlaubnis zur Rückfahrt ersuchte, wollte sie nicht das Schicksal der «Gromki» teilen, die seinerzeit gerettet werden mußte, eben weil ihr auf See der Kraftstoff ausgegangen war.

Simonows Vorhaben, die «Kuibyschew» längsseits an die «Sokruschitelny» anzulegen, mißlang natürlich. Man mußte das Übersetzen mit einer Rettungstrosse, an der ein Bootsmannsstuhl befestigt wurde, versuchen. Gleichzeitig ließ das verunglückte Schiff Öl ab, dadurch wurden die Wellen an der Bordwand etwas geglättet. Trotz allem brach die Stahltrosse. Daraufhin wurde eine Hanfleine hinübergespannt und daran der Bootsmannsstuhl befestigt. Es schien unmöglich, daß das Unternehmen bei solcher See im dichten Schneetreiben erfolgreich enden könnte, und dennoch kam man so zum Ziel. Simonow stand auf dem Achterschiff, von wo die Leine zur «Sokruschitelny» hinüberführte, während Kommandant Gontschar mit den Maschinen so manövrierte, daß die Hanfleine möglichst nicht brach. Beide, Simonow und Gontschar, legten hohes seemännisches Können, Fingerspitzengefühl und Willenskraft an den Tag. Siebenundneunzig Mann waren bereits an Bord der «Kuibyschew», als die Leine doch brach.

Die Wetterlage verschlechterte sich weiter. Man mußte etwas anderes ausprobieren. Im Abstand von 2 Metern wurden Rettungsringe an Hanfleinen befestigt. Die 300 Meter langen Leinen warf man von der «Kuibyschew» auf der einen Seite und von der «Urizki» auf der anderen Seite zur «Sokruschitelny» hinüber. Kaum vorstellbar, wie das bei dem Schneetreiben, in dem die Schiffe von Zeit zu Zeit verschwanden, und bei dem Seegang von Stärke 7 bis 8 in der Finsternis aussah. Aber wir haben inzwischen die Gewißheit, daß auf diese Weise weitere neunundsiebzig Seeleute auf die «Kuibyschew» und elf auf die «Urizki» geholt werden konnten.

Meine Gedanken kreisen immer wieder um die «Sokruschitelny» obwohl ich mit einem Dutzend anderer Dinge beschäftigt bin. Eine unerträgliche Spannung, die ich niemandem wünsche. Würde es gelingen, das Schiff zu retten? Selbst wenn es längere Zeit nicht einsetzbar wäre, aber wiederherstellen müßte man es doch können. Morgen läuft die «Gromki» zu ihm aus, ich fiebere der Mitteilung entgegen, daß die «Sokruschitelny» von den Zerstörern in Schlepp genommen wurde. Dann schicke ich ihnen sofort einsatzbereite Schlepper zur Unterstützung entgegen.

22. November. Soeben ist der Großzerstörer «Baku» zurückgekehrt. Ich habe ihn inspiziert und weiß jetzt, was sich dort auf See abspielt. Die Beschädigungen an der «Baku» sprechen Bände. Sie hat Risse auf dem Backdeck, der zweite Kesselraum, der Kältemaschinenraum und der Bugproviantraum stehen unter Wasser, mehrere Deckstützen sind verbogen, und das Deck selbst ist an verschiedenen Stellen gewellt. Von Brechern sind sechs Wasserbomben über Bord gerissen worden, die hinter dem Heck detonierten. Alles in allem steht eine Reparatur an, die einen Monat dauern wird.

Allmählich wird Kurilechs Verhalten klar. Er hat es die ganze Zeit über für unzweckmäßig gehalten, die «Sokruschitelny» in Schlepp nehmen zu lassen. Und Sokolow hat eigentlich nur die Signale an uns weitergegeben, die von Kurilech eintrafen. Kurilech selbst hat unter Verletzung der Dienstvorschrift und eines alten Seemannsbrauchs das Schiff mit einer der ersten Gruppen verlassen, die auf die «Kuibyschew» hinübergeholt wurden.

Eine Nachricht, die wir nicht erwartet haben: Um 15.15 Uhr verließ die «Rasumny» die «Sokruschitelny». Fünfzehn Minuten später folgten ihr die «Kuibyschew» und die «Urizki». Selbst mit Rettungsringen gelang es nicht mehr, Männer von der «Sokruschitelny» an Bord zu nehmen. Auf Wetterbesserung konnten die Helfer nicht warten, ihr Kraftstoff reichte gerade noch für die Rückfahrt. Bevor sie sich entfernten, übermittelte Simonow mit Winkzeichen zur «Sokruschitelny», daß alle noch an Bord Verbliebenen von einem U-Boot abgeholt würden, sobald sich das Wetter gebessert hätte.

Simonows Entschluß war richtig. Die Brecher gingen jetzt schon über die Schiffe hinweg, damit geriet nicht nur das Leben der zu Rettenden in Gefahr. Acht Opfer waren bereits zu beklagen. Sie fanden den Tod, als sie von den Brechern gegen die Bordwand geschleudert wurden oder in die Schiffsschrauben gerieten. Zehn Mann wurden in bewußtlosem Zustand an Bord der «Kuibyschew» und der «Urizki» gehievt. Leider gelang es nicht, ihr Leben zu retten.

Insgesamt wurden von der «Kuibyschew» 179 Mann, von der «Urizki» elf und von der «Rasumny» ein Mann übernommen.

An Bord der «Sokruschitelny» sind fünfzehn Mann verblieben, unter ihnen der Sperroffizier und der Politstellvertreter, die Oberleutnante Lekarew und Wladimirow. Wo sind die übrigen Verantwortlichen? Von Kurilech wissen wir, daß er es eilig hatte, seine eigene Haut zu retten. Doch wo sind sein Gehilfe, der I WO, der Navigations- und der Artillerieoffizier sowie die anderen? Sie sind doch nicht etwa Kurilechs Beispiel gefolgt?

Wladimirow, der auf meinen Befehl hin befragt wurde, teilte mit, die Führung hätte das Schiff verlassen. Zugleich meldete er, er habe die Maschinen in Gang gesetzt. Seiner Meinung nach halte sich der Zerstörer gut auf dem Wasser.

Das Leben korrigiert immer wieder unsere Vorstellungen von den Menschen. Wladimirow, Lekarew und die anderen dreizehn an Bord der «Sokruschitelny» sind wirkliche Helden. Das Herz krampft sich mir zusammen, wenn ich daran denke, daß gerade sie umkommen könnten.

Kurilech wird man vor Gericht stellen müssen. Er ist zweifellos ein Feigling, ein Mensch ohne Schamgefühl und Gewissen. Von der Ehre eines Kommandeurs oder eigentlich von der Pflicht, die ein Mensch zu erfüllen hat, keine Spur bei ihm. Schade, daß ich das nicht früher gemerkt habe.

Sobald die Zerstörer die «Sokruschitelny» verlassen hatten, befahl ich, die «Gromki» loszuschicken. Sie lief um 17.00 Uhr aus. Die bisherigen Meldungen von ihr waren wenig erfreulich. Um 18.10 Uhr ging das Schiff mit Verlassen der Kolabucht auf einen Kurs von 60 Grad und fuhr 20 Knoten bei schwachem Wind und ruhiger See. Je weiter das Schiff jedoch nach Norden kam, desto stärker wurden Wind und Seegang. Gegen 21.00 Uhr erreichten sie Stärke 6. Die «Gromki» setzte ihre Geschwindigkeit auf 15 Knoten herab. Nach weiteren 45 Minuten bei Windstärke 7 reduzierte das Schiff die Geschwindigkeit um weitere 5 Knoten und ging mit dem Bug in den Wind, um das Krängen des Schiffes abzuschwächen.

Ich bedauerte, daß ich gestern keine Räumfahrzeuge zur «Sokruschitelny» geschickt hatte. Rumjanzew hatte diesen Vorschlag unterbreitet, doch ich verwarf ihn – ein Fehler, wie ich heute weiß. Ich war sicher gewesen, daß die Zerstörer die «Sokruschitelny» in Schlepp nehmen könnten, sobald sie sie nur entdeckt hätten. Nun hatten wir einen ganzen Tag verloren.

Ich ließ P. W. Panfilow, den Kommandeur einer Abteilung Räumfahrzeuge, kommen und stellte ihm die Aufgabe, mit den Räumschiffen 36 und 39 zur «Sokruschitelny» auszulaufen, die restlichen Besatzungsmitglieder aufzunehmen und das Schiff im Schlepp in die Kolabucht zu bringen, sofern dies die Wetterlage erlaubte. Sollte das nicht der Fall sein und weder das eine noch das andere möglich sein, dann hatte er mit diesen Fahrzeugen bis zur Wetterbesserung an Ort und Stelle den Schutz der «Sokruschitelny» zu übernehmen. Sollte es auch bei guter Wetterlage unmöglich sein, den Zerstörer abzuschleppen, so hätte er die Restbesatzung von ihm zu übernehmen, das Schiff zu sprengen und zu versenken.

Um 23.00 Uhr erreichten die beiden Räumfahrzeuge den Zerstörer. Der Tag endete um 24.00 Uhr mit der Antwort der «Gromki» auf meine Anfrage, wie sie sich hielte. Auf dem Achterschiff starke Vibration, Windstärke 7 bis 8 – zunehmend, Fahrtüchtigkeit noch gegeben. Das war nicht sehr vielversprechend.

23. November. Die «Gromki» hatte es sehr schwer. Gegen 02.00 Uhr erreichte der Wind Stärke 8. Das Schiff verringerte die Fahrt bis auf 6 Knoten, viel half es nicht. Schon drang Wasser in den Maschinen- und in den Kesselraum ein, dann wurde ein Defekt am Ruder entdeckt. Um 02.25 Uhr ging das Schiff auf Gegenkurs, das eingedrungene Wasser konnte gelenzt werden. In drei Stunden war es geschafft. Die «Gromki» ging wieder auf den ursprünglichen Kurs. Doch der Wind schwoll gegen 06.00 Uhr bis auf Stärke 9 an. Der Zerstörer grub sich tief in die See hinein und wurde von Wellenbergen überspült. Das Vibrieren auf dem Achterschiff konnte schlimme Folgen für den Rumpf und die Schotten im Heckteil haben. Noch lag das Schiff aber auf dem bisherigen Kurs.

Was hatte sich inzwischen auf der «Sokruschitelny» getan? Wir erhielten keine Meldungen mehr von ihr. Unter diesen Umständen war die Suche sehr schwierig geworden, zumal das Wetter den Einsatz von Flugzeugen nicht gestattete. Der Wind wechselte bei Stärken von 8 bis 9 andauernd die Richtung. Die Prognose für die nächsten zwei, drei Tage ließ keinen Optimismus aufkommen. Sollte sich das Wetter morgen etwas bessern, wollte ich Flugzeuge losschicken. Vielleicht gelang es ihnen, die «Sokruschitelny» zu entdecken, dann könnten sie die Schiffe heranführen.

Noch gestern hatte man sich im Stab der Weißmeerflottille Sorgen gemacht, wie denn die aus der Karasee kommenden Eisbrecher und Transportschiffe geschützt werden sollten, wenn so viele Schiffe nach der «Sokruschitelny» suchten.

Um 14.35 Uhr traf eine Meldung von der «Gromki» ein. Es sei riskant, die Fahrt fortzusetzen, man bat, zum Stützpunkt zurückkehren zu dürfen. Ich gestattete es, denn es war tatsächlich sinnlos, dieses Schiff noch länger aufs Spiel zu setzen.

Die «Rasumny» ist zurückgekehrt. Ihr Zustand leidlich: geringfügige Beschädigungen am Vorsteven, die Bordwände verbogen, doch das spielte jetzt keine Rolle. Sokolow erhielt den Befehl, sein Schiff auf eine weitere Fahrt zur «Sokruschitelny» vorzubereiten, genügend Kraftstoff zu übernehmen und vor allem Hanfleinen nicht zu vergessen. Sokolow hatte alles unverzüglich erledigt. Jetzt war die «Rasumny» zum Auslaufen bereit.

Schlimmer konnte es nicht kommen. Daß Kurilech ein Feigling war, hatten wir inzwischen erkennen müssen. Aber sein Gehilfe Kalmykow war keinen Deut besser. Er folgte ihm als nächster von Bord der «Sokruschitelny». Tatsächlich, zwei Stiefel sind ein Paar. Beides Feiglinge, während sich die Mannschaft ausgezeichnet schlug. Leider trat auch der Artillerieoffizier Issajenko in Kurilechs Fußtapfen. Die Ehre, das Gewissen, die Pflicht – alles wurde von der Furcht um das eigene Leben verdrängt. Nun, das Kriegsgericht wird jeden behandeln, wie er es verdient hat.

Aus Iokanga wurde mitgeteilt, die «Urizki» sei um 21.50 Uhr dorthin zurückgekehrt.

Die Räumfahrzeuge setzten die Fahrt zur «Sokruschitelny» fort. Würden sie sie finden? Von Wladimirow gab es noch immer keine Meldungen.

24. November. Die «Gromki» ist um 03.00 Uhr in der Kolabucht eingetroffen, sechs Stunden später kam die «Kuibyschew». Ich war an Bord beider Schiffe. Hundertfünfundsiebzig Mann von der «Sokruschitelny» sind ins Lazarett eingeliefert worden. Vier sind unterwegs gestorben. Die Besatzung hat eine ausgezeichnete Haltung an den Tag gelegt.

Eine Überprüfung des Gegenkurses der «Rasumny» ergab, daß die Position der «Sokruschitelny» vorgestern um 15.30 Uhr – also zum Zeitpunkt, als die Schiffe sie verließen – 75 Grad Breite und 39 Grad 32 Minuten Länge betrug. Das Nachkoppeln des Kurses der «Kuibyschew» ergab schon andere Koordinaten: 74 Grad 30 Minuten Breite, 39 Grad 2 Minuten Länge. Daher ließ ich Panfilow, der die Räumfahrzeuge 36 und 39 zum Havariegebiet führt, über Funk verständigen, die Suche bei den von der «Kuibyschew» ermittelten Koordinaten zu beginnen und den von der «Rasumny» ermittelten Kurs zu halten, wobei der Einfluß von Wind und Strömung zu berücksichtigen sei.

25. November. Beide Räumfahrzeuge trafen um 09.10 Uhr im Havariegebiet ein und nahmen in Dwarslinie die Suche auf, wobei sie die Überläufe ostwärts verlagerten. Die Schiffe hielten sich in Sichtweite voneinander, anfangs 10 bis 12 Kabellängen. Es herrschten Schneetreiben und Südwestwind Stärke 5, See 4. Kein Vergleich zu dem, was sich hier vorher tagelang abgespielt hatte. Die «Sokruschitelny» war bisher nicht entdeckt worden.

Während ich die Aufzeichnungen aus der Zeit vom 25. November bis zum 14. Dezember noch einmal durchschaute, stieß ich immer wieder auf die Worte: «Die ‹Sokruschitelny› ist noch nicht gefunden worden.» Es blieb auch kaum noch Hoffnung. Alles hing vom reinen Zufall ab, zog man die Jahreszeit ins Kalkül. Am Tage war es nur zwei Stunden hell, Schneetreiben verringerte die Sicht und nahm sie zuweilen völlig, häufige Stürme erschwerten die Suche außerordentlich. Aber wir suchten drei Wochen lang: mit Räumfahrzeugen, mit U-Booten, Tag für Tag waren Kräfte eingesetzt, die so nötig zur Lösung anderer Aufgaben gebraucht wurden.

Die Untersuchungen im Fall Kurilech brachten ihn, Rudakow, Kalmykow und Issajenko vors Kriegsgericht. Einige andere wurden in eine Strafkompanie versetzt. Sollten sie lernen, Gefahren ins Auge zu sehen, und sich bemühen, ihre Schuld vor denen, die auf Kampfposten den Tod gefunden hatten, vor der Flotte und der Heimat wiedergutzumachen.

Ihretwegen fiel auf die ganze Nordflotte ein Schatten. Und dabei erfüllten die Besatzungen ihrer Schiffe in Ehren ihre Soldatenpflicht. Anderthalb Jahre lang fuhren die Zerstörer Tag für Tag Geleitschutz, die Männer fanden drei, ja vier Tage hintereinander keine Minute Schlaf. Sie kämpften nicht nur gegen U-Boote und Flugzeuge des Gegners, sondern auch mit den grausamen Stürmen in der Barentssee. Und dann mußten sie sich einen Befehl über Kurilech und seine Kumpane anhören.

Unter den harten Bedingungen unseres Einsatzgebietes waren kühne, erfahrene und tapfere Kommandeure herangewachsen, Männer wie Gurin, Gontschar, Simonow, Beljajew, Koltschin. Und plötzlich tauchte da ein Kurilech auf! Eine widerwärtige Ausnahme. Nein, sie konnte die heldenhafte Geschichte der «Sokruschitelny» und ihrer Besatzung nicht in den Schatten stellen. Wladimirow und Lekarew, das waren Namen, die in die Annalen der Nordflotte eingehen würden.[5] Oberleutnant Lekarew hatte schon im September, als die «Sokruschitelny» einen Geleitzug begleitete, wahren Opfermut an den Tag gelegt. Die Schiffe gerieten damals in einen schweren Sturm. Brecher hatten die Transportwagen mit den Wasserbomben aus ihren Befestigungen gerissen. Man konnte nur unter Lebensgefahr zur Unglücksstelle gelangen. Der Sperroffizier Lekarew aber schaffte es. Die Wogen rissen ihn zwar mehrere Male um, doch es gelang ihm, die Wasserbomben zu entschärfen und die Transportwagen zu befestigen. So war eine mögliche Detonation ausgeschlossen. Ich bin überzeugt, daß der Kommunist Lekarew seine Pflicht bis zuletzt erfüllt hat, wie alle anderen, die an Bord des Zerstörers zurückgeblieben waren.

Schweren Herzens unterschrieb ich den Flottenbefehl: «Die Suche nach dem Zerstörer ‹Sokruschitelny› ist einzustellen, das Schiff als untergegangen anzusehen.»

5 Nach dem Großen Vaterländischen Krieg wurden zwei Schiffe der Nordflotte nach I. A. Wladimirow und G. J. Lekarew benannt.

Ohne das Leben zu schonen

Dezember 1942 bis September 1943

Kurilech blieb in der Nordflotte ein Einzelfall. Es kam nie wieder vor, daß sich ein Schiffskommandant plötzlich unfähig zeigte, außer seinen umfangreichen Vollmachten – auf einem Kriegsschiff in Kriegszeiten waren sie praktisch unbegrenzt – auch noch die Pflicht auf sich zu nehmen, Vorbild zu sein.

Kurilechs Verhalten war mehr als persönliche Feigheit; es war das Verbrechen eines Kommandeurs, der seine heilige Pflicht, nicht an sich selbst, sondern vor allem an das Schiff und die Besatzung zu denken, gröblichst mißachtet hatte.

Bis dahin war mir kein einziger Fall von Verwirrung oder Feigheit eines Schiffskommandanten bekanntgeworden. Im Gegenteil, es gab ein diametral entgegengesetztes Beispiel von Korvettenkapitän Fjodor Alexejewitsch Widjajew, dessen U-Boot Schtsch-421 unmittelbar vor der gegnerischen Küste auf eine Mine lief.

Das Boot befand sich in einer nicht weniger katastrophalen Lage als der auseinandergebrochene Zerstörer. Doch Widjajew dachte nicht einen Augenblick daran, das Boot zu verlassen, solange noch andere an Bord waren. Er brachte es nicht einmal fertig, das dem Untergang geweihte Boot wenigstens als vorletzter zu verlassen und sein Recht an den Abteilungschef Kolyschkin abzutreten, der ihn auf seiner ersten Fahrt als Kommandant von Schtsch-421 begleitete.

Ich entnahm die ganze Geschichte den Berichten von Widjajew selbst, von Kolyschkin und Kotelnikow, dem Kommandanten von K-22. Letzterer hatte es geschafft, den Kameraden zu Hilfe zu eilen.

Schtsch-421 hatte einen Geleitzug des Gegners angegriffen und einen Transporter versenkt. Widjajew entzog sich geschickt der Verfolgung und nahm Kurs auf die offene See. Dort wurden die Batterien aufgeladen. An einem der nächsten

Abende wurde das Heck plötzlich von einer Detonation hochgerissen, und Wasser drang herein.

In diesem kritischen Augenblick taten die verantwortlichen Offiziere das einzig Richtige: Sie ließen das Boot augenblicklich auftauchen. Zum Glück herrschte Schneetreiben, so daß man relativ sicher vor Verfolgern und vor dem Feuer der gegnerischen Küstenbatterien sein konnte.

Dennoch war die Lage ziemlich deprimierend. An vielen Stellen im Heckteil gab es ernste Schäden, und die Schrauben waren von den Wellen gerissen. Obwohl es die in der Heckabteilung Verbliebenen schafften, den Wassereinbruch zu stoppen, blieb das Boot fahruntüchtig. Mit großem Einsatz gelang es den Funkgasten, ihre Station wieder instand zu setzen, so daß uns folgender Funkspruch erreichte: «Wir sind auf eine Mine gelaufen, können die Fahrt nicht aus eigener Kraft fortsetzen.»

Wir wußten, in welchem Seegebiet sich das Boot befand. Deshalb befahl ich sofort, zwei Zerstörer zum Auslaufen vorzubereiten, und beorderte andere Boote von ihrer Position zur Schtsch-421, vor allem K-22 unter Fregattenkapitän Kotelnikow, das am nächsten war. An Widjajew und Kolyschkin ließ ich durchgeben: «Kotelnikow ist zu Ihnen unterwegs.»

Inzwischen war bereits viel Zeit, nämlich ein ganzer Tag, verstrichen. Das Boot trieb zwar langsam, aber unaufhaltsam auf die Küste zu, und dort saß der Gegner! Wie konnte man nur wieder Fahrt bekommen? Kolyschkin verfiel auf eine verblüffende Idee. Die Planen der Dieselmotoren müßten doch ein großartiges Segel abgeben. Sie wurden zusammengenäht und am Sehrohr befestigt. Es klappte. Günstiger Wind trieb das Boot von der Küste weg. Alle freuten sich, daß man so aus der Sichtweite des Gegners kam. Doch leider drehte der Wind nach drei Stunden, und Schtsch-421 wurde erneut auf die norwegische Küste zugetrieben.

Kolyschkin und Widjajew beurteilten die Lage nüchtern. Im äußersten Notfall würde das Boot gesprengt.

Die Faschisten dürften sich seiner nicht bemächtigen. Der Entschluß wurde der Besatzung mitgeteilt. Alle billigten ihn und gingen an die entsprechenden Vorbereitungen. Alle Waffen, einschließlich der Handfeuerwaffen, wurden gefechtsbereit gemacht. Die Besatzung von Schtsch-421 würde ihr Schiff und ihr Leben bis zum Äußersten verteidigen. Auf einer öffentlichen Parteiversammlung nahmen die Genossen mehrere Seeleute in die Partei auf. Von diesem Augenblick an bestand die gesamte Besatzung des U-Bootes aus Kommunisten.

Wieder kam die norwegische Küste in Sicht. Einzig das Schneetreiben, das immer mit neuer Kraft einsetzte, verhinderte, daß die faschistischen Beobachter das beschädigte Boot ausmachten. Alle Mann an Bord blieben auf Gefechtsstation, bereit zum Handeln, sobald der Befehl der Kommandanten dazu erteilt würde. Sie zweifelten nicht daran, daß Kotelnikow sie fände. Doch würde er der Abdrift zuvorkommen? Der Wind frischte auf, die See ging höher, die Küste kam näher.

Kotelnikow fand Schtsch-421 nach rund vierundzwanzig Stunden. Vier Versuche, das Boot in Schlepp zu nehmen, scheiterten. Die See ging schon so hoch, daß die Schleppleinen jedesmal brachen und selbst die Poller herausgerissen wurden.

Nach dem vierten Versuch – gerade war über den Booten ein faschistisches Aufklärungsflugzeug aufgetaucht – schlug Kotelnikow der Besatzung von Schtsch-421 vor, an Bord von K-22 zu gehen. Widjajew und der Leitende Ingenieur waren mit diesem Vorschlag nicht einverstanden, sie hofften noch immer, das Boot retten zu können. Da meldete mir Kotelnikow die Lage, und ich beauftragte ihn, Kolyschkin und Widjajew meinen Befehl zu übermitteln. «Die Besatzung von Schtsch-421 geht an Bord von K-22, das beschädigte Boot ist mit einem Torpedo zu versenken.»

Widjajew kamen die Tränen, als er über die letzten Minuten seines Schiffes berichtete. Seine Erregung übertrug sich auf alle, die bei dem Bericht der zurückgekehrten U-Boot-Fahrer zugegen waren, und in diesem Augenblick war ich mehr denn je davon überzeugt, daß ein wahrer Kommandeur und ein echter Seemann vor mir stand. Widjajew war irgendwo bei Kursk geboren, doch schon als Halbwüchsiger hatte er sein Leben mit dem Meer, mit dem Polargebiet verbunden. Er war zweifellos Seemann aus Berufung.

Er verließ Schtsch-421 als letzter. Als vorletzter ging Kolyschkin von Bord. Kaum waren beide auf K-22, brachte Kotelnikow seine «Katjuscha» auf die vorgeschriebene Distanz und feuerte einen Torpedo auf das beschädigte Boot ab. Er registrierte den Untergang von Schtsch-421 und nahm Kurs auf den Stützpunkt, wobei er einige Zeit von gegnerischen Flugzeugen, die von einem Aufklärer herangeleitet worden waren, verfolgt wurde. Doch er entwischte ihnen und kehrte wohlbehalten nach Poljarny zurück.

Soviel zu dieser Geschichte. Die Angehörigen der Nordflotte konnten stolz auf diese Männer sein, auch wenn ein U-Boot verlorenging.

Kein Verlust glich dem anderen. Im Krieg ging es nicht ohne Verluste ab, und alles hing vom Verhalten der Menschen ab, besonders vom Verhalten des Kommandeurs.

Ein Datum nach dem anderen tauchte bei der Durchsicht meines Tagebuches auf. Ich war bei den Aufzeichnungen angelangt, die ich von Ende Dezember 1942, als wir die Suche nach der «Sokruschitelny» einstellten, bis zu den Herbstereignissen 1943 in unserem Seegebiet gemacht hatte. Ein großer Zeitraum, in dem sich so manches ereignete. Es lohnte sich, darüber Zwiesprache mit dem Tagebuch zu halten. Nehmen wir nur Kursenkow. Am 28. Februar 1943, also während der Polarnacht, wurde Kursenkows Flugzeug über einem gegnerischen Flugplatz getroffen und ging in Flammen auf. Der von einem Granatsplitter verwundete Flieger brachte es fertig, das Flugzeug bis zu unserem Territorium zu führen. Kurz vor seinem Flugplatz sprang er ab, öffnete aber den Fallschirm noch nicht, um nicht in die Flugbahn des abstürzenden, lichterloh brennenden Flugzeugs zu geraten. Nach etwa 2000 Metern im freien Fall zog er an der Reißleine und verspürte einen starken Ruck, bei dem er die Pelzstiefel und einen Fellhandschuh verlor. Doch die Fallgeschwindigkeit nahm nicht ab. Offensichtlich war auch der Fallschirm von Splittern getroffen worden, er öffnete sich nicht. Kursenkow stürzte zu seinem Glück in einen tiefen, schneegefüllten Erdspalt. Der Aufprall verursachte dennoch mehrere äußere und innere Verletzungen. Am schlimmsten war wohl ein Nierenriß. Doch er besaß noch soviel Willenskraft, die Pistole herauszuziehen und zweimal in die Luft zu schießen. Man fand ihn, brachte ihn ins Lazarett und erstattete mir Meldung. Ich wandte mich unverzüglich an den Chefarzt der Nordflotte. D. A. Arapow, in Poljarny. Ein Torpedoboot brachte ihn zu Kursenkow. Vierzehn Stunden lang kämpfte Arapow um sein Leben und vollbrachte schier

Unmögliches. Im Juli verließ Kursenkow das Lazarett. Vom Fliegen mußte er Abschied nehmen, das ließen die Folgen der inneren Verletzungen nicht mehr zu. Doch auf einem anderen Posten stand er weiterhin seinen Mann, und was er bisher vollbracht hatte, rechtfertigte die Auszeichnung als Held der Sowjetunion, die ihm am 25. Juli 1943 zuteil wurde.

Wenden wir uns wieder den Schiffen zu. Immer wieder überlas ich die kurzen Aufzeichnungen über die Aktionen der U-Boote im Jahre 1943. Die Eintragungen, bereichert durch Details, die keine Aufnahme in das Tagebuch gefunden hatten, erinnerten mich an die Selbstverleugnung, ja mehr noch, an den Heldenmut der U-Boot-Fahrer des Nordmeeres. Die «Prawda» würdigte sie in einem Beitrag, in dem es unter anderem hieß: «In der Plejade der Ruhmreichen gebührt unseren kühnen U-Boot-Fahrern im Nordmeer zu Recht eine Ehrenstellung. Weder schwierige äußere Bedingungen noch der Gegner mit seinen Netz- und Minensperren und dem Feuer seiner Artillerie können die U-Boot-Besatzungen davon abhalten, ihren Kampfauftrag zu erfüllen.»

Ohne das Leben zu schonen – nur so und nicht anders war der persönliche Einsatz der U-Boot-Fahrer der Nordflotte einzuschätzen. Das bestätigten viele Eintragungen.

Hier eine Politmeldung über die Handlungen des Kommandanten von M-172: «Besonders möchte ich den Mut und die Kühnheit des Helden der Sowjetunion Kapitänleutnant Fissanowitsch hervorheben. Er durchbrach die starke, aus zwei Küstenschutzschiffen und drei Minenräumbooten bestehende Sicherung eines Geleitzuges und griff erfolgreich einen Transporter von 6000 Tonnen Wasserverdrängung an. Danach tauchte er und suchte den Verfolgern zu entrinnen. Sechs Minuten nach dem Angriff wurde M-172 mit 32 Wasserbomben attackiert. Die Detonationen ließen die Beleuchtung ausfallen, das Tiefen- und das Seitenruder wurden blockiert, und die Kompasse versagten. Die Lage war bedrohlich. Der Kommandant behielt einen klaren Kopf, er befahl, die Blockierung des Ruders von Hand zu beseitigen und anhand der Echolotanzeige unter den Schutz der eigenen Küstenbatterien zu gelangen. Mit einer Notlampe ging er durch alle Abteilungen und rief die Besatzung auf, so lange um das Boot zu kämpfen, wie die Angriffe des Gegners anhielten. Die Männer sahen, wie ruhig ihr Kommandant war, und blieben auf ihren Gefechtsstationen. Der Gegner griff in zehn Stunden elfmal an und warf 324 Wasserbomben. Gut 200 detonierten in unmittelbarer Nähe des U-Bootes und fügten ihm ernste Schäden zu. Nachdem das Feuer der Küstenbatterien den Gegner etwas zurückgetrieben hatte, tauchte das Boot auf. Kaum sahen es die gegnerischen Schiffe an der Oberfläche, nahmen sie es unter Artilleriefeuer. Eine unserer Küstenbatterien blieb ihnen nichts schuldig. Daraufhin legten sie eine Nebelwand und zogen sich zurück. Als nächstes wurde M-172 von einem Flugzeug angegriffen. Aus 100 Meter Höhe beschoß es das Boot aus Maschinengewehren und warf vier Sprengbomben ab, die auf der ‹Maljutka› weitere Beschädigungen verursachten. Die Besatzung ertrug standhaft alle Prüfungen, beseitigte einen Teil der Schäden und kehrte, wenn auch unter großen Schwierigkeiten, zum Stützpunkt zurück.»

Hinzuzufügen wäre, daß M-172 unter Fissanowitsch vom 22. Januar bis zum 23. Februar zweimal auf Position ging und jedesmal einem schwimmenden Eisberg ähnlich zurückkehrte. Der über der Wasserlinie befindliche Teil des Bootskörpers samt der Antenne, dem Turm und allem übrigen war von einem Eispanzer bedeckt. Bei einer dieser Fahrten versenkte das Boot einen gegnerischen Transporter.

Unter solchen Bedingungen kämpften im Winter alle U-Boot-Fahrer der Nordflotte. Sie kämpften unter Einsatz ihres Lebens für die gemeinsame Sache, für unseren Sieg und im Namen des Lebens. Wohl nirgends war der Geist kollektiver Bereitschaft zur Selbstaufopferung im Interesse aller so stark wie bei den U-Boot-Fahrern.

Ein bezeichnendes Beispiel war die Rettung des U-Bootes L-20 unter Fregattenkapitän W. F. Tamman. Das Boot lag mit einem Schaden in 120 Meter Tiefe fest. Dreizehn Mann seiner Besatzung harrten zehn Stunden lang in einer unter Wasser stehenden Abteilung aus und ließen nicht einen Augenblick im Kampf um ihr Boot und damit um das Schicksal der gesamten Besatzung nach. Man kann sich nur schwer in die Lage dieser Männer versetzen, die zehn Stunden in völliger Finsternis in einem Metallgehäuse verbrachten, das unter Wasser stand, in dem es für dreizehn Menschen ohnehin zu eng und nicht genug Luft vorhanden war. Sosehr in dieser

Kälte auch die Kräfte dahinschwanden, keiner der Männer zögerte, den Befehl des Kommandanten auszuführen, den sie aus dem Sprachrohr vernahmen. «Die Klappe der Notentwässerung in der überfluteten Abteilung öffnen!» Um diese Klappe zu öffnen, mußte man in dichter Finsternis tief unter Wasser tauchen, wobei man das Risiko einging, unter den Füßen der Kameraden zu ersticken. Die ersten, die es versuchten, waren die Maate Ostrjanko, Domoshirski, Tschishewski und Fomin, ein Veteran der Flotte. Jeder tauchte wiederholt in dem eiskalten Wasser, suchte die Klappe und öffnete sie ein Stückchen weiter, damit der Schlauch befestigt werden konnte, durch den die Druckluft des Reservetorpedos strömen sollte. Mit vereinten Kräften retteten sie das Schiff, die Besatzung, sich selbst.

Ein Wort auch zu den Kampfgefährten, die erst kurz zuvor zu uns gestoßen waren. Nach einer Fernfahrt über zwei Ozeane und sechs Meere trafen fünf U-Boote aus der Pazifikflotte bei uns ein und füllten die Lücken in der Familie der Nordmeerseeleute. Das erste Boot erreichte am 24. Januar nach viermonatiger Fahrt von Petropawlowsk auf Kamtschatka die Reede von Poljarny, nachdem es mehr als 17000 Meilen unter Kämpfen und in Stürmen zurückgelegt hatte. Die drei folgenden Boote kamen Ende März auf derselben Route an. Das fünfte Boot beendete die Überfahrt Ende Mai, während ein sechstes nicht ankam: Im Stillen Ozean war es von einem nicht identifizierten U-Boot angegriffen worden und mit der Besatzung untergegangen.

Solche Fernfahrten, bei denen ausgedehnte Seegebiete passiert wurden, dienten nicht nur der Überprüfung der Gefechtsbereitschaft der Besatzungen und der Kommandanten, sondern stellten auch ein zusätzliches Training dar. Als die Pazifikseeleute bei uns eintrafen, klagten sie mit keinem Wort über Müdigkeit und die Schwierigkeiten der tatsächlich komplizierten Fahrt. Weder an den Brigadechef Winogradow noch an mich wurden Bitten um eine Ruhepause herangetragen. Im Gegenteil, die Männer waren bereit, sofort auszulaufen und zu kämpfen. Die Zeit, die ihnen zur Erholung gewährt wurde, nutzten sie dafür, die U-Boote voll einsatzbereit zu machen. Unmittelbar anschließend nahmen sie die Kampfhandlungen auf dem nördlichen Seeschauplatz auf. Besondere

Anerkennung verdienten die Besatzungen der Boote S-55 unter Kapitänleutnant L. M. Suschkin, S-56 unter Kapitänleutnant G. I. Schtschedrin und S-51 unter Korvettenkapitän I. F. Kutscherenko.

Suschkin brachte das Kunststück fertig, mit einer Salve gleichzeitig auf zwei Ziele zu schießen. Bei Angriffen auf Geleitzüge wartete er den Augenblick ab, da sich zwei Schiffe scheinbar mit dem Vorsteven und dem Achtersteven berührten, also eine Zeitlang ein Ziel darstellten, und schoß dann alle Torpedos aus den Bugrohren auf dieses Ziel ab. Schon zweimal kam Suschkin so zum Erfolg, und am 30. April vermerkte ich in meinem Tagebuch: Suschkin ist zurückgekehrt. Er hat einen Geleitzug angegriffen, der auf Westkurs lag. Gestern, am 29., drang er in den Geleitzug ein. Er schoß die Torpedos auf zwei Vorsteven an Achtersteven liegende Transportschiffe ab. Die Distanz betrug 7 Kabellängen. Drei Torpedos detonierten. Er meint, daß er zwei Transporter versenkt habe, doch ich rechnete ihm nur einen an. Über den zweiten muß erst eine Bestätigung der Aufklärung vorliegen.

Nach dem Angriff verfolgten gegnerische Schiffe das U-Boot hartnäckig. Eine Wasserbombe, die unter dem Boot detonierte, riß die Bugspitze des leichten Bootskörpers ab. Das war nun schon der zweite Fall, daß ein Boot ohne Bugspitze zurückkehrte.

Suschkin traf rechtzeitig zum Feiertag im Stützpunkt ein, die Festsitzung zu Ehren des Ersten Mai hatte gerade begonnen.

Nicht weniger Löbliches war über Schtschedrin zu sagen, einen geborenen U-Boot-Fahrer. Dabei war er, wie Lunin, vor gar nicht langer Zeit noch Navigationsoffizier bei der Handelsflotte gewesen. Beide hatten die sogenannte U-Boot-Kommandantenklasse absolviert. Im übrigen waren sie charakterlich sehr verschieden.

Schtschedrin fand sich – dank der Praxis in den nördlichen Gefilden des Pazifiks – schnell auf unserem schwierigen Schauplatz zurecht. S-56 erfüllte schon bei der ersten Feindfahrt die gestellte Aufgabe. Das Boot setzte eine Gruppe Aufklärer an der vorgeschriebenen Stelle ab, griff zwei Transporter eines Geleitzuges an und versenkte sie. Als Schtschedrin Meldung erstattete, wurde ich auf seine Fähigkeit aufmerksam, sich in einer beliebigen Situation augenblicklich zu orientieren und den optimalen Entschluß zu fassen, auch wenn er schwerer zu realisieren war.

Sein Boot war schon vor dem Angriff entdeckt und von den Sicherungsschiffen attackiert worden, die die Wasserbomben recht genau warfen. Er aber zog sich nicht zurück und machte auch nicht von seinem Recht Gebrauch, seitwärts auszuweichen, um den Wasserbomben zu entgehen. Er tat etwas Ungewöhnliches. Kaum hatten die Faschisten die erste Serie über dem Boot geworfen, führte Schtschedrin es direkt auf den Geleitzug zu. Zuerst fuhr er unter einen gegnerischen Transporter, der ihm so als Schild gegen die Wasserbomben diente, dann brachte er sein Boot seitlich vom Transporter in Schußposition. Während die gegnerischen Schiffe weiter Wasserbomben über der Stelle abwarfen, an der sie das U-Boot entdeckt hatten, ging Schtschedrin von der gegenüberliegenden Bordseite des Transporters zum Angriff über, schoß einen Torpedo ab und versenkte das Schiff. Als S-56 zum Stützpunkt zurückkehrte, hatte es zwei Schiffe auf seinem Konto.

Was Schtschedrin auszeichnete, war seine Art, wie er sich die Erfahrungen anderer U-Boot-Kommandanten aneignete und sie um etwas Eigenes, Neues bereicherte. Ich zweifelte nicht daran, daß er sich auch weiterhin positiv entwickeln würde, um so mehr, als er nicht nur sein eigenes Können vervollkommnete, sondern auch seine Unterstellten in diesem Sinne erzog, also den Pflichten eines Kommandanten in idealer Weise nachkam. Die gesamte Besatzung wies bereits einen hohen Ausbildungsstand auf, als sie zu uns kam. Davon konnten Winogradow und ich mich gleich in den ersten Tagen unserer Bekanntschaft überzeugen. Und später? Fast jede Fahrt endete für S-56 erfolgreich.

Auch Kutscherenko zeigte sich von der besten Seite. Sein Boot S-51 war schon bevor er zu uns versetzt wurde durch einen aufsehenerregenden Kampferfolg bekannt geworden. Ende Juli, also unter den Bedingungen des Polartages, befand es sich nahe der gegnerischen Küste auf Position. Kutscherenko entdeckte zwei gegnerische Geleitzüge, die außer von Sicherungsschiffen von zahlreichen Flugzeugen gedeckt wurden. Mit gekonnten Manövern durchbrach er die Sicherung, griff zwei Transporter an und versenkte sie. Nachdem er seine

Verfolger abgeschüttelt hatte, griff er erneut an und vernichtete abermals zwei Transporter.

Vier versenkte faschistische Schiffe bei einer Fahrt – das hatte meines Wissens noch kein U-Boot-Fahrer vollbracht. Kutscherenkos Erfolg war gewiß kein Zufall, denn auch von vorherigen Fahrten war S-51 stets erfolgreich heimgekehrt. Zu Recht wurde er als erster der Pazifikseeleute Abteilungschef.

Alle hatten sich gut bei uns eingelebt, sie halfen uns, den Schmerz um unsere gefallenen Genossen etwas leichter zu tragen, auch wenn nichts und niemand den Verlust von Waffenbrüdern, die mit uns Schulter an Schulter die schwerste Kriegsperiode durchgestanden hatten, wettmachen konnte. Einzig die Härte des Verlustes konnte wohl irgendwie abgeschwächt werden. Im Bewußtsein der Kampfgefährten würde die Trauer fortleben. Da war selbst die Zeit machtlos.

Immer neue Schläge mußten wir hinnehmen. Seit langem war Kotelnikow überfällig, ein erfahrener U-Boot-Kommandant, der mit dem Chef der Politabteilung der Brigade, R. W. Radun, einem wunderbaren Menschen und ausgezeichneten Politarbeiter, zu seinem letzten Einsatz ausgelaufen war. Malofejew blieb verschollen. Von einer Feindfahrt kehrte Widjajew, der Liebling aller, ein selbstloser, bescheidener Mensch und treuer Genosse, nicht zurück. Nachdem er Schtsch-422 übernommen hatte, brachte er dessen Erfolgskonto innerhalb weniger Monate von vier auf elf versenkte Schiffe. Und es war mit sein Verdienst, daß seinem Boot der Titel Garde-U-Boot verliehen wurde. Ganz kurze Zeit vor dem Auslaufen zu dieser letzten Fahrt hatte ich ihm vor angetretener Besatzung den dritten Rotbannerorden überreicht. Kolyschkin hatte damals ausgerechnet, daß Widjajew seit Kriegsbeginn dreihundert Tage auf See verbracht hatte. Dreihundert Tage und Nächte. Und nun war er für immer dort geblieben.

Ende September ließ Chomjakow, der mit K-1 draußen war, drei Tage lang unsere Anrufe unbeantwortet. Wieder weigerte ich mich, an das Schlimmste zu denken. Erneut wiederholte sich, was schon oft der Fall gewesen war: Lange gab man die Hoffnung nicht auf. Die Frist für die Rückkehr des einen oder anderen Bootes, das auf die vielen Anrufe keine Antwort gab, war vorüber, und doch klammerte man sich an die Hoffnung. Was, wenn einfach die Funkstation ausgefallen und das Boot nicht in der Lage war, bis zum Eintreffen im Stützpunkt ein Lebenszeichen von sich zu geben?

Doch die Zeit ging dahin, ein Tag nach dem anderen verstrich, und wieder mußten wir mit großer Bitterkeit hinnehmen, daß wir einen unersetzlichen Verlust erlitten hatten.

Der Krieg forderte seinen Tribut.

Eine Lehre für die Zukunft

Oktober 1943

In der Nacht zum 10. Oktober 1943 beorderte man mich nach Moskau ins Hauptquartier des Oberkommandos. Worum es gehen würde, wußte ich, war mir doch schon vorher befohlen worden, Vorschläge zu unterbreiten, wie Transportschiffe sicher aus der Arktis herausgeführt werden könnten. Mir stand jedoch noch etwas anderes, für einen Flottenchef wenig Angenehmes bevor: ein Gespräch über die aktuelle Lage auf den Verbindungswegen in der Karasee. Dort hatte es gerade in diesen Tagen beunruhigende Vorfälle gegeben. Das Transportschiff «Archangelsk» war auf eine Mine gelaufen und untergegangen. Der Transporter «Kirow» und ein Begleitschiff, ein Räumfahrzeug, wurden von faschistischen U-Booten angegriffen und versenkt.

Vor meiner Abfahrt besprachen wir im Kriegsrat alles, was die Handlungen, die Schwierigkeiten, Fehler, Bedürfnisse und Möglichkeiten der Nordflotte betraf.

Wie sah es bei uns nach neun Monaten des Jahres 1943 aus? Insgesamt hatte sich die Lage im Operationsgebiet unserer Flotte seit Jahresbeginn deutlich zu unserem Vorteil gewandelt. Daran änderte auch das Eintreffen der «Scharnhorst», eines der größten faschistischen Schlachtschiffe, samt einer Gruppe von Zerstörern nichts. Zugegeben, die Faschisten verfügten nun über ziemlich starke Überwasserkräfte: die Schlachtschiffe «Scharnhorst» und «Tirpitz», die Schweren Kreuzer «Lützow» und «Admiral Hipper» sowie mehr als doppelt so viele Zerstörer wie im Vorjahr. Außerdem standen dem Gegner zum Einsatz in unserem Operationsgebiet etwa 40 U-Boote und eine spezielle Gruppe von Torpedoflugzeugen zur Verfügung.

Das hielt uns nicht ab, im Laufe der ersten drei Monate des Jahres drei Angriffsoperationen mit Überwasserschiffen gegen

Seeverbindungen des Gegners zu führen und seinen Geleitzügen nahe der nordnorwegischen Küste mit Schnellbooten zuzusetzen. Unsere U-Boote und Fliegerkräfte blieben dem Gegner ebenfalls nichts schuldig. In neun Monaten wurden in Einzel- und kombinierten Operationen von unserer Flotte mehr als 90 Transporter und 6 Kampfschiffe des Gegners versenkt oder beschädigt. In diesem Zeitraum erhielten 8 Schiffe, Einheiten und Verbände der Nordflotte den Rotbannerorden, 5 Schiffe und Einheiten den Gardetitel. Zehn Angehörigen der Nordflotte wurde der Titel Held der Sowjetunion verliehen.

Was hatten wir in diesen neun Monaten erreicht? Erstens bestand kein Zweifel mehr daran, daß sich die Landfront an der Küstenflanke endgültig stabilisiert hatte. Der Gegner konnte sich keine Hoffnung auf eine Einnahme von Murmansk und der Kolabucht mehr machen. Zweitens hatte sich die Lage auf den Seewegen grundlegend geändert. Wir hatten es geschafft, die Versorgung der Küstengruppierung des Gegners bedeutend zu beeinträchtigen und den Abtransport des strategischen Rohstoffes Nickelerz von Petsamo nach Deutschland entscheidend zu behindern. Drittens hatten unsere Fliegerkräfte die Luftherrschaft nicht nur über den Flottenstützpunkten errungen und dabei eine speziell für den hohen Norden geschaffene faschistische Fliegertruppe zerschlagen, sondern beherrschten auch die Seewege des Gegners. Dort bewährten sich inzwischen zusätzlich unsere Seekampfflieger, die erstmals unter den Bedingungen des Polargebiets zum Einsatz kamen. Und noch eins: Die Piloten der Torpedoflugzeuge wandten eine Taktik an, die den gegnerischen Geleitzügen mächtig zu schaffen machte. Torpedos kann man auf zweierlei Art abwerfen – aus großer Höhe, ähnlich dem Bombenwurf aus dem horizontalen Flug, oder aus geringer Höhe. Wirft man einen Torpedo aus großer Höhe, hat das Flugzeug größere Chancen, nicht abgeschossen zu werden, dafür ist die Treffwahrscheinlichkeit weit geringer. Wirft man den Torpedo aus 50 bis 80 Meter Höhe, nimmt die Gefahr für das Flugzeug natürlich zu, da das angegriffene Schiff nicht nur die Flak, sondern überhaupt alle Feuermittel einsetzen kann. Das Torpedoflugzeug hat einen sehr dichten Feuervorhang zu überwinden, genauer gesagt, es fliegt direkt ins Feuer hinein.

Wir von der Flotte entschieden uns für diese Methode; wir

mußten die Schiffe des Gegners unbedingt vernichten, um seine Versuche zu vereiteln, die Lage an der Landfront zu seinen Gunsten zu verändern. Die Ergebnisse rechtfertigten unser Tun.

Die Flottenfliegerkräfte waren in diesen neun Monaten unermüdlich im Einsatz. An der Landfront unterstützten sie die Infanterie und bombardierten gegnerische Flugplätze. Auf See versenkten sie Schiffe, legten Minen, klärten auf. Sie bekämpften U-Boote, deckten die Handlungen der eigenen Schiffe und Geleitzüge. Und all das bei häufigem Wetterumschwung, bei Schneefall, Nebel, Regen – mit einem Wort, unter Polarbedingungen.

Es war also nicht wenig, was ich in meinem Bericht an Positivem aufzählen konnte. Doch daneben gab es auch betrübliche Fakten – Versäumnisse und Fehler. Ich trug die volle Verantwortung für alles, was sich auf unseren arktischen Verbindungswegen abspielte. Und dort waren fünf bis sieben gegnerische U-Boote in die Karasee eingedrungen. Sie hatten mehrfach Schiffe angegriffen, inzwischen drei Transporter und zwei Räumfahrzeuge versenkt sowie zwei Winterlager auf Inseln unter Artilleriefeuer genommen. Außerdem waren ein Transportschiff, ein Räumfahrzeug und ein Rettungsschiff auf Minen gelaufen, die eben diese U-Boote gelegt hatten.

Wo lag unser Fehler, wieso war es den Faschisten gelungen, bis in das Seegebiet ostwärts Nowaja Semlja vorzudringen?

Dazu mußte man wohl etwas weiter ausholen und auf das politische Spiel zurückkommen, das die Alliierten im vorigen Jahr eingefädelt hatten. Was war uns in der Flotte davon bekannt? Wir wußten von dem unbegreiflich leichten und urplötzlichen Abzug der faschistischen Schlachtschiffe «Gneisenau» und «Scharnhorst», des Schweren Kreuzers «Prinz Eugen» und weiterer neun Zerstörer aus Brest, die ja sämtlich von den Engländern blockiert waren und auf einmal vor der Nase der gesamten britischen Flotte durch den Kanal entwischen konnten. Dazu habe ich mich bereits geäußert. Wir wußten auch, daß der Gegner wiederholt den Versuch unternommen hatte, diese Schiffe nach Nordnorwegen zu verlegen, um auf den Seewegen im Nordatlantik, im Europäischen Nordmeer und in der Barentssee in Aktion zu treten. Im Januar war es der «Scharnhorst» und der Zerstörergruppe schließlich gelungen, zur «Tirpitz» und zur «Lützow» zu stoßen. Wenig später – im März – stellten die Verbündeten ihre Geleitzugfahrten in die sowjetischen Häfen ein.

Das mag alle möglichen Ursachen haben, auf unsere Handlungen war es jedenfalls nicht zurückzuführen, denn wir schickten unsere U-Boote zu den wahrscheinlichen Routen des Gegners, um ihn vom erhofften nächsten Geleitzug abzuhalten. Zu seiner Übernahme und zu seinem Begleitschutz stellten wir eine Zerstörergruppe bereit. Wir gingen an den Zugängen zu den gegnerischen Stützpunkten auf Suche nach faschistischen U-Booten und kämmten die Schiffahrtswege nach Minen ab. Mit Bomben griffen wir die Flugplätze des Gegners an. Kurzum, zur unmittelbaren Sicherung eines Geleitzuges setzten wir 40 bis 45 Schiffe und bis zu zwei Fliegerdivisionen ein. Dank solcher Organisation wurden von Anfang des Jahres bis März 49 Transporter wohlbehalten durch unser Operationsgebiet bis zu den Bestimmungshäfen geleitet. Die Geleitzüge vom Januar und Februar, die Nordhäfen der UdSSR anliefen, erlitten nicht einen Verlust, während der aus Murmansk ausgelaufene Geleitzug drei Einheiten verlor, im Vergleich zum Vorjahr nur ein unwesentlicher Verlust. Nichtsdestoweniger erklärten die Verbündeten, sie müßten die Geleitzugtätigkeit wegen der angewachsenen Gefahr einstellen. Danach waren unsere Transportschiffe gezwungen, sich als Einzelfahrer durchzuschlagen. Das erhöhte zum einen das Risiko für sie beträchtlich und zwang uns andererseits, unsere Kräfte zu zersplittern, wollten wir das weitläufige Seegebiet, in dem sich die Schiffsbewegungen abspielten, unter Beobachtung halten.

Ein weiterer Umstand führte zu unnötiger Kräfteanspannung auf dem Seeschauplatz. Uns war bekannt, daß die Verbündeten versprochen hatten, die Geleitzugtätigkeit im September wiederaufzunehmen. Doch wer konnte wissen, ob sie nicht schon früher Schiffe auf die Reise schickten? Sollten wir dem unvorbereitet entgegensehen? Nein. Also mußten wir erstens einen zusätzlichen Teil unserer Kräfte in Bereitschaft halten und zweitens frühzeitig Schiffe für die bevorstehenden Geleitfahrten vorbereiten. Beides wirkte sich nachteilig auf den Schutz unserer inneren Seewege aus.

Die Ungewißheit hielt an. Wir hatten bereits Oktober, von den alliierten Geleitzügen aber hörte und sah man nichts.

In der Flotte vermuteten wir, daß die Verbündeten irgendein Ränkespiel hinter den Kulissen trieben und den Geleitzügen dabei eine bestimmte Rolle zugedacht hatten. Mehrere Dinge sprachen dafür. Da war zunächst die Gleichgültigkeit den für uns bestimmten Schiffsladungen gegenüber, die von einigen Leuten an den Tag gelegt wurde, die im vergangenen Jahr mit den Geleitzügen unterwegs waren – ich dachte dabei nur an den amerikanischen Transporter «Winston Salem». Weiter könnte man ins Feld führen, daß die Verbündeten beschädigte Transportschiffe unbarmherzig vernichteten, obwohl die Möglichkeiten zur Rettung keineswegs ausgeschöpft waren. Als Gegenbeispiel brauchte ich nur auf die «Stary Bolschewik» zu verweisen. Sie blieb kein Einzelfall. Nehmen wir nur den Transporter, der als Einzelfahrer von Island zur Kolabucht unterwegs war und am 17. Februar in der Nähe der Bäreninsel von drei Junkers angegriffen wurde. Die Flakartilleristen setzten ihnen so zu, daß die Piloten gezwungen waren, ihre Bomben über dem Meer auszuklinken. Zwei der drei Junkers wurden vom Himmel geholt. Eine stürzte brennend in drei Meilen Entfernung ins Meer, die andere verschwand, eine Rauchfahne hinter sich herziehend und schnell an Höhe verlierend, aus dem Blickfeld der Männer im Ausguck.

Doch zurück zur Bilanz bis Oktober 1943. Auf die Negativseite gehörte zweifellos auch das ungenügende Zusammenwirken der Hauptverwaltung Nördlicher Seeweg mit uns und der zu uns gehörenden Weißmeerflottille beim Schutz der arktischen Seewege. In der Karasee häuften sich Fälle, daß Schiffe von der Hauptverwaltung auf Fahrt geschickt wurden, ohne daß man uns verständigte. So kam es wiederholt vor, daß eigene wie nicht identifizierte Schiffe behandelt wurden.

Darüber hatte ich meinen Vorgesetzten bereits zu Beginn der arktischen Navigationsperiode Meldung gemacht und war angewiesen worden, in der Karasee Ordnung zu schaffen. Gleichzeitig wurde die Hauptverwaltung Nördlicher Seeweg angehalten, ein strengeres Regime bei Fahrten in der Arktis einzuführen. Die Schiffsbewegungen von Osten nach Westen waren so zu organisieren, daß die einzelnen Abschnitte gruppenweise und in bestimmten, vom Kommando der Weißmeerflottille festgelegten Fristen zurückgelegt wurden. Für die Schiffe waren Wartepunkte einzurichten, an denen sie zu verbleiben hatten, bis die Weiterfahrt nach Westen gestattet wurde. An diesen Punkten waren sie unter Ausnutzung der natürlichen Bedingungen zu tarnen – Dezentralisation, Hintergrund des Geländes, Wassertiefe und anderes. Schiffe mit weniger eiligen Frachten waren erst dann nach Westen zu entsenden, wenn die Eisverhältnisse es ausschlossen, daß der Gegner mit U-Booten und Überwasserschiffen angriff.

Diese Maßnahmen trugen dazu bei, daß sich die Lage auf den arktischen Seewegen stabilisierte.

Und was taten wir von der Nordflotte? Erstens schickten wir, sobald wir erfahren hatten, gegnerische Handelsstörer seien aus der Barentssee um Kap Shelanija herum in die Karasee eingedrungen, das U-Boot S-101 in dieses Gebiet. Es entdeckte U-639 und versenkte es. S-101 sicherte die Überführung des ungewöhnlichsten Geleitzuges, der der Nordflotte je anvertraut wurde. Es handelte sich um Flußschiffe, die von der Petschoramündung durch die Karasee bis in die Obmündung gebracht werden sollten. Am 23. Juli lichtete der aus 15 Motorschiffen bestehende und von Sicherungsschiffen eskortierte Geleitzug die Anker und verließ Narjan-Mar mit Kurs auf die Meerenge Jugorski Schar. Für Flußschiffe keine einfache Sache unter den dort herrschenden Bedingungen. In der Karasee schwankte die Windstärke in diesen Tagen zwischen 4 und 8. Die Schleppleinen von sechs Schiffen brachen. Wiederholt war der Geleitzug gezwungen, an der Küste Anker zu werfen oder sich bis zum Eintritt besseren Wetters driften zu lassen. Zu den Navigationsschwierigkeiten kamen noch die Minengefahr sowie die Bedrohung durch U-Boote hinzu, solange die Schiffe nicht die Meerenge passiert und die Karasee erreicht hatten. Auf diesem Weg gingen zwei Sicherungsschiffe verloren – ein Räumfahrzeug lief auf eine Mine, ein zweites wurde von einem U-Boot angegriffen, als es sich vom Geleitzug löste, um verwundete Besatzungsmitglieder des untergegangenen Räumfahrzeugs in einer Bucht von Nowaja Semlja an Land zu setzen. Alle anderen Schiffe erreichten am 7. August wohlbehalten Nowy Port in der Obbucht.

Zweitens gaben wir einigen Gruppen von Transportschiffen auf ihrem Weg von der Arktis ins Weiße Meer verstärkten

Geleitschutz. Der Erfolg blieb nicht aus: Kein Schiff ging verloren.

Dennoch waren unsere Maßnahmen für eine völlig sichere Schiffahrt in der Arktis unzureichend. Um den gestiegenen Anforderungen gerecht zu werden, fehlten uns dort Schiffe zur U-Boot-Abwehr und Marineflugzeuge mit großer Reichweite. Ich beschloß, im Hauptquartier vor allem darauf hinzuweisen.

Moskau war jetzt anders, als ich es mir nach den Erzählungen aus den Oktobertagen 1941 vorgestellt hatte, damals standen die Faschisten an den Zugängen der Stadt. Heute legten Überreste von Panzersperren und Sperrholzplatten anstelle von Scheiben in den Fenstern von jener schweren Zeit Zeugnis ab. Nach wie vor herrschte Verdunklung, die Beschränkungen der Kriegszeit waren unübersehbar, und dennoch hatte das geschäftige Treiben einer riesigen Stadt wieder Einzug gehalten. Eine neue Gepflogenheit war seit dem Sommer dieses Jahres hinzugekommen: der Artilleriesalut zu Ehren eines bedeutenden Sieges unserer Truppen. Zum erstenmal hatte Moskau nach der Zerschlagung der gegnerischen Gruppierung bei Kursk Salut geschossen – ein unauslöschlicher Eindruck für jemanden, der, von der Front kommend, ein solches Ereignis miterleben durfte. Mir war es vergönnt, und es erfüllte mich mit Genugtuung, obgleich ich in keiner Minute vergaß, daß der Krieg noch auf sowjetischem Boden tobte und wir erst dabei waren, unserem Volk Stadt für Stadt, Kilometer für Kilometer Heimaterde zurückzugeben.

Bei diesen Gedanken fühlte ich mich in Erwartung des Empfangs beim Obersten Befehlshabers sicherer. Ich brauchte übrigens kaum zu warten, denn Stalin war pünktlich, und ich war zur befohlenen Zeit eingetroffen.

Drei Jahre waren vergangen, seit ich Stalin während eines operativ-strategischen Kriegsspiels letztmals gesehen hatte. Der Mann in der Marschallsuniform war nicht mehr der Stalin, den ich aus jenen Tagen in Erinnerung hatte. Selbst wenn man berücksichtigt, daß eine Uniform immer über das wahre Alter hinwegtäuscht, sah er bedeutend älter aus. Doch war das eigentlich verwunderlich? Die zwei Jahre Krieg hatten von uns allen einen hohen Tribut gefordert.

Stalin war nicht allein in seinem Arbeitszimmer. Am Tisch

saßen fast alle Mitglieder des Politbüros. Man begrüßte mich und die Vertreter des Volkskommissariats für die Transportflotte und der Hauptverwaltung Nördlicher Seeweg, die gleich mir zu dieser Sitzung geladen waren. Ohne lange Vorrede kam man zur Sache.

Ich berichtete über die Lage auf dem Seeschauplatz und äußerte meinen Standpunkt zu allen Hemmnissen für die Handlungen der Nordflotte im laufenden Jahr. Ich erläuterte, daß wir keineswegs Kräfte frei bekommen hätten, seit die Alliierten vom Geleitzugsystem durch den Nordatlantik Abstand genommen hätten. Wir seien nach wie vor verpflichtet, innerhalb unserer Zone auch für die Außenrichtung ein operatives Regime zu gewährleisten. Wir müßten auch weiterhin imstande sein, die Sicherheit von Geleitzügen zu gewährleisten, wobei unsere Möglichkeiten dafür immer noch begrenzt seien.

Stalin fragte vor allem danach, wie wir unsere Kräfte zum Schutz von Geleitzügen aus England und den USA in unserem Operationsgebiet entfaltet hätten. Würden wir beachten, daß das in Nordnorwegen konzentrierte faschistische Geschwader die Geleitzüge kaum in Verlegenheit bringen könne, solange sich diese außerhalb unseres Operationsgebiets befänden, dafür aber um so härter auf dem letzten Wegabschnitt zuschlagen würde? Wäre die Nordflotte jederzeit bereit, alliierte Geleitzüge in Empfang zu nehmen? Beispielsweise im November? Könne der Flottenchef das garantieren? Würde sich vielleicht wiederholen, was sich in letzter Zeit in der Karasee zugetragen hatte?

Ich erwiderte, daß man den Faschisten im Norden gar kein besseres Geschenk hätte machen können, als die Geleitzüge seitens der Alliierten einzustellen. Dadurch hätten sie einen Teil ihrer Kräfte aus dem Nordatlantik abziehen und bis nach Nowaja Semlja vorverlegen können. Das wiederum ermöglichte ihnen, in die Karasee durchzubrechen. Ich hatte kaum ausgesprochen, da schalteten sich andere Beratungsteilnehmer ein. Warum die Meerengen von Nowaja Semlja nicht gesperrt seien, wollte man wissen. Wozu gäbe es eigentlich die Nordflotte? Oder müsse man mir etwa klarmachen, daß die Karasee ein Binnenmeer der Sowjetunion sei und der Nördliche Seeweg, von den Sowjetmenschen mit so viel Mühe erschlossen, für den Gegner unzugänglich sein müsse? Auf diesen Kern liefen alle Fragen hinaus.

Ich versuchte, so klar wie nur möglich zu antworten. Zweifellos sei der Abschnitt Nowaja Semlja nicht so weitläufig wie der Abschnitt Nordatlantik, ein in der Ausdehnung viele hundert Meilen messendes Seegebiet zwischen Norwegen und Spitzbergen, das man mit keinerlei Flottenkräften, seien es Unterwasser- oder Überwasserkräfte, sperren könne; doch man möge bedenken, im Norden vor Nowaja Semlja gäbe es ebenfalls ein sehr ausgedehntes Gebiet, das nicht zu sperren sei. Man erinnere sich nur an die vorjährige Navigationsperiode, als die «Admiral Scheer» in die Karasee eingedrungen war, und zwar von Norden her, um das Kap Shelanija herum.

Wer nun behaupte, fuhr ich fort, die Karasee sei ein Binnenmeer, der habe offensichtlich keine Vorstellung, was die Karasee eigentlich sei. Vielleicht sei es juristisch richtig, sie als Binnenmeer zu bezeichnen, doch der Krieg habe de facto Korrekturen vorgenommen, denn es war und ist dem Gegner möglich, in dieses offene Binnenmeer einzudringen. Wollten wir mit den Kräften, über die wir dort jetzt verfügten, hinter den gegnerischen U-Booten herjagen, so hieße das mit einem Hund in der Wüste Gobi einen Hasen jagen.

Stalin hörte aufmerksam zu. Doch an dieser Stelle klopfte er mit der Tabakspfeife auf den Tisch und sagte mit leicht erhobener Stimme: «Wir haben Sie nicht kommen lassen, damit Sie hier sticheln, sondern damit Sie erklären können und wir Ihnen helfen. Sie sagen, es sei unmöglich, die Eingänge zur Arktis mit Über- und Unterwasserkräften zu sperren.» Kurze Pause. «Und wie ist es mit Fliegerkräften?» fragte er plötzlich.

«Das ginge schon besser», erwiderte ich. «Um die Sicherheit der arktischen Seewege zu gewährleisten, sind unter den gegenwärtigen Bedingungen in erster Linie Flugzeuge zur U-Boot-Abwehr notwendig. Doch daran fehlt es uns in der Flotte.»

Irgend jemand ließ die Bemerkung fallen, Golowko baue wohl mehr auf die Fliegerkräfte als auf die Flotte.

«Die Seefliegerkräfte sind Bestandteil der Flotte», entgegnete ich und brachte sogleich vor, was ich an der Tätigkeit der Hauptverwaltung Nördlicher Seeweg und des Volkskommissariats für die Transportflotte zu beanstanden hatte. Doch erneut bekam ich Vorhaltungen zu hören. Wir, die Flotte, wüßten die vorhandenen Kräfte nicht richtig einzusetzen, obwohl wir genügend zu entschiedenen Gegenmaßnahmen zur Verfügung hätten. Es war sehr kränkend, zu hören, daß wir unfähig seien, nicht einmal mit einem oder, wenn es hoch komme, mit zwei in die Karasee eingedrungenen faschistischen U-Booten fertig zu werden.

Ich bemühte mich, ruhig zu bleiben und präzisierend zu antworten. Nach unseren Angaben, so sagte ich, seien nicht ein oder zwei gegnerische U-Boote in die Karasee eingedrungen, sondern fünf bis sieben. Ohne zu zaudern, erklärte ich – in vollem Bewußtsein, wo ich diese Worte vorbrachte –, die Nordflotte würde sehr wohl mit den faschistischen Handelsstörern fertig werden, doch hinge das nicht von ihr allein ab, sondern erfordere auch von allen anderen für die Arktisschiffahrt Verantwortlichen angesichts der vom Kriege ausgehenden Gefahren einheitliches Handeln und strikte Befolgung der Regeln. Schließlich liege das Schicksal der Transportflotte uns allen am Herzen. Unter den gegebenen Umständen sei es das vernünftigste, den Abzug der Eisbrecher aus der Karasee zu gewährleisten und sich mit Fahrten der Transportschiffe bis zur nächsten Navigationsperiode zu gedulden. Man könne schließlich auf Dickson und andernorts überwintern.

«Richtig, bis zum Ende der arktischen Navigation bleibt nur noch kurze Zeit», sagte Stalin, den Tabak in seiner Pfeife stopfend. «Ein richtiger Vorschlag. In dieser Zeit muß man die Eisbrecher aus der Arktis holen und die Transportschiffe an den zur Überwinterung günstigsten Stellen belassen. Alles übrige ist für die Zukunft zu berücksichtigen. Das betrifft vor allem Sie, Genosse Golowko. In Kriegszeiten hat die Seekriegsflotte auf dem Seeschauplatz der Herr zu sein; Sie sind der Flottenchef.»

Nach einer kurzen Pause erinnerte einer der Anwesenden daran, daß Kusnezow schon vor zwei Monaten damit beauftragt worden sei, Golowko zu befehlen, in der Karasee Ordnung zu schaffen.

Wieder konnte ich mich nicht zurückhalten. Ich erwähnte die Überführung der Flußschiffe von der Petschoramündung in die Obmündung, die die Nordflotte, nicht aber die Hauptverwaltung Nördlicher Seeweg bewerkstelligt habe. Letztere sei einfach nicht in der Lage, ihren Schiffsverkehr in Ordnung zu bringen.

Erneut klopfte Stalin mit der Pfeife auf den Tisch. «Genug gestichelt! Vorrangig ist das Verhältnis zur Sache! Davon ist auszugehen. Man muß bestrebt sein, die gestellte Aufgabe zu erfüllen, nicht aber sich in die Haare kriegen. Sie sind praktischer Vorschläge wegen herbestellt worden. Was benötigen Sie auf dem Schauplatz, ganz konkret?»

Mir blieb nur übrig, die Bitte um U-Jäger und Langstrekkenflugzeuge für denselben Zweck zu wiederholen.

«Schreiben Sie eine Anforderung», sagte Stalin. «Die Flugzeuge geben wir Ihnen schon jetzt, die Schiffe kommen demnächst. Schiffe verschiedener Klassen», versprach er vielsagend und wiederholte: «Die Eisbrecher aus der Arktis herausholen, Sie werden sie im Weißen Meer brauchen, die Transportschiffe überwintern lassen!»

Und als diese Frage endgültig geklärt worden war, fügte er zur Verabschiedung hinzu: «Seien Sie zum Empfang von Geleitzügen bereit. So sehr die Alliierten das auch in die Länge ziehen, besonders Churchill, Geleitzüge werden sie doch wieder schicken müssen. Vergessen Sie deshalb nicht: Der Nordflotte steht eine schwierige und wichtige Aufgabe bevor. Eine staatliche Aufgabe.»

Ich verließ Stalins Arbeitszimmer mit einem Gefühl der Befriedigung: Der Flotte war Hilfe, die wir so dringend benötigten, fest versprochen worden. Und wir brauchten nicht daran zu zweifeln, daß das Versprechen erfüllt würde. Ich schrieb eigenhändig eine Anforderung.

Die Notwendigkeit einer solchen Hilfe gaben sowohl der gesunde Menschenverstand als auch das Bewußtsein ein, daß keinerlei von uns in der Nordflotte, und vor allem von mir, ihrem Chef, verschuldete Fehlschläge die strategische Bedeutung des nördlichen Seeschauplatzes herabmindern konnten. Aus solchen Erwägungen war die Nordflotte geschaffen worden, und der Krieg hatte bestätigt, wie richtig dieser Entschluß war.

Für die Zukunft mußten wir den Rat beherzigen, den man mir im Hauptquartier erteilt hatte: Die Kräfte der Flotte richtig und effektiv zu nutzen verlangte vor allem flexibles Denken von jenen, denen die Führung dieser Kräfte anvertraut war.

Der schweigende Geleitzug

Oktober/November 1943

Die wenigen Stunden, die ich am 10. Oktober in Moskau verbrachte, dehnten sich endlos. Meine Gedanken weilten immer wieder voller Sorge bei dem Geleitzug, der von Archangelsk auf dem Wege nach Nowaja Semlja war. Er mußte sich gegenwärtig am Ausgang des Weißen Meeres zwischen Iokanga und dem Kap Kanin Nos befinden, an der gefährlichsten Stelle also. Unsere Funkaufklärung spürte dort laufend faschistische U-Boote auf. Würden die es sich etwa entgehen lassen, den Geleitzug und besonders den 12000-Tonnen-Frachter «Marina Raskowa» anzugreifen? Der Hochseefrachter, vollgestopft mit Gütern verschiedenster Art, stellte wahrscheinlich ein verlockendes Ziel für die gegnerischen U-Boote dar. Hinzu kamen schwer auszumachende Treibminen am Ausgang aus dem Weißen Meer in die Petschorasee und etwas nördlicher, auf Höhe der Karastraße. Zu allem Übermaß war auch die Wettervorhersage wenig erfreulich. Die Route des Geleitzuges lief durch Gebiete, die von einem Zyklon erfaßt würden, der sich von Island her über die Barentssee weiter ostwärts verlagerte.

Also Anlaß genug, sich um das Schicksal des Geleitzuges Sorgen zu machen. Von seinem glücklichen Eintreffen in der Beluschjabucht hing aber das normale Überwintern all jener ab, die sich zur Zeit auf Nowaja Semlja befanden. Für sie waren warme Kleidung, Nahrungsmittel, Ausrüstungen für den Flugplatz, Brennstoff und vieles andere mehr bestimmt. An Bord der «Marina Raskowa» waren außer den fünfzig bis sechzig Besatzungsmitgliedern zweihundert Passagiere.

11. Oktober Schon den achten Monat treffen keine alliierten Geleitzüge ein, doch noch immer ist ein großer Teil der Kampfkräfte unserer Flotte an den Nordatlantik gefesselt, obwohl diese Kräfte dringend für die Verteidigung der Zugänge zur Arktis und der Seewege in der Karasee benötigt werden.

Nie soll man den Gegner für dümmer halten als sich selbst. Es konnte den Hitlerfaschisten natürlich nicht verborgen bleiben, daß aus den USA und aus England keine Geleitzüge mehr eintrafen. Durchaus möglich, daß sie die Einstellung der Geleitzugtätigkeit für ein Ergebnis ihrer Überlegenheit auf den Seewegen halten. Wie auch immer, der Gegner hat die Lage auf dem Seeschauplatz ausgenutzt und mehrere U-Boote von den Seewegen im Atlantik weg in die Karasee geschickt.

Uns aber fehlt es an Kräften für Gegenmaßnahmen. Um das Eindringen in die Karasee zu erschweren, hätten wir ein Seegebiet von einigen hundert Meilen Ausdehnung, die Zugänge aus der Barentssee zu den Meerengen Jugorski Schar, Karastraße und Matotschkin Schar sowie den Raum nördlich vom Kap Shelanija überwachen müssen.

Ein anderer Aspekt: Wollte man verhindern, daß gegnerische U-Boote Geleitzüge angriffen, brauchte man mehr als ein bis zwei Sicherungsschiffe für jeweils zwei bis drei Transporter – so viel nämlich konnten wir bis jetzt nur einsetzen. Der Gegner dagegen gibt jedem Transporter einen Geleitschutz von zehn, elf Schiffen verschiedener Klassen mit. Und trotz einer solchen Sicherung torpedieren wir sie. Was Wunder, wenn es uns von Zeit zu Zeit nicht gelingt, das eine oder andere Schiff mit unseren minimalen Kräften zu schützen!

Jeder wird also verstehen, daß ich mich sehr um das Schicksal des Geleitzuges nach Nowaja Semlja sorge. Die «Marina Raskowa» wird von den beiden Zerstörern «Gremjaschtschi» und «Gromki» begleitet.

Geleitzugführer ist die «Gremjaschtschi» unter dem Chef der Zerstörerabteilung, Fregattenkapitän A. I. Gurin, dem früheren Kommandanten dieses Schiffes. Die letzte Meldung aus dem Raum von Iokanga besagt, daß sie beim Verlassen des Weißen Meeres in einen heftigen Sturm geraten sind. Die Schiffe fuhren dwars zur See und krängten stark. Gurin hat sich entschlossen, Iokanga anzusteuern, um einiges auf den Zerstörern zu verstärken und die Verzurrungen auf dem Transporter zu überprüfen.

Ein richtiger Entschluß. Natürlich muß die Ladung schon

in Archangelsk sturmsicher befestigt worden sein, doch eine zusätzliche Überprüfung kann nie schaden.

14. Oktober Drei Tage lang ist mir nicht danach zumute gewesen, etwas ins Tagebuch einzutragen. Die U-Boote von Chomjakow und Kunz sind seit langem überfällig. Anrufe bleiben unbeantwortet. Ich kann mich wieder einmal nicht mit dem Gedanken abfinden, daß die Boote verlorengegangen sind, daß sie nie mehr zum Stützpunkt zurückkehren, mit keinem Schuß mehr einen neuen Sieg verkünden werden. Seit Krieg ist, muß man sich an die Unvermeidlichkeit von Verlusten gewöhnen, und doch geht es mir jedesmal erneut zu Herzen. Besonders schwer fällt es, danach wieder ein Boot zur nächsten Fahrt zu verabschieden. Äußerlich gibt man sich ruhig, aber innerlich muß man alle Kräfte dafür aufbieten. Welch harte Forderung, das Herz unter Verschluß zu halten. Tief haben sich mir Alexander Fadejews Worte auf der letzten Seite des Romanes «Die Dreizehn» eingeprägt. «... und ich hörte auf zu weinen: Man muß leben und seine Pflichten erfüllen.»

Wohl kein Gefechtsdienst ist schwerer als der auf einem U-Boot. Ein Flieger beispielsweise hat häufig noch Chancen, sich aus seiner abgeschossenen Maschine zu retten, nicht aber der U-Boot-Fahrer. Man braucht sich keine Hoffnungen zu machen, aus mehr als 50 Meter Tiefe aus einem untergegangenen U-Boot herauszukommen. Bei uns auf dem nördlichen Seeschauplatz und selbst in der Kolabucht, also sozusagen vor der Haustür, beträgt die Wassertiefe mindestens 250 bis 300 Meter.

Gestern wurde ein gegnerischer Geleitzug im Raum Kiberg – Ekkeröy entdeckt. Er bestand aus drei Transportern und 21 Sicherungsschiffen. Wir führten einen Schlag mit den Fliegerkräften der Flotte. Die Luftaufklärung meldete unmittelbar danach zwei versenkte Geleitschiffe und einen Transporter von 6000 bis 7000 Tonnen Wasserverdrängung. Ein großer Transporter wurde beschädigt; nach Angaben der Funkaufklärung wurde auch ein Zerstörer versenkt. Unsere Verluste betrugen acht Flugzeuge. Von den Besatzungen konnte niemand gerettet werden. Der Krieg nahm sich unerbittlich seine Opfer. Unter den Gefallenen waren die beiden ausgezeichneten Torpedoflugzeugführer Makarewitsch und Welitschkin.

Meine Gedanken kehren zum Geleitzug zurück. Vorgestern lief er aus Iokanga aus, obwohl der Sturm mit unveränderter Gewalt tobte. Darüber, was sich im Ostteil der Barentssee abspielte, konnte man sich nach der am Vortag von Gurin eingegangenen Meldung ein Bild machen. Gegen Mitternacht hatten Brecher das Ruder des Transportschiffes zerschmettert. Es war verlorengegangen und das Schiff manövrierunfähig geworden. Der Zwischenfall ereignete sich bei 72 Grad Breite und 49 Grad Länge, also etwa 150 Meilen westlich der Beluschjabucht. Nachdem der Kommandant die Schäden gemeldet hatte, äußerte er die Befürchtung, daß die Geleitschiffe, sollte es ihnen gelingen, die «Marina Raskowa» in Schlepp zu nehmen und zum Bestimmungspunkt zu bringen, möglicherweise keinen Kraftstoff für die Rückfahrt mehr haben würden. Das Abschleppen war bei Sturm überhaupt eine schwierige Sache, besonders in der Barentssee, in der die Wellen wohl ebenso hoch gehen wie im Atlantik. Wenn sie es nur schafften, den Transporter in Schlepp zu nehmen und hinzubugsieren, Kraftstoff würde sich auf ihm schon auftreiben lassen.

16. Oktober. Nachdem ich mich vorgestern über die Lage beim Geleitzug informiert hatte, schickte ich Räumfahrzeuge dorthin, die eigentlich zur Meerenge Jugorski Schar unterwegs waren. Gurin aber befahl ich, die «Marina Raskowa» in Schlepp zu nehmen. Kraftstoff für den Rückweg von der Beluschjabucht sollten sich die Zerstörer dort vom Transporter geben lassen, er hat 800 Tonnen gebunkert. Gleichzeitig machte ich Gurin auf folgendes aufmerksam: Sollte die Lage, in der sich die «Marina Raskowa» befindet, insgesamt kritisch sein und beide Zerstörer nicht den ihnen gestellten Aufgaben gerecht werden können, so sollte er sich unverzüglich melden und die Koordinaten des Geleitzuges mitteilen. Wenn er aber sicher sei, daß er mit eigenen Kräften auskomme, sollte er Funkstille einhalten. Wozu den Gegner aufmerksam machen.

Seitdem waren nun schon anderthalb Tage vergangen. Gurin schwieg. Ich nahm an, daß das Abschleppen erfolgreich verlief, und dennoch konnte ich die Unruhe nicht unterdrükken, die von der ersten Meldung über die Havarie des Transporters herrührte. Gurins jetziges Schweigen entsprach meinem Befehl, doch hatte uns eben dieses Schweigen im dramatischsten Augenblick die schwerste Prüfung auferlegt, nämlich die Ungewißheit zu ertragen.

Endlich wurde um Mitternacht eine kurze Meldung vom Geleitzug empfangen. «Die ‹Gremjaschtschi› erreichte mit der ‹Marina Raskowa› im Schlepp die Reede der Beluschjabucht. Die ‹Gromki› bildete den Schluß.»

Uns fiel ein Riesenstein vom Herzen!

Was während Gurins Schweigen geschehen war, erklärte er selbst, als er mit der «Gremjaschtschi» nach Archangelsk zurückgekehrt war. Zu Beginn scherzte er. Er meinte, die Generalprobe zu der Klemme, in die der Geleitzug geraten sei, habe die Barentssee schon Anfang September veranstaltet, als die «Gremjaschtschi» und die «Grosny» zwei Transporter aus der Kolabucht nach Osten begleiteten. Kurz vor den Sieben Inseln habe man den ersten Herbststurm über sich ergehen lassen müssen. Die Krängung der «Gremjaschtschi» habe 43 Grad erreicht, doch sie habe die Prüfung bestanden. Der Tanker «Jukagir» hingegen mußte wegen eines Maschinenschadens in Iokanga Schutz suchen und dort besseres Wetter abwarten.

Doch jener Sturm sei nichts gewesen im Vergleich mit dem, der ihnen auf dem Weg nach Nowaja Semlja zusetzte. Zwei Tage, nachdem sie die Mündung der Nördlichen Dwina hinter sich gelassen hatten, befanden sie sich im Epizentrum des angekündigten Zyklons. Mit titanischer Kraft fiel er über die Schiffe her. Die Wellenberge ließen die Zerstörer bis zu 53 Grad krängen, damit war die Stabilität der Schiffe bis aufs äußerste gefordert. In den Schiffsräumen fest angeschraubte Gegenstände wurden abgerissen. Selbst das Tosen des Sturmes und die Schläge der Brecher konnten das unaufhörliche Ächzen des Schiffsrumpfes nicht übertönen.

Gurin, der sich an das vorjährige Geschehen und an den Untergang der «Sokruschitelny» erinnerte, beschloß, Iokanga anzulaufen und dort zusätzliche Sicherungsmaßnahmen zu treffen, um die Stabilität der Schiffe zu erhöhen. Diese Arbeiten nahmen etwa einen Tag in Anspruch, danach setzte der Geleitzug trotz des Sturmes die Fahrt fort.

Die Naturgewalten gaben nicht nach. Etwa 150 Meilen vor dem Bestimmungspunkt brach das Ruder der «Marina Raskowa». Alle Versuche, das Schiff in einem solchen Sturm mit bloßer Maschinenkraft zu lenken, schlugen fehl. Das hilflose Schiff wurde, einer riesigen Metallkapsel gleich, zu einem Spielball des Windes und der Wellen. Häufig erreichten die Wogen eine solche Höhe, daß der Transporter völlig in den Wellentälern verschwand. Von Zeit zu Zeit wälzte sich Nebel heran, und Schneetreiben setzte ein.

Als sich Gurin entschloß, den Transporter in Schlepp zu nehmen, war er sich darüber im klaren, daß das ungemein schwierig würde. Bis zum Morgen war allerdings an Rettungsarbeiten gar nicht zu denken. Wenn man nur den Transporter bis dahin nicht aus den Augen verlöre!

Im Morgengrauen verkündete Gurin seinen Entschluß: Die Besatzung der «Gremjaschtschi» bereitet sich auf das Abschleppen der «Marina Raskowa» vor, die «Gromki» übernimmt den Schutz, um Torpedoangriffe von U-Booten und das Auflaufen auf Treibminen zu verhindern.

Der Orkan erreichte Stärken zwischen 11 und 12. Die vom Wind gepeitschten Wellenkämme verwandelten sich in lauter Schaum. Vor den Schiffen türmten sich Wellenberge von einer solchen Höhe auf, daß die «Gremjaschtschi» gar nicht erst dazu kam, sich auf ihre Kämme emporzuarbeiten, die Wasser stürzten schon vorher über sie her. Der Schiffsrumpf und das Oberdeck verschwanden völlig unter den brodelnden Strömen. Das Tosen des Sturmes übertönte alle Fahrgeräusche, sogar das Durchdrehen der leerlaufenden Schiffsschrauben, wenn sie aus dem Wasser ragten, sobald sich das Schiff mit dem Vorsteven tief in die See bohrte. Die Männer auf der Brücke mußten einander ins Ohr schreien, wollten sie gehört werden, und die auf der Schanz – die Artilleristen, die Sperrgasten, das vom Gehilfen des Kommandanten, Wassiljew, und dem Oberbootsmann Retschkin geführte Kommando –, die sich alle zur Vorbereitung des Abschleppens an Deck befanden, verloren viel Zeit, weil sie ständig zu kämpfen hatten, um nicht über Bord gerissen zu werden.

Es war schon ein gefährliches Manöver, unter solchen Bedingungen, in der die «Gremjaschtschi» nur mit Mühe dem Ruder gehorchte, die Annäherung an den Transporter zu bewerkstelligen. Man mußte aber so nahe wie möglich an ihn herankommen, damit die Männer dort die Schleppleine von der «Gremjaschtschi» übernehmen konnten. Die geringste Ungenauigkeit entschied nicht nur über das Schicksal des Transportschiffes, sondern auch über das des Zerstörers. Eine Kollision konnte bei einem solchen Wellengang für beide Schiffe zum Untergang führen.

Es dauerte acht Stunden, bis es gelang, die Leine auf den Transporter hinüberzubefördern. Während man auf der «Gremjaschtschi» mit dieser schwierigen Aufgabe beschäftigt war, tat die «Gromki» das Ihre. Sie vernichtete mit gezieltem Feuer eine Treibmine, die von den Signalgasten auf der schäumenden See entdeckt worden war, und verjagte ein U-Boot.

Endlich war die Schleppleine hinübergespannt und befestigt, doch noch war der Prüfungen kein Ende. Gegen Abend, als es bis zur Beluschjabucht noch 122 Meilen waren, brach die Leine.

Gurin war darauf eingerichtet und hatte sich schon einen Plan zurechtgelegt, wie man erreichen könnte, daß die Schleppleine nicht wieder brach. Man verband die Ankerkette und den Anker des Transporters mit der Leine. Durch ihr Eigengewicht sollten sie das Rucken abschwächen. Es klappte, und im Morgengrauen nahm die «Gremjaschtschi» den Transporter erneut in Schlepp. In langsamer Fahrt strebte der Geleitzug, nach wie vor vom Orkan gepeinigt, Nowaja Semlja entgegen. Wieder entdeckte die «Gromki» ein U-Boot. Sie belegte es mit Wasserbomben und gab ihm keine Chance, Torpedos abzufeuern. Der Gegner wurde gezwungen, die Verfolgung des Geleitzuges aufzugeben.

Am fünften Tag der Fahrt – unter normalen Bedingungen hätte man das Ziel in 50 bis 60 Stunden erreicht – kamen die Zerstörer mit dem Transportschiff in der Beluschjabucht an.

Ich konnte Gurins Befriedigung gut verstehen, und ich teilte sie. Man mußte in einem Flottenbefehl gesondert hervorheben, daß das komplizierte Abschleppen des Transporters unter Gefechtsbedingungen erfolgte und angesichts des Orkans eine ernsthafte Prüfung sowohl für die Besatzungen der beiden Zerstörer als auch für die Schiffe selbst war. Man mußte diese Fahrt tatsächlich als eine kollektive Heldentat der Nordmeerseeleute bezeichnen. Und auch unseren Schiffbauern in Leningrad mußte man ihre Meisterschaft bestätigen.

Wie konnte die Seetüchtigkeit der von ihnen gebauten Zerstörer besser bewiesen werden als durch diese fünftägige Fahrt nach Nowaja Semlja? Der hohe Ausbildungsstand und die seemännische Stählung, das geschlossene Handeln und die Fähigkeit der Zerstörerbesatzungen, bei außergewöhnlichen Vorfällen nicht den Kopf zu verlieren – das alles war ein Verdienst des Chefs der Zerstörerabteilung. Wieder einmal konnte ich mich davon überzeugen, daß meine Wahl zu Recht auf Gurin gefallen war.

Am 26. Juni 1942 hatte ich über ihn in der «Prawda» geschrieben: «Es ist kaum zu ermessen, wie kampfesmutig die Seeleute unserer Überwasserflotte geworden sind. Unter ihnen gibt es nicht wenige alte ‹Nordländer›, die wie Korvettenkapitän Gurin die komplizierte Kunst der Schiffsführung unter den wechselhaften und rauhen Bedingungen des Polargebiets beherrschen. Nicht umsonst sagt man von Gurin, es gäbe kein enges Fahrwasser, durch das er sein Schiff nicht auch bei beliebigem Sturm hindurchzuführen vermöge, und es gäbe keinen Sturm, in dem er sich nicht behaupten würde. Diese Eigenschaften sind während der Fahrten in Friedenszeiten erarbeitet worden, während langer und hartnäckiger Arbeit als Seemann.»

Gurins Eigenschaften beeindruckten mich schon, als ich das erstemal auf der «Gremjaschtschi» weilte. Das war kurz nachdem ich die Flotte übernommen hatte. Der Hirtensohn Gurin aus dem belorussischen Dorf Schpilka, als Freiwilliger zur Flotte gekommen, hatte mich nicht nur als Mensch, der an der richtigen Stelle eingesetzt war, aufmerksam gemacht. Es war vor allem sein Streben, ständig sein Können zu erhöhen und seinen Gesichtskreis zu erweitern. Gurin gehörte für mich zu den Menschen, die geeignet waren, andere zu führen und mehr als nur ein Schiff zu befehligen.

Die «Gremjaschtschi» gefiel mir auf Anhieb. Der Borddienst war exakt organisiert und die Besatzung ausgezeichnet darauf vorbereitet, jede beliebige Aufgabe unverzüglich zu erfüllen, ein Ergebnis unermüdlichen Trainings, das Gurin ohne Hast und Überanstrengung, mit der methodischen Folgerichtigkeit eines wahren Kommandeurs und Erziehers durchführte. Er forderte nicht nur, sondern erklärte auch, er befahl nicht nur, sondern machte es auch vor. Das wirkte auf die ihm unterstellten Offiziere. Ein gutes, eingespieltes Kollektiv, in dem jeder, ob Offizier oder Matrose, seinen Platz kannte, gut ausgebildet und auf die bewußte, selbstlose Überwindung von Schwierigkeiten orientiert war – so sah ich die Besatzung der «Gremjaschtschi» schon in Friedenszeiten.

Gurin hatte das Schiff bereits am Ausrüstungskai einer Leningrader Werft übernommen. Deshalb war die Geschichte der «Gremjaschtschi» bis zu diesem Tag untrennbar mit Gurin verbunden. Vor dem Krieg war da die Überfahrt von Leningrad durch den Weißmeer-Ostsee-Kanal nach dem Norden zu nennen; dann die Fahrt während der Polarnacht dem als Eisbrecher ausgelegten Motorschiff «Georgi Sedow» zu Hilfe, das sich gerade erst aus der Eisdrift durch die Arktis befreit hatte; die Fahrt zur Skorbiewskaja-Bucht, in der ein U-Boot auf einen Felsbrocken aufgelaufen war. Die «Gremjaschtschi» wurde ausgeschickt, um es zu sichern und freizuschleppen. Das Ankern in der Bucht war wegen der frischen Brise recht schwierig, doch Gurin berief sich nicht auf diese ungünstigen Umstände, um eine für sein Schiff ungefährliche Stelle aufzusuchen. Formal gesehen hätte er so handeln und das Boot seinem Schicksal überlassen können. Das Seemannsgewissen in ihm war stärker, und das spielte zweifellos eine Rolle bei der Ausbildung der gesamten Besatzung der «Gremjaschtschi». Tagtägliche Schwierigkeiten meisterte sie genauso wie große Hürden. Der Geleitzug nach Nowaja Semlja dürfte wohl die bisher höchste vor ihr aufgetürmt haben.

An eine Episode aus dem Vorjahr erinnerte ich mich noch besonders lebhaft. Im März fuhr die «Gremjaschtschi» einem von Island kommenden Geleitzug entgegen. Dabei geriet sie in einen Sturm der Stärke 9. Die Krängung erreichte 48 Grad. Unter den Schlägen der Brecher gab es ernste Schäden an Oberdeck. Während die Havariegruppe kleinere Beschädigungen beseitigte und unter den Decks vieles zusätzlich festzurrte, führte Gurin das Schiff unbeirrt dem Geleitzug entgegen. Zur festgesetzten Zeit vereinigte sich die «Gremjaschtschi» mit dem Geleitzug, unterstützte die britischen Sicherungsschiffe bei der Abwehr faschistischer Zerstörer, griff ein U-Boot an und vernichtete es und beteiligte sich erfolgreich an der Abwehr eines Luftangriffs. Die Transporter erreichten wohlbehalten die Kolabucht.

Es hatte schon seine Richtigkeit, daß die «Gremjaschtschi» nach unermüdlichem Geleitdienst und der sicheren Überführung von Hunderten Transportschiffen den Ehrentitel Gardeschiff erhalten hatte.

9. November. Eine Mitteilung, die das Fazit des Geleitzuges nach Nowaja Semlja zieht: Die «Marina Raskowa» ist nach dem Löschen der Fracht in der Beluschjabucht heute wieder nach Archangelsk zurückgekehrt.

Erleichtert kann man sagen, daß wieder eine Aufgabe vollständig erfüllt worden ist.

In der Polarnacht

November/Dezember 1943

Der Beschluß des Hauptquartiers wirkte sich auf den gesamten nördlichen Seeschauplatz aus. Innerhalb von drei Wochen änderte sich vieles in unserem Operationsgebiet. Seit den ersten Novembertagen wußten wir über die Fliegerkräfte, die Eisbrecher und die von außen kommenden Geleitzüge immer Bescheid.

Stalins denkwürdige Abschlußworte, die Nordflotte solle sich jederzeit zum Empfang von Geleitzügen bereithalten, da die Alliierten trotz allen Hinauszögerns wieder Geleitzüge entsenden würden, hatten einen konkreten Hintergrund, wie ich heute weiß. Auf eine Botschaft Churchills Anfang Oktober hatte Stalin recht deutlich geantwortet, daß sich die britische Regierung in einem Sonderabkommen mit der UdSSR verpflichtet habe, Kriegsmaterial an die Sowjetunion zu liefern, die bereits das dritte Jahr die gewaltige Last des Kampfes gegen den gemeinsamen Feind – Hitlerdeutschland – auf ihren Schultern trage.

Am zweckmäßigsten sei dabei der Transport über den Nördlichen Seeweg. Erstens, weil das der kürzeste Weg sei und zweitens, weil die Lieferungen über persische Häfen in keiner Weise den Ausfall der Nordroute wettmachen könnten. Zum gegenwärtigen Zeitpunkt, da die Sowjetunion alle Kräfte bis zum äußersten angespannt habe, sei es unzulässig, die Lieferungen vom Gutdünken der britischen Seite abhängig zu machen. Das käme einer Weigerung gleich, den einmal übernommenen Verpflichtungen nachzukommen, und könne auch als Drohung an die Adresse der UdSSR betrachtet werden. Das wirkte offensichtlich.

Mein Tagebuch vom November/Dezember 1943 enthält mehrere Eintragungen, die das belegen.

2. November. Bald ist es einen Monat her, seit ich im Hauptquartier gewesen bin. Inzwischen hat unsere Flotte weitere 100 Flugzeuge – 60 Jäger und 40 zweimotorige Maschinen erhalten. Von der Karelischen Front haben wir ein Regiment amerikanischer Bomber «Boston» bekommen. Auch eine Einheit Langstreckenflugzeuge ist uns zugesagt. Alles zusammengenommen bietet große Möglichkeiten.

Britische Kriegsschiffe sind eingetroffen, um ihren Transportern auf dem Rückweg Geleitschutz zu geben. Zugleich sind aus den USA fünf für uns bestimmte Räumfahrzeuge und sechs große Schnellboote angekommen. Sie haben die Überfahrt über den Atlantik unter Herbstbedingungen ohne größere Beschädigungen überstanden, die Schiffe sind demnach zuverlässig gebaut.

Die Schnellboote habe ich mir angesehen. Sie sind für Kampfhandlungen gut geeignet, und ihre Seetüchtigkeit haben sie ja gerade erst bewiesen. Nun kommt es auf die Menschen an, die mit ihnen kämpfen sollen. Aber da ist mir nicht bange. Die Angehörigen der Nordflotte erfüllen nun schon das dritte Jahr auf ihren Schiffen die verschiedensten Aufgaben. Und das bei jedem Wetter, in der Polarnacht und am vierundzwanzig Stunden währenden Polartag, überall – im Weißen Meer, in der Barentssee und der Karasee, vom Nordkap im Westen bis zum Kap Tscheljuskin in der Wilkizkistraße, ja bis zur Tiksibucht im Osten. Ich brauche nur an I. I. Krol und das Gefecht seiner Schnellboote vor zwei Jahren zu denken. Überzeugender konnte kaum bewiesen werden, was Schiffe dieser Klasse mit fähigen, gut ausgebildeten und selbstlos handelnden Besatzungen zu leisten vermögen. Die Schnellbootfahrer der Nordflotte sind wahrhafte Alleskönner. Sie bewachen unser Operationsgebiet und setzen Landungstrupps im Rücken des Gegners ab, sie sichern Transporte zur Fischerhalbinsel und zur Halbinsel Sredni und begleiten Geleitzüge auf den inneren Seewegen. Welche Aufgabe man auch stellt, sie erfüllen sie unter beliebigen Bedingungen.

Jenseits des Ozeans wird man kaum eine Vorstellung von diesen Bedingungen haben. Deshalb waren die Amerikaner auch so verblüfft, als sie erfuhren, die Schnellboote würden mit eigener Kraft über den Atlantik fahren.

Der Kommentar eines erfahrenen amerikanischen Seemanns lautete beim Abschied: «Nur Männer aus Eisen sind in der Lage, im Herbst in solchen zerbrechlichen hölzernen Schiffchen den Ozean zu bezwingen.»

Unsere Seeleute haben während ihres Aufenthalts in den USA viele Eindrücke gewonnen. Die einfachen Amerikaner traten ihnen freundschaftlich entgegen. Ihre Wißbegier, etwas über die Sowjetunion zu erfahren, war groß, und sie zeigten echtes Interesse für die Kampferfolge der Sowjetarmee. Es war durchaus kein Einzelfall, daß Leute mit Geschenken an den Liegeplätzen der Boote erschienen und darum baten, diese Gaben für die tapferen russischen Soldaten mitzunehmen.

Als die Boote, von Florida kommend, den isländischen Hafen Reykjavik anliefen, statteten ihnen zwei hochgestellte Besucher, ein britischer und ein amerikanischer Admiral, einen Besuch ab. Sie bekundeten ihre Hochachtung, zugleich rieten sie dringend davon ab, die Weiterfahrt zu den Nordhäfen der Sowjetunion fortzusetzen. Man solle doch lieber den Frühling abwarten, die Boote würden die Herbststürme nicht überstehen.

Nun, die Boote waren alle wohlbehalten angekommen, und ich hatte noch die Worte des Vertreters der britisch-amerikanischen Marinemission im Ohr: «Solche Fahrten in arktischen Gewässern und auf solchen Schiffen können nur Russen vollbringen», als ich mich auf die Boote begab.

In einer Offiziersmesse bewirtete man mich mit Rum und trumpfte groß auf, daß man ein ganzes Fäßchen davon an Bord habe. Ich probierte den Rum und lobte ihn. Doch im Weggehen sagte ich zum Kommandanten: «Für die Bewirtung danke ich. Das Fäßchen geben Sie aber besser dem Lazarett. Dort wird es für die Verwundeten gebraucht.»

Die langen Gesichter der Besatzungsmitglieder mußte man gesehen haben. Aber hier durfte ich keine Nachsicht walten lassen, niemandem gegenüber.

9. November. Das Eintreffen der Flugzeuge zieht sich hin, doch heute hat man uns zugesagt, die 36. Fernkampffliegerabteilung zu uns zu verlegen. Sie war bereits im vorigen Jahr einmal im Norden stationiert. Ihre Besatzungen verstehen sich auf Nachtflüge. Das ist gut angesichts der Jahreszeit.

Ihre Aufgabe besteht darin, Schläge gegen die Stützpunkte und Flugplätze des Gegners in Norwegen zu führen.

Eine angenehme Neuigkeit: Zusätzlich zu den 100 Flugzeugen sollen wir noch 20 amerikanische Jäger «Airacobra» erhalten. Nur schade, daß sie so lange zu uns unterwegs sind.

Drei neue Räumfahrzeuge sind aus der Kolabucht nach Iokanga ausgelaufen. Ich will sie zum Empfang des arktischen Geleitzuges aus der Karasee einsetzen. Der kommt allerdings viel zu langsam vorwärts. Vermutlich muß er sich seinen Weg durch das Eis bahnen. Das hat auch sein Gutes: Die Schiffe sind gegen mögliche Angriffe von U-Booten gedeckt. Dennoch muß man sie anhalten, schneller zu fahren. Die Zeit drängt.

Das vierte Räumfahrzeug ist zurückgeblieben. Ein Fischer will bei Gawrilowski ein U-Boot gesehen haben. Möglicherweise hat es Minen gelegt. Deshalb soll das Räumfahrzeug bis morgen Minen räumen und dann nach Iokanga folgen.

10. November. Die 36. Fliegerabteilung ist eingetroffen, inzwischen mit dem Ehrentitel «Smolensker» ausgezeichnet. Nun können die Flieger an ihre vorjährigen Erfahrungen beim Einsatz unter unseren Bedingungen anknüpfen.

Der arktische Geleitzug liegt, wie erwartet, am Rande des Eisfeldes. Als ich die Meldung darüber erhielt, sandte ich Kutscherow, der den Geleitzug führt, einen aufmunternden Funkspruch: Er brauchte das eisfreie Wasser nicht zu fürchten, wir würden die Eisbrecher mit Zerstörern und Räumfahrzeugen decken.

Morgen schicke ich Koltschin nach Iokanga und von dort, wenn es soweit ist, zum Empfang des Geleitzuges.

18. November. Nun ist die arktische Epopöe dieses Jahres zu Ende gegangen; die Schiffe der Eisbrecherflottille «J. Stalin», «F. Litke» und «Murman» sowie sechs Zerstörer und drei Räumfahrzeuge sind in Archangelsk eingetroffen. Die Räumfahrzeuge haben sich bei dieser Fahrt bewährt. Sie entdeckten mehrere U-Boote und griffen sie an. Etliche Seeleute der Eisbrecherflottille sind mit Kampforden ausgezeichnet worden, unter ihnen W. I. Woronin, der Kommandant der «J. Stalin». Dieser Nachfahre bewährter russischer Seeleute beherrscht sein schwieriges Handwerk. Man kennt ihn nicht nur bei uns, seit er mit der «Sibirjakow» erstmals den Nördlichen

Seeweg während einer Navigationsperiode bewältigt hat. Er kennt die Arktis wie seine Westentasche, hat die «Sedow», die «Sibirjakow», die «Tscheljuskin» und die «Jermak» befehligt. Ein Vierteljahrhundert lang ist er nun schon Eisbrecherkapitän.

Und ein solcher Mensch blieb, nachdem er erkrankt war, kurz vor Kriegsausbruch von der Hauptverwaltung Nördlicher Seeweg unbeachtet. Er wartete darauf, daß man an ihn dachte. Als das nicht geschah, brachte er sich selbst in Erinnerung und erreichte, daß ihn eine Ärztekommission irgendwo im Hinterland untersuchte. Sie stellte ihm eine originelle Bescheinigung aus. «W. Woronin kann in der Arktis fahren, darf sich aber nicht erkälten.» Mit dieser Bescheinigung traf er in Archangelsk ein – und durfte an Land Vorlesungen halten. Leider erfuhr ich das erst später, doch als ich es wußte, sprach ich mit Papanin, dem Chef der Hauptverwaltung Nördlicher Seeweg.

Jetzt ist Woronin Fregattenkapitän, Kommandant des Führereisbrechers und Oberlotse auf dem Nördlichen Seeweg. Schon im Vorjahr wurde er seinen Pflichten unter den Bedingungen der Kriegszeit ausgezeichnet gerecht und bewährte sich bei der Überführung des Großzerstörers «Baku» und der Zerstörer von Wladiwostok durch die Arktis zu uns.

Auf Menschen wie ihn kann man sich hier oben stützen, auch auf den Polarflieger Tscherewitschny. Einzig und allein der Krieg war schuld, daß wir seinen Flug zum sogenannten Pol der Unzugänglichkeit, dem letzten weißen Fleck in der Arktis, nicht gebührend würdigten. Tscherewitschny fliegt hervorragend, ich glaube, er hat so etwas wie einen sechsten Sinn fürs Fliegen.

2. Dezember. Mehrere alliierte Geleitzüge sind unterwegs. Nach achtmonatiger Unterbrechung ist heute die Murmansker Gruppe des zweiten Geleitzuges in der Kolabucht eingetroffen: sechs Transporter, ein Tanker und acht Zerstörer. Die acht Transporter der Weißmeergruppe haben, von drei britischen Schiffen und unseren Zerstörern begleitet, Kurs auf Archangelsk genommen.

Angesichts des dichten Nebels hatten sich die Engländer schon bei Kildin geweigert, selbständig in die Kolabucht einzulaufen. Also schickten wir ihnen unsere Lotsen entgegen, und die brachten alle Schiffe wohlbehalten durch die «Waschküche».

Um Luftangriffen vorzubeugen, waren wir, als der Geleitzug vor Kildin stand, gegen die Flugplätze Luostari und Hebukten vorgegangen. Dabei verloren wir eine Maschine durch Flakbeschuß. Sie stürzte brennend ab. Beim Rückflug schossen unsere Flieger eine Messerschmitt und eine Focke-Wulf ab. Ein Pilot sprang mit dem Fallschirm über den Stellungen der 14. Armee ab und wurde gefangengenommen. Heute wird er im Armeestab verhört, morgen bringt man ihn zu uns.

3. Dezember. Seit 18.00 Uhr fliegen wir wieder Angriffe gegen Hebukten. Damit soll die Aufmerksamkeit des Gegners von der Weißmeergruppe des Geleitzuges abgelenkt werden. Heute müßten die Schiffe Archangelsk erreichen.

14. Dezember. Die ganze Zeit über ist abscheuliches Wetter, kaum Einsatzmöglichkeiten für die Fliegerkräfte. Das ist unangenehm, denn weitere Geleitzüge sind von Westen zu uns unterwegs. Vorgestern haben 19 Transporter England verlassen, darunter zwei Tanker. Einer bringt Benzin in den Weißmeerhafen, der andere Erdöl zur Kolabucht. Neben Korvetten und Torpedobooten besteht ihr Schutz aus weiteren zwei Schiffsgruppen. Eine davon wird vom Schlachtschiff «Duke of York» geführt, auf dem sich nach einer Mitteilung der britischen Marinemission Admiral Frazer, der Chef der britischen Home Fleet, befindet. Was er wohl hier will? Doch nicht etwa herausfinden, unter welchen Bedingungen die Geleitzüge durch den Nordatlantik fahren? Die britische Mission steht kopf. Ihr Chef, der arrogante Archer, sticht unangenehm von seinem Vorgänger Fisher ab. Er nahm die bevorstehende Visite zum Anlaß, mir lauter unangebrachte Fragen zu stellen. Insbesondere verlangte er für den Bericht an seinen Chef Angaben über unsere Fliegerkräfte. Er geht offenbar davon aus, wir würden bei den Worten «für den Flottenchef der Home Fleet» so durcheinander geraten, daß wir sie ihm unverzüglich gäben. Höchst mißliebig dieser Archer.

Die Ankunft des Schlachtschiffes «Duke of York», des Kreuzers «Jamaica» sowie von vier Torpedobooten wird für übermorgen erwartet. Zwei Tage später soll ein Kreuzergeschwader eintreffen. Der Geleitzug kommt am 20. Dezember.

Wenn man nur wüßte, aus welchem Grunde sich Frazer hierher bemüht.

16. Dezember. Die «Duke of York», die «Jamaica» und die vier Torpedoboote sind zur angekündigten Zeit eingetroffen. Vom Schlachtschiff winkte man sogleich die Anfrage herüber, wann Admiral Frazer dem Chef der Nordflotte der Sowjetunion einen Besuch abstatten könne. Ich ließ erwidern, ich sei bereit, selbst an Bord zu kommen, doch bäte ich, dafür eine Zeit festzusetzen. Prompt folgte die Einladung, und ich begab mich, bereits im Besitz entsprechender Angaben über Frazer, auf das Schlachtschiff. Der alte «Seewolf» Frazer war eine Säule der britischen Admiralität. Ich kenne seine Biographie, deshalb konnte mich Frazers Stabschef nicht verblüffen, als er fragte, ob ich wisse, daß der Admiral schon in Rußland gewesen sei.

«Ja, das ist mir bekannt», erwiderte ich.

Mein Gesprächspartner setzte eine geheimnisvolle Miene auf. «Und wissen Sie auch, daß der Admiral gegen die Bolschewiki gekämpft hat?»

«Ja, auch das ist mir bekannt, im Herbst 1918, auf dem Kaspischen Meer, zusammen mit General Dunsterville.»

Mein Gesprächspartner war erstaunt, doch unbeirrt fuhr er fort: «Und daß die Bolschewiki ihn ins Gefängnis gesperrt hatten?»

«Auch das weiß ich.»

Nun ging mein Gegenüber aufs Ganze. «Aber daß Admiral Frazer dafür den Bolschewiki dankbar ist, wissen Sie nicht.»

Jetzt wunderte ich mich tatsächlich, und triumphierend erklärte der Stabschef: «Weil man die Leute im Gefängnis, in dem Admiral Frazer saß, schlecht verpflegte, ergab sich für ihn unverhofft die Möglichkeit, endlich sein Magengeschwür loszuwerden.» Frazer bestätigte dies lächelnd.

Ich muß zugeben, von dieser höchst eigenartigen Verbundenheit des britischen Admirals den Bolschewiki gegenüber nichts gewußt zu haben.

Als liebenswürdiger Gastgeber zeigte mir Frazer das ganze Schlachtschiff, es machte einen imposanten Eindruck. In der Schiffsbäckerei bewirtete man uns mit wirklich schmackhaften frischen Brötchen. Ich konnte nicht umhin, das Gebäck und seine Hersteller zu loben. Am Ende der Visite erwuchs mir daraus eine kleine Überraschung. Wir hatten das Schlachtschiff schon verlassen, da ließ man einen voluminösen Sack mit einer erklecklichen Anzahl Brötchen auf das Deck des Schnellbootes herab. Das war sozusagen der Glanzpunkt der Gastfreundschaft.

Noch immer ist mir nicht klar, mit welchem Ziel der Chef der Home Fleet mitten in der Polarnacht zu uns gekommen ist.

17. Dezember. Heute statteten uns Frazer und sein Stab einen Gegenbesuch ab. Wir gaben zu Ehren der Gäste ein Mittagessen, danach trat unser Flottenensemble auf. Das Programm wurde wie stets mit dem bewegenden Lied des Dichters Nikolai Bukin und des Komponisten Jewgeni Sharkowski «Lebt wohl, felsige Berge» eröffnet. Viele Male hatte ich es wie alle in der Nordflotte schon gehört. Es war uns gewidmet. Doch nicht allein deswegen wühlt es einen immer wieder auf. Es entspricht unseren Empfindungen in schweren Minuten.

«Doch der Kampfgeist flammt auf im Gefecht.
Ich könnt', ihr Freunde, ohne das Meer nicht leben,
wie das Meer ohne mich tot wäre.»

Die Gäste waren begeistert, besonders von den Tänzen und einigen in englischer Sprache gesungenen Liedern. Man bat sogar, ihnen das Ensemble für zwei Wochen nach Scapa Flow und nach Rossyth mitzugeben. Als Gastgeber hatten wir uns nichts vorzuwerfen. Wir empfingen die Besucher wie wirkliche Verbündete.

19. Dezember. Gestern nacht lichteten die «Duke of York» und die sie begleitenden Schiffe nach Erhalt eines Funkspruchs die Anker und liefen in die Kolabucht aus. Das geschah in solcher Eile, daß Frazer sich durch die Mission entschuldigen ließ und mitteilte, er kehre nach England zurück. Seltsam diese Hast. Wohin treibt es die Engländer wirklich? Dem Geleitzug entgegen, ihm zu Hilfe? Das wäre unumgänglich, sollte das im Altafjord liegende gegnerische Geschwader ausgelaufen sein. Ansonsten reichten das Kreuzergeschwader und die Geleitschiffe zur Sicherung völlig aus. Möglich, daß die «Duke of York» die Kreuzer «Norfolk», «Belfast» und «Sheffield» ablösen soll, die heute in der Kolabucht eingetroffen sind. Der Geleitzug folgt ihnen unmittelbar. Die schweren Überwasserschiffe des Gegners liegen nach wie vor im Altafjord.

20. Dezember. Die Murmansker Gruppe des nächsten Geleitzuges – elf Transporter und einige Sicherungsschiffe – haben die Kolabucht erreicht. Die restlichen acht Transporter halten Kurs auf Archangelsk. Die «Duke of York» und die mit ihr ausgelaufenen Schiffe fahren weiterhin auf Westkurs.

22. Dezember. Gegen Mittag entdeckte eines unserer Aufklärungsflugzeuge vor Ekkeröy – Vardö einen gegnerischen Geleitzug, der sich dicht an der Küste hielt. Er bestand aus 3 Transportern, einem Torpedoboot, 6 Küstenschutzschiffen, 4 Räumbooten und 10 Küstenschutzbooten, also 7 Sicherungsschiffe je Transporter. Eines unserer Torpedoflugzeuge, unterwegs auf freier Jagd, versuchte einen Angriff, doch es wurde von Messerschmitts und dem Flakfeuer der Schiffe abgedrängt.

Man meldete mir den gegnerischen Geleitzug in dem Augenblick, als die Murmansker Gruppe eines vorangegangenen Geleitzuges, begleitet von unseren Küstenschutzschiffen, Räumfahrzeugen und zwei Zerstörern, auf der Rückfahrt nach England gerade die Kolabucht verlassen hatte. Zwei Zerstörer reichten natürlich nicht aus, um den Gegner mit Aussicht auf Erfolg angreifen zu können. Sie waren nicht einmal in der Lage, ihn abzufangen. Daher beschloß ich nach kurzem Überlegen, Schnellboote loszuschicken: zwei aus Pummanki und drei aus Kuwschinki.

Sie befanden sich wenig später in der Barentssee, und das unter denkbar schlechten Bedingungen: im Wintersturm, in der Polarnacht, bei schlechter Sicht und Vereisung, die die Fahrt und dementsprechend auch die Manövrierfähigkeit der Boote verringerte. Vor dem Krieg wäre das den meisten Seeleuten unvorstellbar erschienen. Auch ich gehörte einige Zeit zu denen, die meinten, das rauhe Wetter in der fast ständig stürmischen Barentssee schließe Gefechtseinsätze der Schnellboote aus. Genau das war der Grund, weshalb wir die ersten Schnellboote recht skeptisch empfingen, die zu Beginn des Krieges, ohne groß in der Praxis getestet worden zu sein, aus der Ostsee bei uns eintrafen. Wir schickten sie in die Kolabucht, überprüften sie dort und gliederten sie in den Bestand der Flotte ein. Noch immer hegten wir keine besonderen Hoffnungen, daß uns die Boote wirklich nützlich sein könnten. Dann aber setzte sich das Leben selbst über alle Zweifel hinweg. Die Gefechtspraxis bewies, daß es möglich, zweckmäßig und wirksam war, Schiffe dieser Klasse auf unserem Seeschauplatz einzusetzen.

Für den Gegner kam ihr Auftauchen im Herbst 1941 völlig überraschend. In der für uns schwersten Zeit, während der zweiten Offensive des Gebirgskorps in der Murmansker Richtung, operierten die ersten Schnellboote erfolgreich gegen die Seeverbindungen der Faschisten. Paarweise am Vàrangerfjord im Einsatz, vernichteten sie bei zwei Angriffen auf Geleitzüge am 11. und 15. September ein Torpedoboot und drei Transporter.

Das erste Paar bestand aus den Booten Nr. 11 und 12 unter Kapitänleutnant Swetlow und Leutnant Schabalin. Sie handelten ungeachtet des Maschinengewehrfeuers von den faschistischen Schiffen auf äußerst kurze Entfernung, versenkten ein Torpedoboot und ein Transportschiff, entkamen den sie verfolgenden U-Jägern und kehrten wohlbehalten zu ihrem Stützpunkt zurück.

Nun machte Palamartschuk mit Boot Nr. 12 den Anfang, und er hatte Erfolg, auch wenn er gehörig etwas abbekam. Beim ersten Angriff versenkte er ein Küstenschutzschiff. Trotz der schlechten Sicht erkannten alle deutlich die beiden Explosionen, ausgelöst von zwei auf kurze Entfernung abgefeuerten Torpedos.

Auf dem Schnellboot hatten Granatsplitter die Motoren getroffen, und das Boot verlor an Fahrt, Palarmartschuk selbst wurde schwer verwundet. Die Besatzung behielt die Nerven. Der Maat Gurjew und der Obermatrose Sacharenko beseitigten im gegnerischen Feuer die Schäden. Palamartschuk fand trotz der schweren Verwundung die Kraft, das Boot auch weiterhin zu führen und es nach einer kurzen Irrfahrt nach Poljarny zurückzubringen.

Die Handlungen der anderen Boote weiteten Palamartschuks Erfolg aus. Nach der «12» durchbrach die «201» unter Leutnant Cholodny den Feuervorhang, jagte auf einen Transporter zu und versenkte ihn mit einem Torpedo.

Fast gleichzeitig setzte das Boot Nr. 13 unter Schabalin, inzwischen Oberleutnant, das aus Pummanki herbeigeeilt war, zum Angriff an. Es attackierte der Reihe nach zwei Küstenschutzschiffe und traf sie mit je einem Torpedo. Beide Schiffe wurden versenkt.

Für Schabalin interessierte ich mich näher. Sein Angriff konnte durchaus als Vorbild dienen, und er mußte es für die anderen Offiziere auf den Schnellbooten auch werden. Schabalin machte den Eindruck eines ruhigen, fast phlegmatischen Menschen. So blieb er auch, beispielsweise beim Anlanden von Aufklärern im Hinterland des Gegners. Kaltblütig und durch nichts zu erschüttern, löste er die Aufgabe. Doch sobald er zum Torpedoangriff ansetzte, war er nicht wiederzuerkennen. Dann wußte er sein Vorhaben leidenschaftlich und augenblicklich in die Tat umzusetzen, nachdem er die für den Erfolg vorteilhafteste Position eingenommen hatte.

Man mußte Schabalin auf jede nur erdenkliche Weise stimulieren und ihn zur Beförderung zum nächsten Dienstgrad vorschlagen. Er kämpfte besser als so mancher Fregattenkapitän. Es war auch an der Zeit, eine Schnellbootbrigade zu schaffen.

Bis zum Abend wurden die Ergebnisse des Gefechts bestätigt. Die Schnellboote hatten drei Küstenschutzschiffe und einen Transporter versenkt. Wir selbst verloren ein Boot.

Dieses Gefecht hatte einmal mehr bewiesen, wie nützlich die Schnellboote unter den Bedingungen der Polarnacht sein konnten.

23. Dezember. Die britischen Kreuzer «Belfast», «Sheffield» und «Norfolk» haben die Kolabucht hinter sich gelassen und folgen den Transportern des Geleitzuges, die gestern ausgelaufen sind. Sie sollen deren Schutz übernehmen.

25. Dezember. Ich übermittelte den Schnellbootfahrern den Dank des Volkskommissars für ihre erfolgreichen Kampfhandlungen vom 22. Dezember bei Ekkeröy.

Um 10.00 Uhr teilte die britische Marinemission mit, sie sei im Besitz von Angaben, wonach die «Scharnhorst» den Altafjord verlassen habe. Eine interessante Mitteilung, denn das Auslaufen eines solchen Schiffes ist keine Augenblickssache. Der Gegner setzt seine schweren Einheiten, wie man so sagt, einmal im Jahr und nur unter Vorbehalt ein. Die «Scharnhorst» ist nach ihrem Eintreffen in Nordnorwegen im März dieses Jahres nur zweimal ausgelaufen, im April zur Bäreninsel und im September zur Teilnahme an der Spitzbergenoperation; ein Spektakel ausschließlich zu Propagandazwecken. Das Prestige der deutschen Waffen sollte aufpoliert werden, operative oder strategische Ziele steckten nicht dahinter. Auf Spitzbergen befand sich lediglich eine kleine Abteilung norwegischer Soldaten, hinzu kamen ebenfalls nicht viele norwegische Bergleute. Die Zerstörung der Wohnhäuser und die Gefangennahme von rund hundert Norwegern war das ganze Ergebnis der September-«Operation» gegen Spitzbergen. Die übrige Zeit, also fast zehn Monate, lag die «Scharnhorst» im Altafjord, genauer, in seiner tiefsten Tiefe, dem Langfjord. Unsere Aufklärung hatte es sorgfältig registriert.

Nun ist sie also wieder ausgelaufen. Ihr Auftauchen auf den Seewegen kann vielfältige Überraschungen mit sich bringen. Die britischen Kreuzer werden es schwer gegen sie haben. Zur Illustration einige Daten: Wasserverdrängung – 26000 Tonnen, Geschwindigkeit – 27 Knoten, Bewaffnung – 9 289-mm-Kanonen, 12 150-mm-Kanonen, 14 105-mm-Fla-Geschütze, 16 370-mm-Fla-Geschütze, 2 Torpedorohrsätze und 4 Bordflugzeuge. Die Besatzung besteht aus 1461 Mann.

Einem solchen Ungeheuer von 226 Meter Länge und 30 Meter Breite kann man von den britischen Überwasserschiffen nur die «Duke of York» entgegenstellen. Frazer, so denke ich jetzt, ist also nicht umsonst mitten in der Polarnacht hierhergekommen und auch nicht umsonst so unerwartet wieder verschwunden. Betrifft die ominöse Nachricht vielleicht das bevorstehende Auslaufen der «Scharnhorst»? Wenn ja, dann ist nicht ausgeschlossen, daß die Engländer eine Agentur entweder im Altafjord oder im Hauptquartier von Dönitz haben.

Eines kann man wohl zweifelsfrei schließen: Den Faschisten ist Frazers Besuch bei uns verborgen geblieben, sonst hätten sie sich gehütet, die Existenz der «Scharnhorst» aufs Spiel zu setzen. Jetzt frage ich mich: Ist die «Duke of York» tatsächlich mit dem Ziel England ausgelaufen? Lauert sie nicht eher der «Scharnhorst» auf, die zum alliierten Geleitzug unterwegs ist?

Rätselraten hat keinen Sinn, ebensowenig wie man sich auf den guten Onkel verlassen soll. Wir müssen selbst in Aktion treten, das heißt zuerst einmal U-Boote losschicken, um die

«Scharnhorst» abzufangen. Deshalb werde ich Tamman befehlen, mit L-20 von der Position beim Nordkap zum Altafjord zu wechseln. Dorthin werde ich auch Lunin mit K-21 schicken. Beide sollen das Gebiet unter sich aufteilen.

26. Dezember. Am Morgen herrschte nur sehr bedingt Flugwetter. Dennoch wurden die Bomber und die Torpedoflugzeuge für den Fall vorbereitet, daß die Überwasserschiffe des Gegners – die «Scharnhorst» kann nicht allein ausgelaufen sein – den alliierten Geleitzug verfolgen. Doch inzwischen wissen wir es besser. Die «Scharnhorst» ist in die Falle gegangen, die ihr die Engländer gestellt haben.

Die ersten triumphierenden Mitteilungen besagten, das Kreuzergeschwader, das die Kolabucht am 23. verlassen hatte, um den Geleitzug zu decken, war heute gegen 10.00 Uhr, 70 Meilen südöstlich der Bäreninsel, auf die «Scharnhorst» geprallt. Bevor man sich auf den Kreuzern besonnen hatte, war das Schlachtschiff im Schneegestöber außer Sicht geraten. Einige Stunden später hatte man es erneut zwischen sich und dem Geleitzug entdeckt. Anscheinend führten die Faschisten einen Schlag gegen die Transporter im Schilde.

Diesmal war man auf den Kreuzern gewappnet und begann sofort mit dem Beschuß. Es entspann sich ein Artilleriegefecht, in dessen Verlauf das Funkmeßgerät der «Scharnhorst» von einer Granate heruntergeholt wurde. Das nahm den Faschisten die Möglichkeit, die tatsächlichen Deckungskräfte des Geleitzuges rechtzeitig zu entdecken und zu bestimmen.

Die «Scharnhorst» hatte anfangs Erfolg: Volltreffer zwangen die «Sheffield», mit der Fahrt herunterzugehen. Außerdem setzte eine Granate einen Geschützturm des Kreuzers außer Gefecht. Auch die «Norfolk» trug Treffer davon. Dennoch erkannten die Faschisten, daß die Kreuzer ihnen nicht gestatten würden, über den Geleitzug herzufallen. Sie zogen es vor, nach Süden zurückzuweichen, möglicherweise um in den Altafjord zurückzukehren. Von der «Duke of York», die vom Kreuzer «Jamaica» und von Torpedobooten begleitet wurde, ahnten die Faschisten nach wie vor nichts. Die Schiffe hatten inzwischen den Geleitzug erreicht. Frazer erhielt von den Kreuzern Angaben über die «Scharnhorst» und beeilte sich, dem Gegner den Weg abzuschneiden.

Jetzt zweifelte ich nicht mehr daran, daß die Engländer vom bevorstehenden Auslaufen der «Scharnhorst» gewußt und ihre eigene Fahrt danach ausgerichtet hatten. Die unerwartete Visite des Chefs der britischen Home Fleet fand so ihre logische Erklärung und bestätigte ein weiteres Mal, daß die Engländer stets ein Fernziel verfolgen.

Gegen 19.00 Uhr machte die «Duke of York» die «Scharnhorst» mit ihrem Funkmeßgerät aus, wurde aber auch selbst bald entdeckt. Es entspann sich ein Artilleriegefecht über eine Entfernung von 100 bis 110 Kabellängen, zur Feuerkorrektur schickte Frazer seine Torpedoboote gegen die «Scharnhorst» aus. Das Ergebnis: Nach einigen Granattreffern ging die «Scharnhorst» mit der Fahrt herunter, wendete, wurde von Torpedobooten angegriffen, erhielt drei Torpedotreffer und sank um 21.30 Uhr. Von der Besatzung konnten nur einige Mann aus dem Wasser geborgen werden.

Die «Duke of York», die «Jamaica» und die sie begleitenden Torpedoboote kehrten mit Kurs auf die Kolabucht um. Die britische Mission informierte uns darüber, daß Frazer hoffe, bei uns Kraftstoff für den Rückweg nach Scapa Flow zu erhalten.

Der nach England fahrende Geleitzug lag nach wie vor auf Kurs. Der für uns bestimmte Geleitzug, auf den es die «Scharnhorst» abgesehen hatte, näherte sich unseren Häfen.

Die Versenkung des deutschen Schlachtschiffes war zweifellos ein großer Erfolg für die Engländer. Ein paar Umstände trugen begünstigend dazu bei, so der zeitweilige Aufenthalt in der Kolabucht, den wir ermöglicht hatten, und die Tatsache, daß dem Gegner die Fahrt und die Anwesenheit der britischen Schiffe bei uns verborgen blieben.

27. Dezember. Das britische Geschwader – die «Duke of York», vier Kreuzer und vier Torpedoboote – traf gegen Abend in der Kolabucht ein. Die übrigen Torpedoboote hielten sich noch dort auf, wo die «Scharnhorst» versenkt wurde, sie sollten später nachkommen.

Ich war bei Frazer und beglückwünschte ihn. Er berichtete kurz über das Gefecht. Einzelheiten könnten erst präzisiert werden, wenn alle Torpedoboote eingetroffen seien.

Das war wohl eher Vorwand. Der Admiral sprach vorwiegend von seinen Verlusten, die ihn sehr betrübten. Sechsundzwanzig Tote und etliche Verwundete waren zu beklagen, zwei von ihnen starben am selben Tag. Drei Kreuzer und ein Torpedoboot, das die «Scharnhorst» aus 300 bis 400 Meter Entfernung angegriffen hatte, erhielten Granattreffer. Auf der «Duke of York» riß eine Granate einen Teil des Fockmastes weg. Die Bilanz des Gegners sah trüber aus. Er büßte eines der beiden Schlachtschiffe auf dem Seeschauplatz ein und mit ihm etwa 2000 Mann, darunter den Stellvertreter des Chefs der faschistischen Seestreitkräfte auf dem nördlichen Schauplatz, Konteradmiral Bey, mit seinem Stab. Den Untergang der «Scharnhorst» überlebten nur 38 Deutsche, unter ihnen kein einziger Offizier, wie Frazer versicherte. Weshalb unterstrich Frazer das so? Nahm er an, wir würden ihn darum bitten, mit Gefangenen sprechen zu können? Nach Angaben der Engländer war die «Scharnhorst» von elf Torpedos getroffen worden – vier Treffer lagen auf der Backbordseite.

Als die «Scharnhorst» danach Schlagseite bekam, erschossen sich Konteradmiral Bey und der Kommandant des Schlachtschiffes, Kapitän zur See Hintz. Außer von den Torpedos wurde das faschistische Schiff von zehn Granaten großen Kalibers getroffen, die an verschiedenen Stellen Brände verursachten. So wurde auch der Hangar mit den Flugzeugen ein Raub der Flammen. Die Granattreffer aus den 356-mm-Geschützen der «Duke of York» verringerten die Standkraft der «Scharnhorst» zusehends, und sie sank, entgegen den Berechnungen der deutschen Spezialisten, wonach dieses Schiff 14 Torpedotreffer aushalten würde.

Ich erkundigte mich nach den benötigten Kraftstoffmengen für das britische Geschwader und erfuhr, man brauchte etwa 10000 Tonnen Heizöl.

Inzwischen waren weitere drei britische Torpedoboote eingetroffen.

28. Dezember. An Einzelheiten über die Versenkung der «Scharnhorst» sind wir weit weniger interessiert als an Informationen, die die Briten von den geretteten deutschen Seeleuten erhalten haben. Wichtig wären beispielsweise Details der Lage im Altafjord sowie im Langfjord, in denen sich ein Ausweichstützpunkt der faschistischen Marinekräfte befindet. Aber darüber gehen Frazer und die Seinen mit einem Lächeln und weitschweifigen Erklärungen, daß sie und wir Verbündete seien, hinweg. Nun gut, wir werden auch mit unseren eigenen Angaben auskommen.

Ich wünschte Admiral Frazer glückliche Fahrt, und um 18.00 Uhr liefen das Schlachtschiff «Duke of York», der Kreuzer «Jamaica» und sieben Torpedoboote aus.

29. Dezember. Heute erlaubt uns die Wetterlage Luftangriffe gegen Objekte in Kirkenes. Unsere Flieger haben am Morgen und nach Mitternacht Bomben geworfen, danach hat sich das Wetter verschlechtert, so daß auf weitere Flüge verzichtet werden mußte.

Der aus 19 Transportern und 17 Sicherungsschiffen bestehende alliierte Geleitzug zu uns fährt wohlbehalten auf dem festgelegten Kurs. Die Murmansker Gruppe müßte morgen eintreffen. Ich habe Tamman mit L-20 von seiner Position abberufen.

30. Dezember. Am Morgen war ich in Murmansk, dort gibt es Schwierigkeiten mit den Reparaturarbeiten, da jede Hand zum Löschen der Transporter des letzten Geleitzuges gebraucht wird. Aber 18 unserer Einheiten warten darauf, wieder einsatzfähig gemacht zu werden. Die der Flotte unmittelbar unterstellten Werke haben zu wenig Leute und Werkzeugmaschinen. Damit das Löschen rascher vorangeht, hat die Flotte bereits Seeleute zur Verfügung gestellt. Es reicht immer noch nicht, dabei brauchen wir die Männer dringend für die tägliche Gefechtstätigkeit.

Nachdem Tamman zurückgekehrt war, fragte ich ihn, ob er etwas über die Versenkung der «Scharnhorst» sagen könne, zumal er zu diesem Zeitpunkt wie befohlen einen Positionswechsel vorgenommen hatte. Drei Stunden nach dem Untergang des deutschen Schlachtschiffes – Tamman wußte natürlich nichts – waren fünf gegnerische Torpedoboote von See her über L-20 hinweggefahren. Eine Meldung, die wir wenig später erhielten, gab eine Erklärung dafür. Der hohe Wellengang machte der «Scharnhorst» nichts aus, sie lief mit recht hoher Geschwindigkeit, doch die Torpedoboote «verschluckten sich» und blieben zurück. Um nicht durch sie behindert zu werden, schickte Bey sie zum Stützpunkt zurück. Das könnte zum Untergang der «Scharnhorst» beigetragen haben, denn ohne die Torpedoboote mußte Bey aufs Geratewohl handeln, nachdem die Funkmeßanlage auf seinem Schiff ausgefallen war.

Über Hintergründe der ganzen Operation gab der Antwortfunkspruch des Oberbefehlshabers der faschistischen Kriegsmarine auf Beys Meldung über seine Begegnung mit den britischen Kreuzern Auskunft. Der sowohl von den Engländern als auch von uns entschlüsselte Funkspruch lautete: Feind will durch wichtigen Geleitzug mit Nahrung und Waffen für Russen heldenmütigen Kampf unseres Ostheeres erschweren. Wir müssen helfen. Geleitzug mit Scharnhorst und Zerstörern angreifen. Abbrechen nach eigenem Ermessen. Grundsätzlich abbrechen bei Auftreten schwerer Streitkräfte.[6] Dönitz' Befehl ließ erkennen, daß die Faschisten über die Lage auf dem Seeschauplatz nicht im Bilde waren, von der Anwesenheit der «Duke of York» keine Ahnung hatten. Aber auch ohne diese Kenntnis blieb der Befehl an die «Scharnhorst» ein abenteuerliches Unterfangen, einzig dazu bestimmt, die Niederlagen der Hitlerarmeen an der sowjetisch-deutschen Front durch eine spektakuläre Operation auf dem nördlichen Seeschauplatz zu kompensieren. Diese Rechnung konnte nicht aufgehen.

In der Nacht liefen die Kreuzer «Norfolk», «Belfast» und «Sheffield» nach England aus, dafür traf die Murmansker Gruppe des nächsten alliierten Geleitzuges ein: zehn Transporter und ein Tanker. An sich eine erfreuliche Tatsache, doch an den Liegeplätzen von Murmansk stapelten sich bereits die Frachten. Etwa 70000 Tonnen Kriegsmaterial warteten darauf, mit der Eisenbahn abtransportiert zu werden, nicht gerechnet das, was noch in den Laderäumen steckte und nun neu hinzugekommen war. Der Abtransport mußte in den nächsten Tagen geschehen, damit bei eventuellen Luftangriffen nichts vernichtet wurde.

31. Dezember. Der letzte Tag dieses Jahres endet mit Schneefall und Nebel. Außerhalb der Mauern des Flagge-

6 Zitiert nach: Karl Dönitz, Zehn Jahre und zwanzig Tage, Bonn 1958, S. 374.

fechtsstandes herrscht die dunkle Polarnacht, erfüllt von allem, was wir als Kampfalltag der Nordflotte bezeichnen. Schiffe und Besatzungen sind im Einsatz oder in voller Bereitschaft zu Aktionen auf beliebigen Positionen, bei Überfahrten, bei der Gefechtssicherung an den von der Marineinfanterie besetzten Küstenabschnitten und zwischen den eisbedeckten Bergkuppen, an denen sich jetzt unsere Aufklärer vorarbeiten.

Am Vorabend eines neuen Jahres kommt immer der Wunsch auf, Bilanz zu ziehen. In meinem Tagebuch kann ich schon heute das Fazit der Handlungen unserer Flotte im Jahre 1943 ziehen; offiziell braucht man dafür anderthalb Monate, ehe alles vollständig erfaßt und ausgewertet ist. Das ist nun mal so seit eh und je.

Doch eins kann man heute unumstößlich sagen: Die Bilanz des Krieges fällt zu unseren Gunsten aus. Die Zeit arbeitet für uns, und sie führt zum Sieg.

Auf den Seewegen der Arktis

Januar bis Oktober 1944

Bei der Durchsicht meiner Tagebuchnotizen aus dem Jahre 1944 wunderte ich mich immer wieder, wie abenteuerlich der Gegner in der Arktis vorging. Worauf rechnete er, da er nicht einmal in der für das Sowjetland schwersten Zeit Erfolg gehabt hatte? Das Vordringen der «Admiral Scheer» in unsere Gewässer konnte er sich wohl kaum zugute halten, denn am Verlauf der Ereignisse an der Front oder in unserem Rücken änderte sich dadurch nichts. Selbst auf dem nördlichen Seeschauplatz blieb die «Scheer» eine unerhebliche Episode; die Transporte auf den arktischen Seewegen verliefen planmäßig.

Konnten die Faschisten während der letzten Navigationsperiode noch hoffen, ihre U-Boote in der Karasee würden unsere damals begrenzten Kräfte von anderen Richtungen in die Arktis lenken, so war diese Hoffnung inzwischen zerstoben. Unsere Flotte verfügte jetzt über genügend Kräfte, um allen Gegebenheiten Rechnung zu tragen. Seit meinem Vortrag im Hauptquartier des Obersten Befehlshabers war die Nordflotte bedeutend verstärkt worden. Wir erhielten Bomben-, Torpedo-, Jagd- und Schlachtflugzeuge sowie Schiffe verschiedener Klassen: Räumfahrzeuge, große U-Jäger und Schnellboote. Außerdem hatten wir nach der Kapitulation Italiens im September 1943, als dessen Flotte aufgeteilt wurde, von den Amerikanern einen alten, wenn auch modernisierten Kreuzer und von den Engländern ein veraltetes Schlachtschiff, acht Zerstörer und vier U-Boote erhalten. Nach dem Kriege wurden diese Schiffe den Alliierten übrigens zurückgegeben. Die «Dampfer», wie die Nordmeerseeleute das Schlachtschiff und den Kreuzer nannten, spielten natürlich nur eine untergeordnete Rolle. Der Kreuzer war ein Veteran mit vier hohen Schornsteinen. So sahen Kriegsschiffe im ersten Weltkrieg aus. Aber das nur nebenbei. Entscheidend für uns war, daß wir jetzt doppelt soviel leichte Einheiten, vor allem Geleit- und Vorpostenschiffe, einsetzen konnten wie im vorigen Jahr!

Übrigens hatten sich das Kräfteverhältnis und die Lage im Norden wie an der gesamten sowjetisch-deutschen Front längst zugunsten der sowjetischen Streitkräfte verändert. Die Ereignisse der ersten neun Monate dieses Jahres spiegelten deutlich die große Wende im Kriegsverlauf wider. Das von den faschistischen Truppen okkupierte Territorium der Sowjetunion war fast völlig befreit, Rumänien und Bulgarien waren unlängst aus der faschistischen Koalition ausgeschieden, die Sowjetarmee handelte seit Juli in Polen und inzwischen auch in Jugoslawien.

Äußerlich sah es zwar hier im Norden vorläufig noch so aus wie im Herbst 1941, doch diese drei Jahre währende stabile Front würde es bald nicht mehr geben. Wir bereiteten uns auf Weisung des Hauptquartiers seit einiger Zeit auf eine Offensive vor. Das war dem Gegner natürlich nicht entgangen, und er traf seine Maßnahmen. In fieberhafter Eile verstärkte er seine Verteidigung. Nach Aufklärungsangaben war der Hafen von Kirkenes vermint, den Eingang versperrten U-Boot-Netze. Auch die inneren Gewässer des Varangerfjords wurden vermint. In und um Kirkenes schuf man von Minenfeldern gedeckte Betonbefestigungen. Überläufer und Gefangene sagten immer wieder aus, Hitler habe befohlen, die Nickelerzgruben bei Kolosioki unbedingt zu behaupten. In Erwartung unseres Vorstoßes sei man ziemlich nervös.

Dieser Nervosität war es wohl zuzuschreiben, daß in der ersten Hälfte des Monats September an der Landenge der Halbinsel Sredni rund 7000 und an der Westlichen Liza über 14000 Artillerie- und Wurfgranaten auf unsere Stellungen abgefeuert wurden.

So sah die Lage zu Lande aus. Auf See stand es auch nicht besser für die Faschisten. Nach dem Verlust der «Scharnhorst» Ende Dezember 1943 unternahmen sie keinen einzigen Versuch, ihre Überwasserschiffe auf den äußeren und inneren Seeverbindungen der UdSSR einzusetzen. Darüber hinaus gelang es britischen Kleinst-U-Booten, dem Schlachtschiff «Tirpitz» so bedeutende Beschädigungen zuzufügen, daß es jetzt im Altafjord lag und repariert werden mußte. Die Handlungen der leichten Überwasserkräfte der faschistischen Kriegsmarine auf dem Seeschauplatz trugen wie bisher reinen Verteidigungscharakter. Der Gegner war lediglich bemüht, seine Transporte zwischen den Häfen Nordwestnorwegens und dem Varangerfjord zu gewährleisten. Aber selbst das gelang ihm seltener als früher. Der Raum zwischen dem Varangerfjord und Honnigsvåg am Eingang zu den nördlichen norwegischen Schären wurde für ihn zu einem regelrechten Schiffsfriedhof. Allein während eines Gefechts am Kap Kiberg zerschlugen sowjetische Schnellboote unter Führung von Fregattenkapitän S. G. Korschunowitsch einen aus 32 Einheiten bestehenden Geleitzug. In einer halben Stunde vernichteten sie zehn Transport- und Sicherungsschiffe, zwei Transporter wurden beschädigt. Das blieb kein Einzelfall. Seit März kehrten unsere Schnellboote mit Erfolgsmeldungen von solchen Gefechten zurück. Bei einem der letzten, das am 15. September stattfand, wirkten Boote und Flugzeuge eng zusammen. Sie vernichteten drei Transporter und drei Sicherungsschiffe, ein Küstenschutzschiff wurde beschädigt.

Ich möchte es dabei bewenden lassen und auf das kommen, was uns bevorstand: ein entschiedener Schlag gegen die Lappland-Gruppierung des Gegners.

Wir bereiteten uns zusammen mit Truppenteilen der Armee darauf vor. Den Flottenkräften fiel beim bevorstehenden Angriff die Aufgabe zu, den Durchbruch und die Einnahme des befestigten Raumes um Liinhamari und Petsamo zu gewährleisten. Gleichzeitig waren wir verpflichtet, die Evakuierung der gegnerischen Truppen auf dem Seeweg und die Zuführung von Verstärkungen zu ihnen zu stören. Darüber hinaus hatten wir die Sicherheit der eigenen und der alliierten Geleitzüge auf dem gesamten Seeschauplatz in der Barentssee, im Weißen Meer sowie in der Kara- und der Laptewsee zu gewährleisten.

Das letztere war praktisch möglich. Allerdings mußten selbst bei Geleitzügen auf den inneren Seeverbindungen Verluste einkalkuliert werden. Ich sagte ja schon, daß die in die Arktis führenden Seewege nicht völlig abzuriegeln waren. Einzelnen U-Booten konnte es immer gelingen, in die Kara- oder die Laptewsee durchzubrechen. Selbst wenn die Faschisten wußten, daß ihr Schicksal nicht dort entschieden wurde, mußte man doch davon ausgehen, daß sie uns in der Arktis weiterhin behelligen würden. Konteradmiral Edgerton, der nunmehr vierte Chef der britischen Marinemission in Poljarny, hatte mich drei Wochen zuvor darüber informiert, daß die faschistischen U-Boote auf dem europäischen Kriegsschauplatz mit einem sogenannten Schnorchel ausgestattet seien, der lange Tauchfahrten mit Dieselmotoren in Sehrohrtiefe ermögliche. Auch eine zweite Neuerung wurde uns bekannt. Die faschistischen U-Boote setzten seit kurzem weiterentwickelte Elektrotorpedos ein. Solche technischen Novitäten förderten natürlich Gedanken des Gegners an Erfolge auf den arktischen Seewegen.

Was erhoffte er sich davon? Konnte die Versenkung eines oder zweier Transport- oder Geleitschiffe beziehungsweise das Absetzen einer Diversionsgruppe bei irgendeiner Polarstation den Verlauf des Krieges beeinflussen und die unausbleibliche, ja schon nahe Zerschlagung des deutschen Faschismus abwenden? Kaum anzunehmen, daß die Faschisten selbst daran glaubten. Sie verfolgten nur ein Ziel: anderen bis zur letzten Minute ihres Daseins zu schaden, wo immer es ihnen gelang. Daran hielten sie sich.

Monatelang hatte ich nur hin und wieder etwas in das Tagebuch eingetragen, so daß es große Lücken aufwies. Sich an alles zu erinnern war ungemein schwer. Daher mußte man Dokumente zu Hilfe nehmen, um das Geschehen rekonstruieren zu können. Ich griff zu Sammelberichten über die Ereignisse auf unserem Seeschauplatz ab zweite Septemberhälfte 1944. An einen Bericht waren Blätter mit kurzen Mitteilungen nach dem Untergang des Räumfahrzeugs T-120 in der Karasee angeheftet. Ich will erzählen, was sich davor zutrug.

Seit Mitte September bereiteten sich die Nordflotte und die 14. Armee intensiver als bisher auf die Offensive am Küstenabschnitt der Karelischen Front – von der Westlichen Liza und dem Musta-Tunturi-Gebirgsrücken bis Petsamo – vor. Darüber hinaus gaben die Flottenkräfte wie bisher alliierten Schiffen Geleitschutz, eskortierten eigene durch das Weiße Meer, die Barentssee sowie durch die Arktis zwischen Jugorski Schar und Dickson, zwischen anderen Punkten an der Küste der Karasee und den Häfen in der Laptewsee. Wir setzten

Schnellboote, U-Boote und Fliegerkräfte auf den Seewegen des Gegners entlang der norwegischen Küste ein, gewährleisteten mit Minenlegern und Räumfahrzeugen den Transport von Gütern und Überwinterern zu den Polarstationen der Tichajabucht auf Franz-Joseph-Land und zum Kap Shelanija auf dem Nordzipfel von Nowaja Semlja und landeten Aufklärergruppen auf der Halbinsel Varanger im Hinterland des Gegners an.

Besonders intensiv war der Verkehr auf den arktischen Seewegen. Die Navigationsperiode ging zu Ende, und die Polarstationen mußten für den Winter mit Nahrungsmitteln, Brennstoff und manch anderem versorgt werden. Außerdem kehrten auf der Hauptmagistrale des Nördlichen Seeweges Transportschiffe mit Gütern von den Häfen der Arktisküste nach Archangelsk zurück. Zu den Sicherungsschiffen eines solchen Geleitzuges gehörte das Räumfahrzeug T-120 unter Kapitänleutnant Lyssow. Die vier Transport- und sieben Sicherungsschiffe fuhren aus der Laptewsee durch die Wilkizkistraße nach Dickson. Am 23. September lagen sie nördlich der Insel Krawkow. Um 01.13 Uhr meldete der Kommandant eines Sicherungsschiffes, Oberleutnant Machonkow, über Funk, daß er ein U-Boot entdeckt habe. Unmittelbar darauf befahl der Geleitzugkommandeur Lyssow, das U-Boot anzugreifen. Das Räumfahrzeug scherte aus der Marschformation aus, kam jedoch zu spät, um den Angriff des U-Bootes zu verhindern. Die «Brillant», ein früheres Küstenschutzschiff der Grenztruppen, war bereits getroffen und sank innerhalb weniger Minuten. An der Untergangsstelle konnte nur ein einziger Matrose aus dem Wasser gerettet werden. Er starb jedoch kurz darauf.

Um 03.40 Uhr erhielt Lyssow vom Geleitzugkommandeur den Befehl, an der Stelle zu bleiben, an der das gegnerische U-Boot entdeckt worden war, und die Suche nach ihm fortzusetzen.

Die übrigen Geleit- und Transportschiffe hielten im Nebel weiter Kurs auf Dickson. Unterwegs entdeckten die Sicherungsschiffe zweimal ein U-Boot, doch es entkam jedesmal im Schneetreiben unseren Angriffen. Eines unserer Flugzeuge führte später die Zerstörer «Dostojny» und «Shostki» an den Geleitzug heran, und am folgenden Morgen erreichten die

Schiffe die Reede des Hafens Dickson. Kurz davor befahl der Geleitzugkommandeur einem Sicherungsschiff, zu Lyssow zurückzufahren und ihn bei der Suche abzulösen. Lyssow selbst wurde über Funk befohlen, Dickson anzusteuern. Er bestätigte den Funkspruch. Das Geleitschiff begegnete jedoch dem Räumfahrzeug weder unterwegs noch in dem Suchgebiet und kehrte nach Dickson zurück.

Was war mit Lyssow geschehen? Darüber erhielten wir erst Anfang Oktober Klarheit, als man am 1. und 6. des Monats von zwei kleinen Inseln in der Karasee Besatzungsmitglieder von T-120 herunterholte, die drei Tage in einem Ponton und in einem Motorboot auf See zugebracht hatten. Sie sagten uns, Kapitänleutnant Lyssow habe drei Stunden mit der hydroakustischen Station vergeblich nach dem U-Boot gesucht. Am 24. September, um 06.00 Uhr, verschlechterte sich das Wetter jäh: Nebel wechselte mit Schneefällen, die See ging immer höher. Um 06.15 Uhr meldete der Hydroakustiker, die Station sei defekt, und bis zur Rückkehr zum Stützpunkt könne man den Schaden kaum beheben. Kapitänleutnant Lyssow meldete dies dem Geleitzugkommandeur und erhielt um 06.35 Uhr die Antwort: «Fahren Sie zum Stützpunkt.» Zehn Minuten später lag das Räumfahrzeug bereits auf Kurs nach Dickson und fuhr im U-Boot-Abwehrzickzack. Dieses Regime wurde bis 07.10 Uhr befolgt, als der Hydroakustiker dem Kommandanten meldete, es sei ihm doch gelungen, den Schaden zu beheben. Kapitänleutnant Lyssow befahl, die Station einzuschalten und die Suche nach dem U-Boot fortzusetzen. So verstrichen weitere drei Stunden. Die Wetterlage blieb unverändert.

Um 10.05 Uhr meldete der Hydroakustiker Schraubengeräusche eines U-Bootes in Kursrichtung. Kapitänleutnant Lyssow führte das Räumfahrzeug sofort mit voller Kraft in die angegebene Richtung, griff das U-Boot mit Wasserbomben an und informierte den Stützpunkt darüber.

Den weiteren Ereignissen nach zu urteilen, muß es dem gegnerischen U-Boot gelungen sein, seitlich auszuweichen, noch bevor das Räumfahrzeug zum Angriff ansetzte. Zehn Minuten später griff es selbst an.

Auf dem Räumfahrzeug entdeckte man weder die Blasenspur eines Torpedos noch das Sehrohr des U-Bootes. Um

10.15 Uhr traf ein Torpedo das Heck von T-120. Die Ruderanlage und die Schiffsschrauben wurden nach oben gebogen und ragten aus dem Wasser. Der Rumpf wurde bis zum Vorsteven hin deformiert. Alle Geräte und die Beleuchtung fielen aus, die Hilfsmaschinen standen still. Das Räumfahrzeug blieb liegen und bekam 6 bis 7 Grad Schlagseite nach Backbord.

Der Kommandant und die Besatzung handelten in diesen kritischen Minuten exakt und gut aufeinander abgestimmt. Kapitänleutnant Lyssow ergriff in erster Linie Maßnahmen, die die Stabilität des Schiffes gewährleisteten. Er ließ einen Teil des Kraftstoffes über Bord pumpen, so daß T-120 wieder seine normale Lage einnahm. Danach befahl Lyssow, Leuchtgranaten und Signalraketen abzufeuern. Als er erfuhr, daß die tragbaren Funkstationen intakt waren, ließ er den Funkgast Porochin kommen und diktierte ihm eine Meldung nach Dickson. Sie besagte, das Schiff habe einen Torpedotreffer erhalten, er bäte um Hilfe. Hinzugefügt waren die Koordinaten. Nach Absetzen dieses Funkspruchs sollten die Funkgasten versuchen, mit anderen Schiffen oder mit der Küste Verbindung herzustellen.

Das Räumfahrzeug hielt sich auf dem Wasser, doch da es keine Fahrt machen konnte, stellte es ein unbewegliches Ziel dar. Man mußte ja mit einem neuen Angriff des U-Bootes rechnen. Daher entschloß sich Lyssow, nur die zur Verteidigung des Schiffes notwendigen Männer an Bord zu lassen. Navigationsoffizier Dementjew wurde mit der Rettung der Mannschaft beauftragt. Er hatte zunächst dafür zu sorgen, daß alle, die das Schiff zu verlassen hatten, in erster Linie die Verwundeten, in das zu Wasser gelassene Motorboot und in den Ponton stiegen.

Im Motorboot fanden sechsundzwanzig und im Ponton zwanzig Mann Platz. Beide Fahrzeuge wurden mit zwei der vorhandenen drei intakt gebliebenen tragbaren Funkstationen ausgerüstet. Ferner übernahm man alle geheimen Dokumente. Vor dem Ablegen des Pontons reichte Kapitänleutnant Lyssow seinen Mantel hinüber und sagte: «Den schenk ich euch zum Andenken, nehmt ihn, ihr werdet ihn brauchen.» Dementjew übergab er sein Parteidokument, Briefe und die Orden. Er verabschiedete sich von allen und schärfte Dementjew nochmals den Kurs ein, der zur Küste führte. Danach befahl er abzulegen.

Auf dem Räumfahrzeug verblieben achtunddreißig Mann auf ihren Gefechtsstationen: der Kommandant, Kapitänleutnant Lyssow, der Erste Offizier Demtschenko, der Leitende Ingenieur Sosnizki, der Artillerieoffizier Nakonetschny und die Bedienungen der beiden Geschütze.

Zehn Minuten nach dem Ablegen, um 11.05 Uhr, bemerkte man auf allen Fahrzeugen 6 Kabellängen steuerbords entfernt ein Sehrohr. Nach einigen Minuten verschwand es, um kurz darauf in 3, 4 Kabellängen Entfernung erneut aufzutauchen. Bald zeigte sich auch der Turm des U-Bootes.

Vom Ponton und vom Motorboot aus sah man, daß beide Geschützbedienungen auf T-120 das Feuer eröffneten. Schon eine der ersten Granaten traf den Turm, und das U-Boot verschwand.

Über eine Stunde verging, ohne daß sich etwas ereignete. Die Männer im Ponton und im Boot ruderten nur langsam, sie wollten möglichst in Sichtweite des Schiffes bleiben.

Um 12.30 Uhr war eine starke Detonation zu hören. Über dem Mittelteil von T-120 wirbelten Trümmer empor. Ein Torpedo hatte es mittschiffs getroffen. Eine riesige Rauchsäule erhob sich. Als der Wind den Rauch verweht hatte, gewahrte man nur noch das Vorschiff auf dem Wasser, Menschen waren nicht zu sehen. Dann tauchte das U-Boot auf, passierte den Schiffsrest und verschwand, ohne den Ponton und das Motorboot bemerkt zu haben.

Beide eilten zur Untergangsstelle. Vor ihren Augen versank auch das Vorschiff, nachdem es sich noch 10 bis 15 Minuten auf dem Wasser gehalten hatte. Überlebende gab es nicht.

Die Männer im Ponton und im Boot nahmen Kurs auf die Küste, in der Hoffnung, daß der erste Funkspruch bereits eine Hilfsaktion ausgelöst hatte. Doch wie sich später herausstellte, war Lyssows Meldung von niemandem empfangen worden.

Den Männern im Ponton und im Boot standen schwere Prüfungen bevor. Die stürmische See trennte sie, und der Nebel verhinderte, daß sie wieder zueinander fanden. Dementjew mußte das Segel setzen lassen, nachdem der Motor ausgesetzt hatte. Wasser drang in das Boot ein und zwang die Männer, ununterbrochen zu schöpfen. In der Nacht zum

25. September wurde die Insel Podkowa erreicht, auf der acht Pelztierjäger in einer Hütte überwinterten. Wegen der starken Brandung ließ Dementjew das Segel einholen und das Boot zur Küste rudern. Dabei stürzte ein Seemann ins Wasser und wurde gegen einen Felsen geschleudert. Er konnte nicht gerettet werden.

Den Männern im Ponton blieb ebenfalls nichts erspart. Mit ihren beiden Rudern kamen sie kaum voran. In Obermaat Doronenko hatten sie aber einen findigen und energischen Kommandeur an Bord. Er munterte seine Kameraden nicht nur auf, sondern wußte auch den einzig richtigen Ausweg, als alle zu erschöpft waren, um noch weiter rudern zu können. Aus den beiden Rudern wurde ein Mast gefertigt, und zusammengeknüpfte Uniformmäntel ergaben ein Segel. Der Wind trieb den Ponton in die richtige Richtung. Dennoch vergingen mehr als zwei Tage, ehe der Ponton am 27. September eine unbewohnte Insel der Scott-Hansen-Gruppe erreichte. Alle gelangten wohlbehalten an Land. Doch hierzubleiben in der Hoffnung, man würde sie finden, erschien den Männern in dieser Jahreszeit zu riskant. Deshalb machten sich die zwölf körperlich Stärksten auf den weiten Weg zur Festlandsküste und erreichten am 1. Oktober eine Landzunge, auf der eine sowjetische Batterie stationiert war. Von dort wurde unverzüglich Meldung gemacht, und von Dickson lief ein Räumfahrzeug aus. Es kehrte am folgenden Tag mit allen achtzehn Geretteten des Pontons zurück. Zwei waren inzwischen den Verwundungen erlegen.

Am selben Tag erhielten wir vom Kontor der Jagdgenossenschaft auf Kap Wychodnoi in der Pjassinabucht die Nachricht, daß weitere Überlebende bei ihnen auf der Insel Podkowa weilten. Sofort wurde auch ihre Rettung in die Wege geleitet. Von Dickson liefen zwei Räumfahrzeuge aus, ein Flugzeug sicherte aus der Luft. In der Nacht zum 6. Oktober kehrten beide Schiffe mit fünfundzwanzig geretteten Seeleuten von T-120 nach Dickson zurück.

Ich dachte damals lange über diese Geschichte nach und bedauerte, daß sie vorläufig nicht in der Presse veröffentlicht werden konnte. Die Seeleute auf T-120 hätten es verdient, daß ihr Verhalten bekanntgemacht würde. Sie hatten die Traditionen unserer Flotte hochgehalten und gleich mehrere Beispiele für Heldentum und Selbstlosigkeit, für Findigkeit und Initiative geliefert.

Für mich ergab sich aus dem Untergang des Küstenschutzschiffes und des Räumfahrzeuges die Schlußfolgerung, daß mehrere U-Boote auf unsere arktischen Seewege vorgestoßen waren. Und daß in beiden Fällen keine Torpedobahnen beobachtet wurden, wies auf Elektrotorpedos hin.

Inzwischen wurden auch Einzelheiten über den Untergang des Vermessungsschiffes «Nord» in der Karasee bekannt. Bislang hatte man angenommen, es sei auf eine Mine gelaufen. Deshalb waren alle Posten und Polarstationen angewiesen worden, die Küste nach angeschwemmten Gegenständen des untergegangenen Schiffes oder nach Rettungsbooten mit Besatzungsmitgliedern abzusuchen. Die Suche verlief ergebnislos. Noch am 27. September wurde der Stab der Weißmeerflottille vom Chef für Seeoperationen des westlichen Sektors der Arktis, dem Bevollmächtigten der Hauptverwaltung Nördlicher Seeweg A. I. Minejew, informiert, daß die Polarstation auf Kap Sterlegow seit dem 26. September 21.30 Uhr nicht mehr funke und Anrufe unbeantwortet lasse. Minejew teilte mir daraufhin mit, der Flieger Tscherewitschny sei beauftragt worden, diesen Raum beim Überfliegen der Route Tiksibucht – Dickson in Augenschein zu nehmen. Der Kommandeur des Flottenstützpunktes auf Nowaja Semlja befahl allen Batterien und Posten an der Karasee, die Wachsamkeit zu erhöhen. Nach weiteren drei Tagen traf von einer auf dem Festland gelegenen Polarstation eine neue Meldung ein. Danach war das Vermessungsschiff von einem U-Boot angegriffen worden. Die Besatzung war mit Ausnahme von vier Verwundeten über Bord gesprungen und ertrunken, da sie nicht warten wollten, bis das aufgetauchte U-Boot sich dem Untergang geweihten Schiff näherte, um ihm den Todesstoß zu versetzen. Diese Mitteilungen stammten vom Chef der Polarstation auf Kap Sterlegow, G. W. Buchtijarow, der den Faschisten entkommen war.

Er war ihnen unter folgenden Umständen in die Hände geraten: Mit dem Signalgast des Postens, Nagajew, fuhr er auf der Suche nach Gegenständen von dem untergegangenen Schiff mit einem Hundegespann die Küste ab. Am 25. September kehrte Buchtijarow zur Polarstation zurück, um den

Proviantvorrat zu ergänzen. Nagajew hatte er in der benachbarten Bucht zurückgelassen. In seiner Abwesenheit war die Station von einer faschistischen Diversionsgruppe überfallen worden, die zwei U-Boote in der Nacht zum 25. September angelandet hatten. Der Trupp bestand aus über zwanzig MPi-Schützen, unter ihnen ein Dolmetscher, Ingenieur von Beruf, der vor dem Krieg auf Schiffen der Nördlichen Seereederei Dienst getan hatte. Die Diversanten bemächtigten sich der Station, als außer den beiden Wachhabenden alle im Haus schliefen. Der Gegner wollte in den Besitz von Angaben über den Schiffsverkehr auf den arktischen Seewegen gelangen und nebenbei das Lebensmittellager der Polarstation ausrauben. Danach sollte die Station zerstört werden. Buchtijarow merkte nichts, als er zurückkehrte, denn die Diversanten hatten alle Spuren verwischt. Die U-Boote lagen in der benachbarten Bucht auf Grund. Dort warteten sie auf das Signal zum Auftauchen – die Detonationen von zwei ins Wasser geworfenen Handgranaten.

Die Faschisten ließen Buchtijarow bis an die Station heran, umzingelten und entwaffneten ihn und begannen, ihn zu verhören. Er sagte nichts aus. Dafür verstand er es, aus dem Dolmetscher, der eine Flucht Buchtijarows für unmöglich hielt, so manches herauszuholen. So erfuhr er Näheres über den Untergang des Vermessungsschiffes und des Räumfahrzeugs und über das Einsatzgebiet der U-Boote in der Karasee. Der Dolmetscher plauderte aus, auf welchem Weg sie dort eingedrungen waren und wie sie sich voraussichtlich zurückziehen wollten. Er verriet Buchtijarow, daß man den Funker mit Waffengewalt gezwungen habe, zu den vorgeschriebenen Zeiten Wettermeldungen entgegenzunehmen und durchzugeben, um so die Einnahme der Station geheimzuhalten – das klappte ja auch bis zum Abend des 26. September. Weiter bekam Buchtijarow zu hören, daß auf einem U-Boot in der Nachbarbucht ein Gestapooffizier darauf warte, ihn zu verhören. Und so ganz nebenbei erwähnte der Dolmetscher, daß ein U-Boot in der Karasee verlorengegangen wäre.

Von all diesen Dingen wußten wir nun, nachdem es Buchtijarow gelungen war zu fliehen. Er legte 110 Kilometer ohne Waffen und ohne Verpflegung durch arktische Einöde bis zur nächsten Polarstation zurück.

Ja, auch diese Geschichte war es wert, nach dem Krieg wie ein Staffelstab an die folgenden Generationen übergeben zu werden. Menschen wie Buchtijarow, wie die Besatzungen des Räumfahrzeuges T-120 und des Vermessungsschiffes «Nord» waren das Unterpfand unseres nahen Sieges über den Faschismus.

Den nach uns Kommenden zum Vorbild

September bis Dezember 1944

27. Dezember. Der Sinn obiger Worte ist an keine Zeit gebunden. Sie galten immer, wenn der Heimat zuliebe eine historische Tat vollbracht wurde. Sie hatten sich mir tief eingeprägt, als ich sie das erstemal – lange vor dem Krieg, während meines Dienstes in der Schwarzmeerflotte – auf dem Denkmal für Kapitänleutnant Kasarski in Sewastopol las. Und nun liegt eine Medaille mit der Aufschrift «Für die Verteidigung des sowjetischen Polargebiets» vor mir. Sie wird noch in vielen Jahren wie das Kasarskidenkmal daran erinnern, daß die Taten derer, denen sie verliehen wurde, unvergessen sind, den Nachkommenden stets zum Vorbild.

Der Erlaß des Präsidiums des Obersten Sowjets der UdSSR über die Stiftung der Medaille wurde vor drei Wochen, am 6. Dezember 1944, bekanntgegeben. Die «Prawda» brachte dazu einen Artikel, in dem es hieß: «Mit großer Befriedigung wird das sowjetische Volk heute den Erlaß des Präsidiums des Obersten Sowjets der UdSSR über die Stiftung der Medaille ‹Für die Verteidigung des sowjetischen Polargebiets› lesen. Das ist die siebente Medaille im Gestirn jener Auszeichnungen, die für großartige Heldentaten und Standhaftigkeit bei der Verteidigung gestiftet wurden ... Die heroische Verteidigung des Polargebiets wird als eine der prägnantesten und einprägsamsten Seiten in die Geschichte unseres Landes eingehen. Hier wurde der Feind im Herbst 1941 zum Stehen gebracht ... Der mehr als dreieinhalb Kriegsjahre währende Kampf zum Schutz unserer nördlichen Verbindungswege ist eine ruhmreiche Tat der Seeleute der Nordflotte.»

Voller Befriedigung übertrage ich diese Zeilen in mein Tagebuch. Ich glaube, sie werden mich noch nach Jahren tief berühren, wenn unsere Zeit längst Geschichte ist. Sie werden mich auch daran erinnern, was der Stiftung der Medaille unmittelbar voranging: der gemeinsame Vorstoß der Karelischen Front und aller Kräfte der Nordflotte über jene Hindernisse hinweg, die drei Jahre hindurch für den Gegner unüberwindlich geblieben waren. Es sei wiederum eine Einschätzung der «Prawda» angeführt. Sie wertete die Zerschlagung der faschistischen Truppen im hohen Norden «als das Ergebnis der Grundideen der sowjetischen Führung, der hohen Kunst unserer Offiziere und der grenzenlosen Kühnheit der einfachen Soldaten. Der effektive Einsatz unserer mächtigen Technik und unsere ausgezeichneten Manöver brachten den Gegner ständig in Gefahr, eingeschlossen und im Rücken angegriffen zu werden. Hier, in der völlig wegelosen Tundra, vollführten ganze Korps Märsche, wie sie die Geschichte kaum kennt ... Weder Sümpfe noch Flüsse, weder Regen noch Schnee konnten ihren Vormarsch aufhalten. Sie drangen in das Hinterland des Gegners vor und fielen unverhofft über ihn her, zwangen ihn, sich Hals über Kopf unter Zurücklassung von Technik und Waffen zurückzuziehen. Viele Hitlerfaschisten blieben für immer in der Erde, die sie vor drei Jahren als freche Eroberer betreten hatten. Allein schon der Marsch durch die Tundra ist eine Heldentat, zu der nur der seiner Soldatenpflicht und seiner Heimat grenzenlos ergebene sowjetische Kämpfer fähig ist.»

Etliche Zeit verging, ehe ich dazu kam, die diesen Kämpfen gewidmeten Aufzeichnungen im Tagebuch zu systematisieren. Dabei wurde deutlich, daß nicht nur an den Tagen der unmittelbaren Offensive an der Küste und auf See große Anspannung herrschte. Sie begann in dem Augenblick, als die Vorbereitungen zu ihr einsetzten, also praktisch einen ganzen Monat vorher. Und auch das ist nicht exakt, betrachtet man es vom Standpunkt des Flottenchefs, des Kriegsrates und der Kommandeure der Verbände aus. Gedanklich hatten wir uns schon im Frühjahr damit befaßt, als wir verschiedene Varianten und Methoden des optimalen Einsatzes unserer Flottenkräfte für die bevorstehende Operation erwogen.

Am 8. September, sofort nachdem der Oberbefehlshaber der Karelischen Front, Merezkow, mir mündlich bestätigt hatte, was vom Hauptquartier für die Offensive ausgearbeitet worden war, unterschrieb der Kriegsrat der Flotte eine an alle

Truppenteile und Schiffe gerichtete Direktive. Darin wurde das Zusammenwirken mit der 14. Armee, die Sicherstellung des Durchbruchs der gegnerischen Verteidigung an der Landenge der Halbinsel Sredni und der nachfolgende Einsatz einer Marineinfanteriebrigade festgelegt, die sich mit den Truppenteilen der 14. Armee zum gemeinsamen Angriff auf Petsamo vereinigen sollte.

Mein Tagebuch enthielt weiter folgende Eintragung:

8. September. Heute wurde der Flottenbefehl über die Organisation und die Zusammensetzung der Kräfte für die Operation «West» unterzeichnet. Zur Teilnahme wurden bestimmt: eine Gruppe Land- und Landungstruppen unter dem Kommando von Generalmajor J. T. Dubowzew, Anlandungsmittel unter dem Kommando von Konteradmiral P. P. Michailow, Deckungs- und Unterstützungskräfte aus der Schiffsabteilung für Artillerieunterstützung und Deckung (Abteilungskommandeur – Kapitän zur See W. A. Fokin), die gesamten Fliegerkräfte des Hauptflottenstützpunktes (außer den dem Chef des Nördlichen Verteidigungsraumes operativ unterstellten Fliegerkräften), die Schnellboot- und die U-Boot-Stoßgruppe, die Küstenverteidigung der Hauptbasis sowie alle nicht zum Anlanden der Landungstruppen eingesetzten Kräfte und Mittel, ferner Transport- und Hilfsabteilungen. Die Artillerie des Nördlichen Verteidigungsraumes wurde in Fernkampfartillerie, Artillerie zur Unterstützung der Landungstruppen, Artillerie der Küstenverteidigung und Artillerie für das Schießen im direkten Richten unterteilt. Außerdem wurde einer Artillerieabteilung die Aufgabe gestellt, die Fischerhalbinsel gegen eventuelle See- oder Luftlandetruppen zu verteidigen.

15. September. Um Mitternacht läuft die Frist für den Abzug der faschistischen deutschen Truppen aus Finnland ab. Das verlangen die Bedingungen, unter denen Finnland aus dem Krieg ausgeschieden ist und die es am 4. September, nach mehr als drei Jahren Entbehrungen, Leiden und Opfern für das finnische Volk, angenommen hat. Allerdings hat sich die finnische Regierung erst jetzt bereit erklärt, nach diesen Bedingungen zu handeln und mit dem faschistischen Deutschland tatsächlich zu brechen. Dessen Truppen machen jedoch keine Anstalten, von sich aus abzuziehen, besonders im Polargebiet rühren sie sich nicht von der Stelle. Die Angaben unserer Aufklärung besagen seit dem 4. September, daß der Gegner Kirkenes weiter befestigt und sich mit Minenfeldern abschirmt. Wir haben einen Befehl abgefangen, in dem der Kommandeur der zur 20. Gebirgsarmee gehörenden 2. Division die Notwendigkeit unterstreicht, die gegenwärtige Frontlinie zu halten und die «Lebensinteressen Deutschlands an den Nickelerzen des Gebiets Petsamo» hervorhebt. Dabei beruft er sich auf einen Befehl Hitlers, die Positionen in Nordfinnland um jeden Preis zu halten, besonders im Raum des Nickelabbaues bei Kolosioki.

Völlig klar, daß man sich an die Hauptquelle dieses strategischen Rohstoffes klammert und verbissen wenigstens so lange darum kämpfen wird, bis das letzte geförderte Nickelerz abtransportiert ist.

Zum anderen geht es natürlich auch um die Möglichkeit, weiterhin U-Boote und Fliegerkräfte in Nordnorwegen und Nordfinnland zu stationieren, um sie gegen die sowjetischen Seewege einsetzen zu können. Der Gegner hat in seinen Stützpunkten immerhin 150 Kriegsschiffe und 200 Flugzeuge.

Doch alle Beschwörungen, das Polargebiet zu behaupten, sind illusorisch. Die Lage der Hitlertruppen hat sich in den letzten Wochen entscheidend verschlechtert. Vor allem haben sie die Unterstützung der finnischen Truppen und die Möglichkeit eingebüßt, die durch Südfinnland führenden kürzesten Verbindungswege nach Deutschland zu benutzen. Jetzt muß man sich entscheiden, entweder das Risiko einzugehen, völlig isoliert und eingeschlossen zu werden, oder sich zurückzuziehen. Die nächste Zukunft wird zeigen, ob die faschistische Führung fähig ist, die Lage nüchtern einzuschätzen.

Wir aber bereiten uns auf Kampfhandlungen zur Zerschlagung der 20. Gebirgsarmee vor, gleich, ob sie nun ihre Positionen im Polargebiet zu behaupten oder sich über das Meer zurückzuziehen sucht. Schlagen werden wir sie in jedem Falle.

29. September. Vorgestern hat der Flottenstab vom Marinehauptstab ein Rundschreiben erhalten. Uns wird befohlen, in Petschenga einen Flottenstützpunkt zu schaffen.

Der Stützpunkt muß dem Gegner erst noch abgerungen werden. Die Faschisten haben allem Anschein nach nicht die

Absicht, das Polargebiet aufzugeben. Also muß man sie hinausjagen. Unsere Aufklärung hat festgestellt, daß sie seit der zweiten Septemberhälfte tagtäglich Reserven in den Raum Luostari verlegen. Auf allen zur Front führenden wichtigen Straßen ist ein verstärkter Autoverkehr zu beobachten. Nach Sonnenuntergang beleuchtet der Gegner das Vorfeld seiner vorderen Linie häufig mit Leuchtkugeln. Das heißt, er erwartet unsere Offensive, wartet angespannt, Tag für Tag, Nacht für Nacht, Stunde für Stunde. Je länger dieses Warten dauert, desto unerwarteter, so paradox das auf den ersten Blick auch scheint, desto vernichtender wird unser Schlag für ihn sein. Auf eine Offensive solchen Ausmaßes wird der Gegner nicht gefaßt sein.

Unsere Vorbereitungen sind in vollem Gange. Heute war ich mit dem Mitglied des Kriegsrates beim Oberbefehlshaber der Karelischen Front, Armeegeneral Merezkow. Er machte uns mit dem allgemeinen Angriffsplan bekannt. Wir legten die Aufgaben der Flotte bei der Operation endgültig fest. Die Marineinfanteriebrigaden haben die Verteidigung des Gegners vor der Front des Nördlichen Verteidigungsraumes vorrangig an der Landenge der Halbinsel Sredni zu durchbrechen. Danach ist die Straße Titowka–Porowaara einzunehmen, dem Gegner der Rückzug von der Westlichen Liza abzuschneiden und der Angriff mit Truppenteilen der 14. Armee auf Petsamo zu entwickeln. Außerdem hat die Flotte den Transport der Truppen und des Nachschubs der 14. Armee von Murmansk zur Westküste der Kolabucht sicherzustellen.

Dementsprechend werde ich den Flottenverbänden die Aufgaben erteilen. Der Chef des Nördlichen Verteidigungsraumes hat den Durchbruch der gegnerischen Verteidigung an der Landenge der Halbinsel Sredni zu gewährleisten, die Straße Titowka–Porowaara im Raum des Berges Roswa-Tunturi einzunehmen und den Faschisten somit den Rückzugsweg auf Petsamo abzuschneiden. Dabei soll die 63. Marineinfanteriebrigade einen Landungstrupp an der Südküste der Maatibucht (Malaja Wolokowaja) anlanden, um den Gegner im Rücken anzugreifen, während die 12. Brigade die Aufgabe erhält, die Verteidigung direkt an der Landenge von Sredni zu durchbrechen. Um die Aufmerksamkeit des Gegners abzulenken, ist gleichzeitig mit der 63. Brigade eine Gruppe an der

Küste der Motowskibucht zwischen Kap Pikschujew und Kap Mogilny anzulanden. Nach Erreichen der Straße Titowka–Porowaara sollen beide Brigaden mit Truppenteilen der 14. Armee Petsamo angreifen. Um die Anlandung und die weiteren Handlungen der Brigaden sowie die Gruppe zu decken, wurden entsprechende Flottenkräfte bereitgestellt. 275 Flugzeuge werden die Operation sichern.

Wir beginnen sofort mit dem Transport der Truppenteile, die zur Verstärkung der 14. Armee eingetroffen sind.

6. Oktober. Man muß unbedingt herausfinden, was sich vor dem Untergang des Küstenschutzschiffes unter Oberleutnant Machonkow sowie des Räumfahrzeugs unter Kapitänleutnant D. A. Lyssow in der Karasee ereignet hat. Heute sind alle Besatzungsmitglieder, die sich von dem gesunkenen Räumfahrzeug haben retten können, nach Dickson gebracht worden. Der Geleitzugkommandant, Fregattenkapitän P. N. Wassiljew, und der Kommandant der Sicherungsschiffe, Korvettenkapitän M. N. Mol, haben richtig gehandelt. Die Verteidigung der Seewege besteht nicht nur im unmittelbaren Schutz von Geleitzügen, sondern auch in Präventivmaßnahmen, um Angriffe des Gegners zu verhindern.

Mir scheint, das Auftauchen gegnerischer U-Boote in der Karasee zu solch später Jahreszeit ist von dem Bestreben diktiert, uns angesichts der für den Gegner insgesamt ungünstigen Lage von einem Schlag gegen die Lappland-Gruppierung abzulenken.

Doch auch das wird nicht klappen. Die Karelische Front und die Nordflotte sind zum Schlag bereit, und keine Ablenkungsmanöver des Gegners können uns daran hindern.

Die von uns eingerichtete Übersetzstelle Murmansk–Kap Mischukow zur Überführung von Truppenteilen der 14. Armee funktioniert einwandfrei.[7]

8. Oktober. Gestern früh trat die 14. Armee mit zwei Schützenkorps nach einer 2 Stunden und 35 Minuten währenden mächtigen Artillerievorbereitung zum Angriff an und durchbrach die Verteidigung des Gegners. Ihr gegenüber sind

7 Über die Kolabucht wurden vor und während der Operation mehr als 25000 Militärangehörige, 24 Panzer KW, 75 Panzer T-34, 237 Geschütze, darunter 19 SFL, 143 Traktoren, 271 Kfz und eine große Menge Lebensmittel und Munition übergesetzt.

in der Murmansker Richtung konzentriert: drei Divisionen (darunter zwei Gebirgsdivisionen), vier Brigaden (darunter eine Grenadier-, eine Fallschirmjägerbrigade sowie eine Radfahrer-Aufklärungsbrigade mit Verstärkungsmitteln) und zehn selbständige Artillerieabteilungen. Gegen Ende des Tages waren unsere Truppen nach Überwindung hartnäckigen Widerstands in schwer passierbarem, von Schluchten, Bergen, Sümpfen und Seen durchschnittenem Gelände 4 bis 10 Kilometer weit vorgedrungen.

Die Flotte setzte in der Zwischenzeit die Vorbereitungen zum Anlanden von Truppen zum festgelegten Zeitpunkt fort. Die dafür vorgesehenen Schiffe wurden in der Pummankibucht konzentriert.

Auf den Schiffen und in den Truppenteilen fanden Meetings statt, auf denen der Appell des Kriegsrates an die Besatzungen und Armeeangehörigen verlesen wurde, den Befehl des Hauptquartiers in Ehren zu erfüllen. Die Antwort lautete einhellig: Es ist längst an der Zeit, mit der Offensive zu beginnen!

Viele Matrosen und Offiziere stellten den Antrag, in die Partei aufgenommen zu werden. Der Chef einer Kompanie der 12. Marineinfanteriebrigade ließ seine Einheit antreten und übergab dem besten Soldaten eine rote Fahne, die nach der Erstürmung des Musta-Tunturi-Gebirgsrückens dort wehen sollte.

Über Lautsprecher informierte man die Soldaten des Gegners Tag für Tag, wie es an den anderen Abschnitten der sowjetisch-deutschen Front aussah, zählte die vielen Niederlagen auf, die das faschistische Deutschland erlitt.

Der Kriegsrat der Flotte befahl, vor dem Durchbruch der gegnerischen Verteidigung solche Lautsprecherübertragungen auch an der Landenge der Halbinsel Sredni zu organisieren.

Wie entwickelten sich die Dinge nun in den folgenden Tagen, als die Flotte unmittelbar an der Operation der Karelischen Front teilnahm?

Die Truppen der 14. Armee hatten inzwischen in zweitägigen schweren Kämpfen den zweiten Verteidigungsstreifen des Gegners genommen und die Titowka forciert. Gleichzeitig umgingen zwei leichte Korps in weitem Bogen die Flanke der gegnerischen Verteidigung und stießen, nachdem sie mehr als 30 Kilometer durch unwegsames Gelände und über Berge zurückgelegt hatten, in den Raum südlich Luostari vor. Das weitere Vorgehen unserer Truppen in Richtung Petsamo beschwor für eine ganze gegnerische Gruppierung im Raum der Westlichen Liza Einschließungsgefahr herauf. Um den Rückzug des Gegners zu behindern, hatte die Flotte einen Schlag aus nördlicher Richtung, von der Halbinsel Sredni her, zu führen.

In der Nacht zum 9. Oktober begab ich mich mit dem Einsatzstab auf zwei großen U-Jägern von Poljarny nach Oserko, wo eine Führungsstelle geschaffen worden war. Dort befanden sich bereits Gefechtsstände des Chefs der Land- und der Landungstruppen, Generalmajor Dubowzew, und des Kommandeurs aller Landungsmittel, Konteradmiral Michailow. Die Gefechtsstände von Generalmajor J. N. Preobrashenski, Chef der Marineflieger, und von Kapitän zur See A. W. Kusmin, Kommandant der Schnellbootabteilung, lagen in der Nähe. Alles war bereit. In dieser Nacht begann der Angriff der Marineinfanterieeinheiten.

Um den Gegner zu irritieren, wurden an der Südküste der Motowskibucht beim Kap Pikschujew zwei Gruppen mit Schnellbooten angelandet. Während die Männer in die Tiefe vordrangen, nahmen die Schnellboote die Küste unter intensives Feuer, legten Nebelwände und feuerten Torpedos ab. Damit sollte der Anschein erweckt werden, als ginge eine zahlenmäßig starke Truppe an Land. Gleichzeitig beschossen die Zerstörer «Gromki» und «Gremjaschtschi» von der Motowskibucht aus Übersetzstellen über die Titowka und Batterien des Gegners.

Während dieser Ablenkungsmanöver nahmen die Truppenteile General Dubowzews an der Landenge der Halbinsel Sredni ihre Ausgangsstellungen ein, um am Morgen des 9. Oktober die stark befestigten, auf dem Kamm des Musta-Tunturi-Gebirgsrückens verlaufenden Stellungen der Faschisten zu durchbrechen. In unmittelbarer Nähe des Gegners – in der Pummankibucht – wurden Marineinfanteriebataillone gedeckt auf Schnellbooten eingeschifft. Die Landungsstelle an der Südküste der Maatibucht war 15 Meilen vom Einschiffungsgebiet entfernt. Von diesem Brückenkopf konnte man einen Schlag gegen die Flanke und den Rücken der gegnerischen Verteidigung an der Landenge der Halbinsel Sredni führen und danach den Angriff auf Petsamo entwickeln.

Da sich das Landungsgebiet unweit der Frontlinie befand, in Reichweite der Küstenbatterien der einen wie der anderen Seite, hing der Erfolg des Unternehmens davon ab, wie gut gedeckt und rasch die Truppen an Land kamen. Deshalb waren jede Batterie und jeder Scheinwerfer des Gegners den Küstenbatterien des Nördlichen Verteidigungsraumes als Ziele zugewiesen worden, die während des gesamten Manövers niederzuhalten waren. Für eine hohe Überfahrtgeschwindigkeit und ein schnelles Anlanden sorgten große und kleine U-Jäger sowie Schnellboote, die die Truppen transportierten.

Am 9. Oktober erreichte der erste Landungstrupp mit Einsetzen der Dunkelheit den vorgesehenen Küstenstrich. Die Schnellboote hielten sich an der Halbinsel Sredni dicht unter Land, da der Gegner die Buchten Maati und Petsamo periodisch mit Scheinwerfern und Leuchtkugeln erhellte. Aller Wahrscheinlichkeit nach waren die Schnellboote mit der ersten Landungsstaffel von den Faschisten beim Herannahen an die Maatibucht entdeckt worden, denn jetzt setzte Beschuß mit Leuchtspurmunition ein. Von den Schnellbooten wurde das Feuer nicht erwidert – das besorgten für sie unsere Küstenbatterien auf der Halbinsel Sredni. Die Schnellboote vergrößerten die Fahrt, legten Nebelwände und setzten zum Durchbruch zu den vorgesehenen Punkten an. Um 23.25 Uhr erreichte der erste Landungstrupp die felsige Küste. In unmittelbarer Nähe befanden sich keine gegnerischen Truppen, und auch das Granatwerfer- und Artilleriefeuer war wegen der Dunkelheit und der Nebelwände wenig wirksam.

Nach 20 Minuten war das Anlanden beendet. Die erste Staffel begann in der befohlenen Richtung, genauer gesagt, in den befohlenen Richtungen vorzugehen, denn gleichzeitig mit den Bataillonen der 63. Marineinfanteriebrigade landete die vereinigte Aufklärungsabteilung von Hauptmann P. N. Bartschenko-Jemeljanow, die eine Sonderaufgabe erhalten hatte und sofort in die Berge abmarschierte. Zu ihrem Bestand gehörte auch die Abteilung des Oberleutnants V. N. Leonow.

Bald erreichten auch die Schnellboote der zweiten und dritten Staffel die Küste. Unterwegs waren sie vom Gegner bemerkt und unter Feuer genommen worden, erlitten aber keine Verluste. Da den Marineinfanteristen Kampfhandlungen auf dem felsigen und schneebedeckten Untergrund bei Lufttemperaturen unter null Grad bevorstanden, strebten die Schnellbootkommandanten danach, den Soldaten einen Sprung ins eiskalte Wasser zu ersparen. Sie suchten die Küste nach vorteilhaften Stellen ab. Einige Küstenschutzschiffe und Schnellboote aus der ersten Staffel blieben als schwimmende Anlegestellen für die nachfolgenden Schiffe liegen.

Insgesamt verlief das Anlanden der 63. Marineinfanteriebrigade an der felsigen Küste organisiert und nahm nicht mehr als zwei Stunden in Anspruch. Danach besetzten alle drei Staffeln der Landungstruppe den vorgesehenen Küstenabschnitt und gingen rasch in südlicher Richtung vor.

Am Morgen des 10. Oktober erreichten Teile der Brigade die Flanke der gegnerischen Verteidigung, die am Musta-Tunturi entlang verlief, und gelangten in deren Rücken. Zu diesem Zeitpunkt wurden in den vorgeschobenen Stellungen der 12. verstärkten Marineinfanteriebrigade die Vorbereitungen zum Sturm der Befestigungen des Gegners von der Halbinsel Sredni aus abgeschlossen.

Nach einer anderthalbstündigen Artillerievorbereitung, die im Morgengrauen aus 209 Rohren begann und in deren Verlauf die Artillerie des Nördlichen Verteidigungsraumes die gegnerischen Stellungen mit 47000 Granaten und Wurfgranaten belegte, wurde das Feuer in die Tiefe der gegnerischen Verteidigung verlegt. Zum selben Zeitpunkt traten Teile der 12. Brigade zum Angriff an.

Die Stellungen der Faschisten waren stark befestigt. Den anstürmenden Marineinfanteristen wehte ein heftiger Wind entgegen. Das Schneegestöber ging bald in einen Schneesturm über. Es war ungemein schwierig, auf den Gipfeln steiler, felsiger Berge unter solchen Bedingungen voranzukommen. Der Schnee behinderte die Orientierung im Gelände und das Auffinden der vorher von den Pionieren geschaffenen Gassen in den Drahtsperren. Die Bataillone, die sich zum Angriff erhoben hatten, waren gezwungen, sich neue Gassen zu schaffen. Übrigens verbarg der Schneesturm, auch wenn er das Vorankommen erschwerte, die Handlungen der Soldaten und hinderte den Gegner, gezieltes Feuer zu führen. Die Marineinfanteristen tauchten für die Faschisten unerwartet auf und zwangen ihnen ein Gefecht auf kurze Distanz auf. Auf diese Weise durchbrach die 12. Brigade die Verteidigung, überwand den Musta-Tunturi-Gebirgsrücken und vereinigte sich beim Tie-Jarvi mit Truppen der 63. Brigade, die die gegnerischen Stellungen im Rücken angegriffen hatten.

Um einer Einschließung zu entgehen, begann sich der Gegner vom Gebirgsrücken zurückzuziehen, wobei er zur Dekkung Nachhutgefechte aus vorbereiteten Stellungen führte. Die Faschisten unternahmen alles, das Vordringen unserer Truppen aufzuhalten: Sie errichteten Steinsperren auf den Straßen, verminten diese, zerstörten die Brücken und nahmen unsere angreifenden Truppen unter anhaltendes Artillerie- und Granatwerferfeuer. Häufig gingen die Gefechte in erbitterte Nahkämpfe über, die durch massenhaftes Heldentum und Selbstaufopferung unserer Soldaten gekennzeichnet waren.

Die Tat des MPi-Schützen Klepatsch von der 12. Marineinfanteriebrigade verdient besonders hervorgehoben zu werden. Im kritischsten Augenblick eines Angriffs verdeckte dieser mutige sowjetische Patriot mit seiner Brust die Schießscharte eines gegnerischen Bunkers.

Als kollektive Heldentat muß man auch die Handlungen der Aufklärer unter Hauptmann Bartschenko-Jemeljanow würdigen. Ihr gehörten 195 Mann der Aufklärungsabteilungen des Nördlichen Verteidigungsraumes und des Flottenstabes an. Ihnen war eine schwierige Aufgabe gestellt worden: einen überraschenden Schlag gegen die Batterien am Kap Krestowy zu führen, die den Eingang zum Hafen Liinhamari vor Petsamo sicherten, sie zu erobern oder zu vernichten. Ein Erfolg konnte den Durchbruch der Schiffe in die Tiefe der Petsamobucht bedeutend erleichtern und zur schnelleren Befreiung Petsamos beitragen. Die Einnahme der Batterie auf dem felsigen Kap Krestowy mußte die Feuermittel innerhalb der Verteidigung des Gegners an den küstennahen Zugängen zur Stadt desorganisieren.

Das Kap Krestowy war 30 Kilometer von der Landungsstelle entfernt. Die Aufklärer bewältigten diese Strecke, die über Berge, wegelose Ganitfelsen und durch sumpfige Tundra führte, in zwei Tagen. Am 12. Oktober erreichten sie um

02.00 Uhr unbemerkt die Landenge des Kaps, überwanden eine Drahtsperre, griffen im Morgengrauen eine aus vier 88-mm-Geschützen bestehende Batterie an und eroberten sie um 07.30 Uhr. Danach gingen sie gegen eine 155-mm-Batterie vor.

Die überrumpelten Faschisten gewannen aber bald die Fassung zurück und traten gegen die zahlenmäßig unterlegenen Aufklärer zum Gegenangriff an. Das Gefecht tobte den ganzen Tag über. Der Gegner erhielt noch Verstärkung durch einen Kutter und ein Schnellboot aus Liinhamari, und von der gegenüberliegenden Küste nahmen schwere Geschütze den von den Aufklärern besetzten südlichen und westlichen Teil des Kaps unter Feuer. Die Lage unserer Aufklärer wurde kritisch. Hauptmann Bartschenko-Jemeljanow befahl, die Verschlüsse aus den 88-mm-Geschützen herauszunehmen und sich auf die nächstgelegene Höhe zurückzuziehen. Von dort informierte er uns über Funk und bat um Munition und Feuerunterstützung.

Als erstes gaben wir Feuerunterstützung und schickten Schlachtflugzeuge zum Kap Krestowy. In vier Stunden griffen sie den Gegner zehnmal an. Gleichzeitig wurden an Fallschirmen Munition und Verpflegung abgeworfen. Die Abteilung auf Kap Krestowy konnte erneut angreifen. Daraufhin wurde der Entschluß gefaßt, nachts einen Landungstrupp in Liinhamari abzusetzen, um die Einnahme von Petsamo zu beschleunigen.

Die Idee, Liinhamari von den Anlegestellen aus einzunehmen, war bereits in der Vorbereitungsperiode der Operation aufgekommen. Ein Haupthindernis für das Eindringen in die Petsamobucht war die 155-mm-Batterie auf Kap Krestowy. Sie lag äußerst günstig, man konnte von dort die ganze langhingestreckte Meerenge bestreichen. Sollte diese Batterie unversehrt bleiben, würden unsere Landungsfahrzeuge große Verluste erleiden. Im Hafen von Liinhamari selbst konnten alle Anlegestellen von Geschützen in betonierten Feuerstellungen zwischen den Piers unter Beschuß genommen werden. Unter diesen Bedingungen würde es sehr schwer sein, ohne große Menschenverluste in den Hafen durchzubrechen, hätte man nicht vorher das gegnerische Feuersystem gestört.

Wir hatten diese Frage wiederholt mit dem Stabschef des

Nördlichen Verteidigungsraumes, D. A. Tus, erörtert. Er meinte, man müsse diese Batterie mit den Kräften einer Aufklärungsabteilung unmittelbar vor dem Durchbruch der Schnellboote mit der eingeschifften Landungstruppe erobern. Allerdings waren der Einsatz der Aufklärer und die Landung in Liinhamari in den offiziellen Dokumenten «ausgeklammert» worden, weil wir fürchteten, das würde nicht gebilligt werden. Aber ich blieb bei meiner Meinung, daß uns die Lage zwingen werde, einen Trupp direkt in Liinhamari anzulanden, um zu verhindern, daß die Faschisten die Anlegestellen und sonstigen Hafenanlagen zerstörten.

Außerdem war klar, daß der Gegner diesen günstigen Stützpunkt benutzen würde, um einen mehr oder weniger geordneten Abzug seiner Truppen nach Nordnorwegen zu erreichen. Könnten wir ihn rascher aus Petsamo vertreiben, würde es für die Truppen der Karelischen Front leichter, die Stadt und den Marinestützpunkt zu nehmen. Daher bereiteten wir uns nicht nur zum Angriff über den Musta-Tunturi, sondern auch zum Absetzen eines Landungstrupps an den Anlegestellen in Liinhamari vor.

Dazu wurde eine 660 Mann starke vereinigte Abteilung von Seeleuten unter Major I. A. Timofejew gebildet. Zum Kommandeur der Vorausgruppe wurde Oberleutnant B. F. Peterburgski bestimmt. Die Abteilung bestand aus Freiwilligen, die auf Schiffen und in Truppenteilen der Nordflotte sowie in MG-Bataillonen auf der Fischerhalbinsel gedient hatten. Eines dieser Bataillone hatte Major Timofejew vor seiner Versetzung zur Abteilung befehligt.

Als Landungsmittel wurden Schnellboote und kleine U-Jäger bereitgestellt. Die einen wie die anderen konnten schnell durch die bestrichene Zone am Eingang in die Bucht durchbrechen und den Landungstrupp zu den Anlegestellen im Hafen bringen. Die Boote sollten mit einsetzender Dunkelheit ablegen, damit der Durchbruch getarnt vonstatten ging und die Verluste möglichst gering gehalten wurden. Das Unternehmen war ungewöhnlich, deshalb hielt ich eine Beratung mit den Schnellbootkommandanten ab, auf der alle Einzelheiten präzisiert wurden. Sollte das Anlanden an einer vorherbestimmten Pier nicht möglich sein, sollte der Kommandant die Aufklärer in der Nähe absetzen. Die Schnellbootkommandanten erfuhren auch, daß die Überfahrt und das Anlanden von den Küstenbatterien auf Sredni, den Fliegerkräften und den Torpedobooten, die zur Entfaltung im Varangerfjord konzentriert worden waren, gesichert würden.

Am Abend des 12. Oktober wurde die aus dem MG-Bataillon, einem Marineinfanterieregiment und Freiwilligen der Schnellboot- und der U-Boot-Abteilung bestehende Landungstruppe unter Major Timofejew auf drei Gruppen von Schnellbooten eingeschifft. Im Spitzenboot jeder Gruppe befand sich ein Offizier, der die Eingänge in die Bucht gut kannte. Den Bootsbesatzungen wurde die Kampfaufgabe erläutert. Die Männer wußten, was ihnen bevorstand und wofür sie in den Kampf zogen.

Mit Einsetzen der Dunkelheit liefen zwei Schnellboote unter dem Kommando des Helden der Sowjetunion Korvettenkapitän Schabalin aus. An Bord befanden sich 52 Soldaten, vorwiegend Freiwillige, Matrosen und Maate von den U-Boot- und Schnellbootabteilungen. Sieben Minuten später lief die zweite Gruppe unter dem Kommando von Fregattenkapitän Korschunowitsch aus, nach weiteren sieben Minuten die dritte Gruppe unter Garde-Korvettenkapitän Sjusin.

Obwohl die Motoren aller Boote zur besseren Tarnung mit Unterwasserauspuffrohren versehen worden waren, entdeckte der Gegner sie auf 20 bis 30 Kabellängen Entfernung vom Eingang in die Bucht. Sofort trat das gesamte Verteidigungssystem der Faschisten in Aktion: Scheinwerfer, Leuchtkugeln, intensives Sperrfeuer der Küsten- und der Schiffsabwehrbatterien. Es schwieg nur die Batterie auf Kap Krestowy, deren Geschützbedienungen durch das Gefecht mit der Abteilung Bartschenko-Jemeljanows gebunden waren. Sofort meldeten sich unsere Batterien auf Sredni sowie alle drei Schnellbootgruppen, die die Fahrt erhöhten, Nebelwände legten und den gegnerischen Feuervorhang durchbrachen, zu Wort. Schon bald liefen die Boote ohne Verluste in die Bucht ein und fuhren dicht unter der hohen Westküste auf Liinhamari zu.

Innerhalb der Bucht hing jetzt alles von der Manövrierkunst, vom Vermögen ab, sich schnell zu orientieren und den richtigen Entschluß zu fassen.

Um 22.50 Uhr brachen Schabalins Boote in den Hafen von Liinhamari durch. Das starke MG- und Gewehrfeuer von der

Küste konnte nicht verhindern, daß die Boote bis direkt an die Anlegestellen heranfuhren und die erste Landungsgruppe absetzten. Deren Mut und Kühnheit sicherten den Erfolg im verantwortungsvollsten Augenblick des gesamten Landungsunternehmens.

Gleich hinter Schabalins Booten brach die zweite Gruppe nach Liinhamari durch. Sie war bereits beim Anlaufen der Bucht in starkes Feuer der gegnerischen Batterien geraten. Doch Fregattenkapitän Korschunowitsch handelte umsichtig. Er ließ Nebelwände legen, manövrierte hervorragend mit der Geschwindigkeit und führte alle Boote der zweiten Gruppe aus der bestrichenen Zone heraus. Dann drang die U-Jäger-Gruppe unter Korvettenkapitän Sjusin zu den Anlegestellen vor. Sjusin selbst fuhr mit seinem Boot zum Kap Krestowy. Dieser Umstand wirkte sich positiv auf den Verlauf des Gefechts auf dem Kap aus. Als die von den Aufklärern angegriffenen Faschisten den Landungstrupp gewahrten, der in ihrem Rücken die Küste erklomm und sie attackierte, legten sie sehr bald die Waffen nieder. Anschließend ließ Sjusin seinen Trupp und einige Aufklärer nach Liinhamari übersetzen.

Gegen Mitternacht wurde das Landungsunternehmen abgeschlossen. Die Schnellboote liefen aus Liinhamari aus und kehrten vollzählig zum Stützpunkt Pummanki, der zu der Zeit Flottenbefehlsstand war, zurück. Die Verluste der Schiffsbesatzungen betrugen im Verlaufe der gesamten Operation vier Tote und sieben Verwundete.

Unterdessen nahmen die Ereignisse in Liinhamari ihren Lauf. Die Landungstruppe ging, ohne die Morgendämmerung abzuwarten, zum Angriff über und setzte sich bald auf den Höhen nahe des Hafens fest. Von dort handelte man dann in zwei Abteilungen. Major Timofejew griff einen stark befestigten Stützpunkt des Gegners an, der die Feuerstellung einer 210-mm-Batterie deckte; Oberleutnant Peterburgski drang in südwestlicher Richtung zum See Puro-Jarvi vor.

Im Morgengrauen des 13. Oktober führten die Faschisten einen Gegenangriff gegen Timofejews Einheiten. Das Gefecht ging in einen Nahkampf über, bei dem die Faschisten zurückgeworfen und die Batterie und der Stützpunkt erobert wurden. Auch Peterburgskis Männer wurden nördlich des Puro-

Jarvi angegriffen. Der Druck des Gegners war so stark, daß sie in eine überaus schwierige Lage gerieten, bis wir eine Gruppe Schlachtflieger unter Hauptmann P.A. Jewdokimow zu Hilfe schickten. Bald nach ihrem Start übermittelte uns Hauptmann Bartschenko-Jemeljanow vom Kap Krestowy folgende von Major Timofejew eingegangene Meldung: «Die Flieger helfen uns sehr, sie sind in meiner Nähe im Einsatz, alle Berge sind in Feuer und Rauch gehüllt.» Bald gruppierte die Landungstruppe ihre Kräfte um und nahm den Angriff wieder auf.

Bis zum Abend des 13. Oktober war der Widerstand an den Zugängen zu Liinhamari gebrochen. Reste der gegnerischen Truppen zerstreuten sich auf den umliegenden Bergen. Ein Entkommen gab es für sie nicht. Früher oder später mußten sie sich ergeben, oder sie fanden ihr verdientes Ende.

Der Hafen von Liinhamari wurde vom Gegner gesäubert. Das gab uns die Möglichkeit, noch in der Nacht zum 14. Oktober mit dem Übersetzen von Truppenteilen der 12. und der 63. Marineinfanteriebrigade, die das Kap Krestowy soeben erst erreicht hatten, nach Liinhamari zu beginnen. Unverzüglich, ohne auch nur eine Stunde zu verlieren, setzten sie den Angriff in Richtung Petsamo, genauer gesagt, um Petsamo herum, fort.

Über Liinhamari wehte die rote Fahne, gehißt von einem Zugführer der Marineinfanterie, Obersergeant I. P. Katorshny.

Unsere Verluste in den Kämpfen um Liinhamari waren minimal. Beim Durchbruch durch die drei Meilen lange Feuerzone, in der jeder Meter Fläche bestrichen wurde, verloren wir kein einziges Schiff. Selbst das zu Schabalins Gruppe gehörende Schnellboot von Uspenski, das bei der Rückfahrt aus Liinhamari vom Feuerschein der an der Küste brennenden Benzintanks hell beleuchtet und von den gegnerischen Batterien unter gezieltes Feuer genommen wurde, konnte sich, wenn auch ernsthaft beschädigt, dem Beschuß entziehen. Erwähnen möchte ich hierbei das heldenhafte Verhalten des Maates G.D. Kurbatow. Er wußte, daß das Schnellboot, nachdem die Ruderanlage ausgefallen war, nur durch Manövrieren mit wechselnder Fahrt gerettet werden konnte. Trotz seiner schweren Verwundung an einer Hand hielt er so lange auf seinem Posten aus, bis das Boot die Feuerzone überwunden hatte.

Der Durchbruch nach Liinhamari beschleunigte den Ausgang des Kampfes um die Stadt. Bereits einen Tag nachdem die Marineinfanteriebrigaden das Umgehungsmanöver begonnen hatten, konnte im Rundfunk bekanntgegeben werden: «Die Truppen der Karelischen Front haben die stark befestigte Verteidigung der Deutschen nordwestlich von Murmansk durchbrochen und heute, am 15. Oktober, mit Unterstützung von Schiffen und Landungseinheiten der Nordflotte die Stadt Petsamo (Petschenga), einen wichtigen Marine- und Verteidigungsstützpunkt der Deutschen im hohen Norden, befreit. In den Kämpfen um den Durchbruch der Verteidigung und um die Einnahme von Petsamo zeichneten sich aus ...»

Man kann hier unmöglich alle aufzählen. Mehr als dreitausend Soldaten und Offiziere der Nordflotte wurden für Tapferkeit und Mut mit Orden und Medaillen geehrt. Einer, Viktor Nikolajewitsch Leonow, Kommandeur einer Aufklärungsabteilung, war bereits nach der Einnahme der 88-mm-Batterie auf Kap Krestowy als Held der Sowjetunion ausgezeichnet worden. Für weitere 20 Teilnehmer an der Operation wurde diese hohe Ehrung beantragt. Schabalin wurde zum zweitenmal vorgeschlagen, völlig zu Recht. Er verhielt sich nicht nur beispielhaft beim Anlanden in Liinhamari, sondern blieb trotz des Beschusses auf der Reede und leitete die Schnellboote anderer Gruppen zu den Landungspunkten. Reich sind wir an Helden, an zur Selbstaufopferung bereiten Menschen!

17. Oktober. Heute haben wir den Vorschlägen zur Auszeichnung als Held der Sowjetunion drei weitere Namen hinzugefügt: Boris Syromjatnikow, Kommandeur eines Fliegerregiments, Alexander Sknarew, Steuermann in diesem Regiment, und Grigori Assejew, Bordschütze und Funker. Das traurige ist, sie können nur postum geehrt werden. Die drei Genossen bildeten die Besatzung des führenden Torpedoflugzeugs einer Gruppe, die einen gegnerischen Geleitzug auf dem Wege vom Bekfjord nach Vadsö angriffen.

Der aus drei Transportern, drei Küstenschutzschiffen, einem Räumfahrzeug und sieben Küstenschutzbooten bestehende Geleitzug war am Vortag gegen Mittag von der Luftaufklärung am Ausgang des Bekfjords entdeckt und unter schwierigen Witterungsbedingungen bis zum Einsetzen der Dunkelheit überwacht worden. An den Zugängen zu Vadsö wurde er durch Sicherungsschiffe, darunter Torpedoboote, verstärkt und bestand danach aus 26 Einheiten, über denen sieben Jagdflugzeuge patrouillierten. Darüber hinaus wurde ein Flugzeug zur U-Boot-Bekämpfung eingesetzt.

Dieser Geleitzug, der Truppen evakuieren sollte, durfte nicht entkommen. Trotz der schlechten meteorologischen Bedingungen gaben unsere Aufklärungsflugzeuge exakt seine Koordinaten durch, und wir versetzten ihm einige Schläge aus der Luft. Gleichzeitig boten wir U-Boote gegen ihn auf. Den ersten und zweiten Angriff flogen je 12 Il bei Kap Eckeröy. Den dritten und vierten Schlag versetzten kurz hintereinander je 10 Torpedoflugzeuge, die von 15 Jägern gedeckt wurden. Die Faschisten verloren zwei Transporter, einen Motorschleppkahn, sieben Küstenschutzfahrzeuge und sechs Flugzeuge. Ein Torpedoboot und ein Küstenschutzboot wurden beschädigt. Unsere Verluste betrugen acht Flugzeuge.

Während des vierten Angriffs vollbrachten Oberstleutnant Syromjatnikow, Major Sknarew und Obersergeant Assejew ihre Heldentat. Als die Torpedoflugzeuge beim Anflug noch 3 Kilometer vom Ziel entfernt waren, traf eine Granate den linken Motor des Führungsflugzeugs. Es geriet in Brand. Doch Syromjatnikow steuerte es weiterhin auf den Geleitzug zu und befahl den von ihm geführten Flugzeugen über Funk, ihm zu folgen.

Der Gegner verstärkte das Feuer auf die brennende Maschine. Der rechte Motor wurde ebenfalls getroffen. Die Flammen erfaßten beide Tragflächen. Den Besatzungen der nachfolgenden Flugzeuge schien es, als flöge eine riesige Fakkel auf den Gegner zu. Zugleich hörten sie die exakten Kommandos des Steuermanns Sknarew.

Etwa 500 Meter vor dem größten Transporter des Geleitzuges ertönte Syromjatnikows letztes Kommando: «Steuermann! Salve!»

Die vom Führungsflugzeug abgeworfenen Torpedos trafen das Ziel: Der Transporter explodierte und sank.

Wenige Augenblicke später stürzte die brennende Maschine, eine Feuerspur hinter sich herziehend, ins Meer. Die Besatzung fand den Tod. Vor aller Augen vollbrachte sie ihre Heldentat und bot damit ein Beispiel mehr für den Angriffselan, der die Angehörigen der Nordflotte in diesen Tagen kennzeichnet.

Die Kraft, die diesem Angriff innewohnt, ist noch längst nicht erschöpft. Das Bestreben verwundeter Matrosen und Marineinfanteristen, bei ihren Einheiten zu bleiben, der Wunsch, nicht aus dem Raum der Gefechtshandlungen evakuiert zu werden, ist eine Massenerscheinung. Mir hat sich ein Gespräch mit Leonow an einer Anlegestelle von Liinhamari eingeprägt. Leonow war gerade mit seiner Aufklärerabteilung von Schabalins Schnellboot vom Kap Krestowy zum Hafen gebracht worden. Er bat mich um die Erlaubnis, nach Beendigung der Kampfhandlungen zum Kap zurückkehren zu dürfen, um dort die Gefallenen seiner Abteilung zu bestatten. Ich sagte ihm: «Die Abteilung hat heldenhaft gekämpft. Schlagen Sie alle bis zum letzten Mann zur Auszeichnung vor. Sie aber reichen wir zur Verleihung des Titels Held der Sowjetunion ein.»

Leonow dankte, schloß aber eine Frage an. «Und Agafonow und Pschenitschnych? Sie sind als erste zur Batterie durchgebrochen und haben sie erobert. Und wie sie dann gekämpft haben! Alle Aufklärer der Einheit betrachten sie als Helden.»

«Nun, wenn alle dieser Meinung sind», erwiderte ich, «dann wird das schon seine Richtigkeit haben. Geben Sie mir das schriftlich.»

Dann fand ein Gespräch mit zwei verwundeten Aufklärern aus Leonows Abteilung statt, mit Kalaganski und Kolossow. Sie baten, ich möge mich für sie einsetzen.

«Inwiefern einsetzen?» fragte ich verwundert. Eine solche Bitte war für unsere Leute zu ungewöhnlich, dazu noch in einer Gefechtslage.

Mir fiel ein Stein vom Herzen, als sie erklärten: «Wir sind nur leicht verwundet. Befehlen Sie daher, daß man uns nicht ins Hinterland, ins Lazarett abtransportiert. Im Stützpunkt, an der See und bei unserer Einheit, kommen wir schnell wieder auf die Beine. Legen Sie bitte bei den Ärzten ein Wort für uns ein.»

Ich versprach es natürlich und fand auch darin viele Beobachtungen der letzten Tage bestätigt. Mit dem Angriffselan der Männer von der Nordflotte werden wir so weit vorankommen, wie es erforderlich ist.

21. Oktober. Die Angriffskraft läßt auch nach zwei Wochen nicht nach, sie wird zusätzlich von dem Streben beflügelt, die Faschisten daran zu hindern, diese Gegend vollends zu verwüsten. Der Anblick von Gegenden, aus denen wir den Gegner gerade vertrieben haben, schmerzt. In Petschenga gibt es keinen einzigen Einwohner mehr, weder in der Stadt noch in der Hafengegend. Sie sind von den Faschisten schon vor drei Monaten vertrieben worden. Unbarmherzig und barbarisch ist die Siedlung Nikel dem Erdboden gleichgemacht und das Nickelwerk in die Luft gesprengt. Keine einzige Werkhalle, keine einzige Werkstatt steht noch. Auch das Kraftwerk Janiskoski, das das Nickelkombinat mit Strom versorgte, ist gesprengt und das Sägewerk niedergebrannt worden. In den Wohnhäusern, die der Gegner nicht mehr zerstören konnte, hat man Bomben entdeckt. Überall das gleiche trostlose Bild. Empörung und Zorn beherrschen unsere Männer. Zu Lande und auf See.

In diesen Tagen versenkten unsere U-Boote drei Transportschiffe mit Truppen an Bord. Eins kam auf das Konto von S-14 unter Korvettenkapitän W. P. Kalanin, zwei auf das Konto von W-4 unter Korvettenkapitän J. K. Josseliani, Held der Sowjetunion. Er hatte noch unlängst in der Schwarzmeerflotte gedient.

Schnellboote unter dem Kommando von Fregattenkapitän W. N. Alexejew zerschlugen einen gegnerischen Geleitzug im Persfjord. Ein Transporter und zwei Räumfahrzeuge wurden auf kürzeste Entfernung mit Torpedos versenkt und zwei weitere Schiffe – ein Transporter und ein Küstenschutzschiff – schwer beschädigt. Unsere Boote kehrten ohne Verluste zum Stützpunkt Pummanki zurück.

Der Gegner zog sich im Raum Kirkenes eilig bis nahe an die norwegische Grenze zurück. Schwedischen Pressemeldungen zufolge hatte Hitler den Befehlshaber der faschistischen Truppen in Finnland, General Rendulić, abgesetzt, an seine Stelle war ein Generaloberst Keitel, Verwandter des Feldmarschalls Keitel, getreten. Das half den Faschisten auch nicht mehr.

25. Oktober. Eben wurde im Rundfunk ein Befehl des Obersten Befehlshabers übertragen. Darin hieß es eingangs: «Die Truppen der Karelischen Front haben bei der Verfolgung der deutschen Truppen die Staatsgrenze Norwegens überschritten und heute, am 25. Oktober, unter den schwierigen Bedingungen des Polargebiets die Stadt Kirkenes, einen wichtigen Hafen an der Barentssee, befreit.» Weiter wurden die Truppenteile und Verbände aufgezählt, die sich bei dieser Operation ausgezeichnet hatten. Darunter waren auch die Marineflieger des Generals Preobrashenski, die Seeleute der Kapitäne zur See Kusmin und Klewenski, des Fregattenkapitäns Korschunowitsch, des Korvettenkapitäns Sjusin, ferner Matrosen, Marineinfanteristen und Offiziere jener Kräfte, die wir für die Angriffsoperationen vorgesehen hatten und die seit dem Anlanden der 63. Brigade daran teilnehmen.

Kirkenes wurde im Sturm genommen. Der Gegner hatte die Stadt zur Sprengung vorbereitet und sie genauso erbarmungslos zerstört wie Petsamo. In den letzten zwei Monaten vor unserem Angriff hatten die Faschisten zusätzlich alle Zugänge zur Stadt vermint. Außerdem war sie von Batterien und Stützpunkten umgeben – wir mußten eine harte Nuß knacken.

Deshalb entschlossen wir uns, mit Landungsgruppen der Marineinfanterie an der Südküste des Varangerfjords die rechte Flanke der 14. Armee, die auf Kirkenes vorging, zu dekken. Zu diesem Zweck war bereits am 18. Oktober in den Buchten Suola und Ares ein Bataillon Marineinfanterie angelandet worden. Das Bataillon ging westwärts vor und traf rasch auf den Gegner, der die Marineinfanteristen aufzuhalten suchte. Gegen Ende des ersten Tages konzentrierte der Gegner bei Afanassjew und Turunen Truppen, die erbitterten Widerstand leisteten. Daraufhin schickten wir dem Bataillon Schlachtflieger zu Hilfe, die als erstes eine gegnerische Batterie vernichteten, die unseren Männern zu schaffen machte.

Nach dieser tatkräftigen Unterstützung kam unser Angriff wieder voran und endete mit der Verjagung der Faschisten bis hinter die Staatsgrenze zu Norwegen.

Die zweite Aufgabe erfüllte die Nordflotte, als die 14. Armee bis an die nahen Zugänge zu Kirkenes vorgedrungen war. Um die Einnahme der Stadt zu beschleunigen und den Landtruppen zu helfen, landeten wir am 23. Oktober im Kobholmfjord und heute im Holmengrofjord Truppen an. Zur Gruppe unter Führung von Kapitän zur See Kusmin gehörten 12 Schnellboote sowie ein großer und zwei kleine U-Jäger, auf denen zwei Bataillone Marineinfanterie eingeschifft wurden. Sie gingen nach der Landung längs des Bekfjords auf Jakobsnes vor. Das erleichterte die Handlungen der 14. Armee und führte zur Stärkung der gesamten Küste von Liinhamari bis zum Bekfjord.

1. November. Nachdem heute der dritte Befehl des Obersten Befehlshabers an die Truppen der Karelischen Front und der Nordflotte verlesen wurde, kann man das Fazit der Operation ziehen. In ihrem Verlauf haben die Truppenteile und Verbände der Flotte alle vorgesehenen und die von der wechselnden Lage diktierten Aufgaben erfüllt. Erstens durchbrachen sie die starke und tiefgestaffelte Verteidigung des Gegners an der Landenge der Halbinsel Sredni. Zweitens landeten wir Kräfte an der Südküste der Maatibucht an. Drittens forcierten Schnellboote und kleine U-Jäger trotz des starken Artillerie-, Granatwerfer-, MG- und Gewehrfeuers den Eingang der Petsamobucht und setzten einen Landungstrupp im Hafen von Liinhamari ab; damit wurde die Einnahme von Petsamo beschleunigt. Viertens säuberten einige bei Peura, Suola, Ares, im Kobholm-, im Jar- und im Holmengrofjord angelandete Abteilungen die Südküste des Varangerfjords von der Petsamobucht bis zum Bekfjord vom Gegner, nahmen Posten, Leuchttürme und ein Wasserkraftwerk und unterstützten die Truppen der Karelischen Front bei der Eroberung von Hafen und Stadt Kirkenes tatkräftig. Fünftens unterbrachen die Fliegerkräfte, U-Boote und Schnellboote der Flotte die Seewege des Gegners und erschwerten damit die Evakuierung seiner Truppen nach Westen. In Ziffern ausgedrückt sah das so aus: Vom 7. bis zum 31. Oktober verlor der Gegner 156

Schiffe, darunter 26 Transporter, 3 Torpedoboote, 18 Küstenschutzschiffe, 11 Räumfahrzeuge, 18 Küstenschutzboote, 12 Schnellboote, 68 Kutter und andere kleinere Schiffe sowie 56 Flugzeuge.

Durch die gemeinsamen Handlungen an der Küste sowie auf See wurde das Gebiet Petschenga, uraltes russisches Land, völlig vom Gegner gesäubert; ein wichtiger Stützpunkt des Gegners im Polargebiet war beseitigt; die Faschisten wurden auf der gesamten Frontlinie über die Staatsgrenze vertrieben und verloren darüber hinaus eine wichtige Bezugsquelle für den strategischen Rohstoff Nickel, den die deutsche Kriegsindustrie zu 65 bis 70 Prozent aus dem Gebiet Petschenga bezog.

Alles in allem hatten wir dem Gegner unersetzliche Verluste zugefügt, die sich auf den nicht mehr fernen Zusammenbruch des Hitlerfaschismus auswirken sollten.

5. November. Ein Anruf aus Moskau: Soeben hat man den Erlaß des Präsidiums des Obersten Sowjets der UdSSR über die Verleihung von Ehrentiteln an Angehörige der Nordflotte unterzeichnet. Alexander Ossipowitsch Schabalin wurde zum zweitenmal Held der Sowjetunion. Während der Angriffsoperation ist insgesamt 28 Angehörigen der Nordflotte dieser Titel verliehen worden.

6. Dezember. Seit der letzten Tagebucheintragung ist ein Monat vergangen. Diese Eintragung ist wie die vorige auf einen plötzlichen Anruf aus Moskau zurückzuführen: Gestern wurde der Erlaß des Präsidiums des Obersten Sowjets der UdSSR über die Stiftung der Medaille «Für die Verteidigung des sowjetischen Polargebiets» unterzeichnet und heute veröffentlicht. Diese Auszeichnung wird nicht nur an die Seeleute der Nordflotte und an die Angehörigen der Karelischen Front verliehen. Das Recht auf sie haben alle, die mit ihrer heldenhaften Arbeit an der Verteidigung des sowjetischen Polargebiets teilgenommen und uns in der schwersten Zeit unterstützt haben: Die Fischer der Fischfang- und der Transportflotte, die Arbeiter der Reparaturwerften und die Eisenbahner von Murman, deren Hilfe wir jeden Tag spürten. Und wir spüren sie auch jetzt.

Langsam kehrte das Leben in die von den Faschisten verwüstete Gegend zwischen Petschenga, Nikel und Kirkenes zurück. Inmitten der Ruinen im Hafen und in den Städten sowie in den zerstörten Hallen des Nickelkombinats und des Wasserkraftwerks gingen die ersten Aufbauwilligen aus Murmansk, Kirowsk, Montschegorsk und anderen Orten ans Werk. Unter ihnen auch etwa tausendfünfhundert aus der Armee Entlassene, die für diese Arbeit zur Verfügung gestellt wurden. Die Bedingungen, unter denen sie tätig waren, unterschieden sich kaum von denen an der Front. Da keine Wohnstätten vorhanden waren, wurden Gemeinschaftsunterkünfte in Kellern zerstörter Gebäude eingerichtet. Und damit es bald wieder elektrischen Strom gab, wurde in der Finsternis der Schneestürme alles nur Menschenmögliche unternommen.

Wir an der Front wußten das und weilten in Gedanken oft bei denen, die dort selbstlos das Leben wieder voranbrachten, wo die Faschisten ihre Taktik der verbrannten Erde angewandt hatten. Und wir waren verpflichtet, dafür zu sorgen, daß ihr Tun ungefährdet blieb. Daher verstanden alle Angehörigen der Nordflotte, vom Matrosen bis zum Flottenchef, die Worte des «Prawda»-Leitartikels anläßlich der Stiftung der Medaille «Für die Verteidigung des sowjetischen Polargebiets» wie einen Auftrag. «Viele Tausende von Menschen werden mit dem Zeichen großer Tapferkeit, des Mutes und Heldentums – mit der Medaille ‹Für die Verteidigung des sowjetischen Polargebiets› – geehrt. Sie ist eine hohe Auszeichnung und wird unsere Menschen zu neuen Heldentaten inspirieren. Der Feind ist noch nicht endgültig geschlagen. Noch immer tauchen gegnerische U-Boote im Nördlichen Eismeer auf. Sie müssen erbarmungslos, unerbittlich und ununterbrochen bekämpft werden. Die sowjetischen Kämpfer des Polargebiets haben den Gegner vom Lande vertrieben, sie haben ihn aus den Stützpunkten Nordnorwegens hinausgeworfen. Jetzt müssen sie ihn ein für allemal auch vom Meer vertreiben.»

Das war unsere Pflicht.

Die letzten Seiten des Tagebuches

Dezember 1944 bis Mai 1945

31. Dezember. Die Ereignisse der letzten Tage haben mich veranlaßt, erneut zum Tagebuch zu greifen.

Während ich in Moskau war, wurde ein Transportschiff versenkt, und am Tage meiner Ankunft ging die «Proletari» verloren. Es mußten außergewöhnliche Maßnahmen ergriffen werden. Bei der Suche nach gegnerischen U-Booten verloren wir zwei große U-Jäger. Die Deutschen haben anscheinend zahlreiche U-Boote hierher verlegt, die auf die Einsatzbedingungen gut vorbereitet sind. Gestern nacht griff ein U-Boot bei Swjatoi Nos das Räumfahrzeug 37 an und versenkte es. Zu dieser Zeit befand sich Gurin mit sechs Zerstörern und vier großen U-Jägern im Seegebiet von Iokanga. Ich beorderte ihn nach Iokanga zurück. Zur Bekämpfung der U-Boote liefen vier Zerstörer aus.

In Murmansk lag die «Tbilissi» mit etwa 2500 Tonnen Proviant für die 14. Armee zum Auslaufen bereit. Die Armee wartete dringend darauf. Da im Raum der Fischerhalbinsel in den letzten sieben, acht Tagen keine U-Boote festgestellt worden waren und ich sie im Gebiet Iokanga–Gorodezki vermutete, ließ ich die «Tbilissi» auslaufen. Ich baute auf ihre Geschwindigkeit und die ausreichende Sicherung – zwei Räumfahrzeuge und vier große U-Jäger. Als es dämmerte, wurden noch zwei «Catalina»-Flugboote zur U-Boot-Suche eingesetzt; sie konnten nichts entdecken. Und dennoch torpedierte der Gegner den Transporter. Den Meldungen zufolge hielt er sich auf dem Wasser. Der Wind hatte sehr aufgefrischt und bereits Stärke 9 erreicht. Das erschwerte die Rettung des Transporters. Ich hatte zwei Zerstörer und zwei Schlepper zu Hilfe geschickt. Wegen der stürmischen See ließ Geleitzugkommandeur Panfilow die U-Jäger umkehren.

Beim Ablegen wurde der Zerstörer «Shostki» vom Wind

abgetrieben und lief beim Kap Jekaterinski auf Grund. Jetzt versuchen zwei Schlepper, ihn wieder flott zu bekommen. Der Wind nimmt noch zu.

1. Januar. Alle in der Nacht und am Tage unternommenen Versuche, die «Tbilissi» abzuschleppen, schlugen fehl. Immer wieder brachen die Leinen. Vom Wind und von der Strömung wurde die «Tbilissi» gegen Mittag bis dicht an Kildin herangedrückt. Man fürchtete schon, sie würde auf die Felsen auflaufen. Doch sie trieb vorbei, zum Kap Oleni hin. Dort gelang es, die Schlepper vorzuspannen, den Transporter von der Küste wegzubringen und nach Teriberka zu bugsieren. Am Morgen befahl ich der «Shostki» zurückzukehren. Zwei Schlepper und ein Räumfahrzeug blieben zum Schutz zurück.

3. Januar. Auf der «Tbilissi» wurde das Wasser aus dem Maschinen- und dem Kesselraum gepumpt. Bei günstigem Wetter bringen wir sie morgen in die Kolabucht.

Der Volkskommissar machte mir Vorwürfe. Die Sicherung sei ungenügend gewesen. Ich sei daran gewöhnt, die U-Boote nur am Tage zu fürchten, doch seien sie auch in der Nacht gefährlich. Mir ist seit langem klar, daß sie, mit Funkmeß ausgerüstet, nachts noch gefährlicher sind als am Tage. Übrigens haben wir zur Zeit bei uns gar keinen «Tag», es herrscht die Polarnacht.

Um 16.00 Uhr liefen fünfzehn Transporter und sechs Zerstörer unter dem Befehl von Gurin aus Archangelsk aus und nahmen Kurs auf die Kolabucht. Ich schickte ihnen Kraschennikow mit vier Zerstörern entgegen und gab noch zwei Räumfahrzeuge und drei große U-Jäger zur Verstärkung bei. Sie müssen mit der Aufgabe fertig werden und den Geleitzug ohne Verluste herbringen.

4. Januar. Kulagin bat um die Erlaubnis, die «Tbilissi» heimführen zu dürfen. Es war gutes Wetter, ich stimmte zu. Zwei Räumfahrzeuge, zwei kleine U-Jäger und das Küstenschutzschiff «Grosa» sollten ihren Schutz übernehmen. Außerdem werden vier Schnellboote und zwei «Catalina»-Flugboote den Kildin-Flußabschnitt nach U-Booten absuchen. Der Geleitzug aus Archangelsk hatte Ponoi um 09.00 Uhr unbehelligt passiert. Auf dem Weißen Meer herrschten seit gestern schlechte Sicht und leichtes Schneegestöber.

5. Januar. Die «Tbilissi» ist in der Kolabucht angekommen, und Gurin hat den Geleitzug aus Archangelsk unversehrt zum Ziel geführt.

6. Januar. Fokin hat sich auf den Empfang eines alliierten Geleitzuges vorbereitet. Er wird mit acht Zerstörern und U-Jägern auslaufen. Nach letzten Angaben wird der Geleitzug morgen um 15.30 Uhr am vereinbarten Punkt eintreffen. Er ist sehr groß – 38 Transporter, 20 britische Sicherungsschiffe. Vizeadmiral Hamilton führt sie erneut. Die Briten studieren uns intensiver als je zuvor.

Zu Klewenski in Petschenga muß Proviant gebracht werden. Das sollen zwei Zerstörer unter Führung von Rumjanzew, dem Stabschef des Geschwaders, übernehmen.

7. Januar. In der Nacht kam Nebel auf. Rumjanzew lief gegen 10.30 Uhr aus. Außer dem Transport hatte er die Aufgabe, an der Küste der Fischerhalbinsel nach gegnerischen U-Booten zu suchen.

Der Stabschef der Flotte, Platonow, war mit Fokin dem alliierten Geleitzug entgegengefahren. Gegen Mittag löste sich der Nebel auf, der Wind änderte die Richtung, von Südwest nach Nordost.

Um 14.30 Uhr hat ein Küstenbeobachtungsposten auf der Insel Kildin den Geleitzug entdeckt. Er ist in Schneetreiben geraten. Kampfschiffe mit Funkmeß kommen natürlich ohne besondere Schwierigkeiten durch. Aber bei Transportern sind Unannehmlichkeiten nicht ausgeschlossen. Im Laufe des Tages keine Meldungen über deutsche U-Boote.

Um 15.00 Uhr schwenkte die von Fokins Schiffen eskortierte Weißmeergruppe des Geleitzuges ab und ging auf Ostkurs. Das Wetter ist auf dem gesamten Schauplatz miserabel. Flugzeuge können nicht aufsteigen. Jetzt, da die Deutschen hier oben keine Flugzeuge mehr haben, ist das schlechte Wetter für uns geradezu ein Unglück, noch dazu in der dunklen Jahreszeit. Die Tage werden zwar schon länger, doch wird die Sonne erst am 18. Januar das erstemal über dem Horizont auftauchen.

8. Januar. Den ganzen Tag herrschte schlechte Sicht. Bisher konnten wir nicht feststellen, ob alle britischen Schiffe in die Bucht eingelaufen waren. Rein zahlenmäßig müßten alle Transporter da sein, doch noch sind nicht alle Namen überprüft. Fokins Gruppe – sechs Transporter und zwei Tanker – hat das Weiße Meer erreicht und wird wahrscheinlich am Morgen auf der Reede von Sewerodwinsk liegen.

Rumjanzew soll wegen der schlechten Sichtverhältnisse und der unklaren Lage in der Kolabucht mit seinen Zerstörern noch in Petschenga bleiben.

Zwei Transporter liegen irgendwo bei Sedlowaty vor Anker. Ihre Kompasse sind defekt, und die Lotsen wagen es nicht, sie zu führen, solange die Sicht so schlecht bleibt. Sollte sich das nicht ändern, wird man morgen Empfänger auf den Transportern installieren und sie mit Hilfe unserer Horchstationen führen müssen.

Die Ausrüstung der Kolabucht ist ungenügend. Wir brauchten einen sogenannten Elektrolotsen. Die Kolabucht verlangt weit mehr Aufmerksamkeit, als ihr gewidmet wird.

9. Januar. Der Stabschef der Flotte und Fokin sind zurückgekehrt. U-Boote wurden weder auf der Hin- noch auf der Rückfahrt entdeckt. Kraschennikow hat die Transporter mit seinen vier Zerstörern weiter westwärts geleitet. Rumjanzew ist zurückgekehrt.

10. Januar. Mit dem Geleitzug ist ein Transporter mit Frachten für Norwegen eingetroffen. Nach dem Auslaufen des alliierten Geleitzuges muß man ihn nach Kirkenes bringen.

11. Januar. Um 07.00 Uhr begann der Geleitzug auszulaufen. Um 12.26 Uhr hatten alle Schiffe – 26 Transporter und 21 Kriegsschiffe – die Kolabucht hinter sich gebracht. In der Zwischenzeit haben wir auch die «Wytegra», die nach Titowka fährt, aus der Bucht geführt. Kraschennikow wurde bis 14.00 Uhr in Iokanga zurückgehalten. Jetzt führt er die «Unna» her.

12. Januar. Kraschennikow ist mit der «Unna» eingetroffen. Während der Überfahrt ortete er mit Radar ein U-Boot in Überwasserfahrt. Der zur Suche ausgesandte Zerstörer «Shiwutschi» hat nichts gefunden.

14. Januar. Nachts erreichten die Sturmböen Stärke 11. Die geplante Ausfahrt der Zerstörer zur U-Boot-Jagd mußte verschoben werden. Die 14. Armee beschwert sich, die Verpflegung reiche nur noch für fünf Tage. Aber wir haben keine Kohle, alle Transporte sind ins Stocken geraten. Das habe ich schon mehrmals nach Moskau durchgegeben. Gestern erhielt ich ein Telegramm. Der Volkskommissar erinnert daran, daß die Armee plötzlich ohne Verpflegung dastehen könne. Möglicherweise denkt er, daß ich durch die Torpedierung der «Tbilissi» in Angst und Schrecken versetzt worden bin. Die Kriegsschiffe sind zum Geleitschutz von Transportern im Weißen Meer eingesetzt.

16. Januar. Der Wind ist auf 6 bis 7 abgeflaut. Ein aus acht Transportern bestehender Geleitzug ist ins Weiße Meer ausgelaufen. Neun Zerstörer bilden seinen Schutz. Die großen U-Jäger können, der stürmischen See wegen, nicht eingesetzt werden.

Am Abend trafen von den Posten in Bolschoi Oleni und Teriberka Meldungen über Artilleriefeuer im Gebiet des Geleitzuges ein. Bald erhielten wir von Rumjanzew eine Meldung. Folgendes hatte sich ereignet: Die Suchgruppe der Schiffe hatte nach Passieren von Teriberka ein U-Boot ausgemacht, doch riß der Kontakt mit ihm ab. Zu dieser Zeit ertönten an der Küste zwei Detonationen. Um 20.30 Uhr griff die «Dejatelny», die steuerbords fuhr, ein U-Boot mit Wasserbomben an und wurde unmittelbar darauf von einem Torpedo am Heck getroffen. Es riß bis zum Torpedorohr ab. Der Zerstörer «Derski» eilte der «Dejatelny» zu Hilfe, entdeckte das U-Boot und verfolgte es. Während des Angriffs beobachtete man die «Dejatelny», die Schlagseite hatte und von der man ein Motorboot, ein Rettungsboot und ein kleines Rettungsfloß zu Wasser ließ. Später wurden diese Rettungsmittel jedoch nicht mehr aufgefunden. An der Untergangsstelle des Zerstörers konnten sieben Mann aus dem Wasser geborgen werden, darunter der Gehilfe des Kommandanten, Kapitänleutnant O. M. Matschinski.

Die «Shiwutschi» und die «Derski» fuhren das ganze Gebiet ab, konnten jedoch nichts entdecken. Dann holten sie den Geleitzug ein und vereinigten sich mit ihm. Die letzte Meldung vom Kommandanten der «Dejatelny» war um 21.30 Uhr eingetroffen. «Bin torpediert. Beide Maschinen unter Wasser. Steuerbordschlagseite. Versuche Trinkwasserzelle zu reparieren, um Schlagseite auszutrimmen. Sinken langsam. Treffe Maßnahmen zur Rettung des Schiffes.» Kapitänleutnant K. A. Krawtschenko handelte demnach kaltblütig.

Drei bis vier Stunden nach dem Untergang der «Dejatelny» wende der Funkspruch eines U-Bootes aufgenommen. Das wiederholte sich zwei Stunden später. Der Peilung nach entfernte sich das Boot nach Westnordwest. Tagsüber verhinderte das Wetter die Suche nach Vermißten von der «Dejatelny» mit Flugzeugen. Der Zerstörer «Urizki» konnte wegen seines technischen Zustands noch nicht auslaufen.

18. Januar. Der Geleitzug ist wohlbehalten bis nach Sosnowez gelangt. Doch was ist mit den U-Booten? Die ganze Woche vorher ist hier kein einziges ausgemacht worden. Zu denken gibt, daß sie, wie bei der Torpedierung der «Tbilissi», recht zielstrebig auftauchen. Entweder verfügen die Deutschen über ein zuverlässiges Funkmeßsystem, oder aber sie haben Leute bei uns eingeschleust; eventuell an der unbewohnten Küste. Von dort teilen sie über Funk mit, wann Geleitzüge auslaufen. Genau wie wir können sie irgendwo in den Bergen stecken, die See beobachten und funken. Mit bloßer Gewalt ist da nichts zu erreichen. Das geht nur mit Köpfchen.

Die starke See verhindert weiterhin den Einsatz der großen U-Jäger. Und Zerstörer haben wir zuwenig. Der Gegner setzt augenscheinlich akustische Torpedos ein. Sie können einem Geleitzug großen Schaden zufügen. Alle Angriffe der letzten Zeit sind nachts erfolgt. Dahinter steckt wohl System.

Als nächstes haben wir einen Geleitzug nach Liinhamari und Kirkenes zu führen. Zuerst müssen die Zerstörer eine sorgfältige U-Boot-Suche durchführen. Vor dem Geleitzug wird man große U-Jäger und Schnellboote zur Marschsicherung einsetzen müssen. Alles hängt nun vom Wetter ab. Der Wind und die See könnten ihr Auslaufen vereiteln. Da hilft dann alles nichts, wir müssen das Unternehmen aufschieben.

23. Januar. Der Geleitzug nach Kirkenes ist unterwegs. Unter dem Kommando von Michailow liefen am 20. 1. um 06.00 Uhr der Transporter «Wjatka» und das norwegische Transportschiff «Idefjord» aus. Die Sicherung besteht aus 20 Einheiten, darunter drei norwegische Räumfahrzeuge und eine Korvette. Zur U-Boot-Suche sind die Zerstörer «Rasjarjonny» und «Rasumny» eingesetzt, befehligt von Karpunin. Auch «Catalina» starten.

Beim Kap Zyp-Nawolok stieß Karpunin zu Michailow. Um 12.20 Uhr wurde ein U-Boot geortet und mit Wasserbomben verfolgt. Um 12.50 Uhr erhielt die «Rasjarjonny» einen Treffer, anscheinend von einem akustischen Torpedo. Von der Detonation wurde das Achterschiff stark beschädigt. Der Versuch, die «Rasjarjonny» abzuschleppen, hatte anfangs keinen Erfolg. Die Schleppleine brach. Das Achterschiff lag tief im Wasser und behinderte das Manöver. Das Wetter war gut, Südwest Stärke 3 bis 4. Zum Schutz und zum Abschleppen wurden der Schlepper M-3, die «Sarja» und vier kleine U-Jäger aus Petschenga ausgeschickt. Gegen 02.00 Uhr brachte man das Schiff nach Liinhamari. Bei der Detonation hatten 36 Besatzungsmitglieder den Tod gefunden, zwei erlagen den Verletzungen. Siebzehn Mann waren verwundet. Um das Schiff zu retten, wurde das Leck so abgedichtet, daß man den Zerstörer zur Reparatur in die Kolabucht schleppen konnte.

31. Januar. Ein Geleitzug von Liinhamari ist wohlbehalten bis zur Kolabucht gelangt. Drei Räumfahrzeuge wurden abgezogen. Die «Rasjarjonny» ist noch in Petschenga. Dorthin soll auch der folgende Geleitzug, das Transportschiff «Kirow» mit 4500 Tonnen Fracht an Bord und vier Zerstörer, zwei Küstenschutzschiffe, vier große und sechs kleine U-Jäger, vier Schnellboote und ein Räumfahrzeug als Geleitschutz. Wieder wird Karpunin als Geleitzugkommandeur eingesetzt. Ein Verlust der «Kirow» wäre für uns furchtbar.

Wir beschlossen, U-Boote mit Flugzeugen zu suchen und sie in ihrem Operationsgebiet zu bombardieren. Wir wollten die Boote in drei bis vier Tagen mürbe machen, so daß ihnen das Herumstreichen dort verging. Leider machte uns das Wetter wieder einen Strich durch die Rechnung, und wir konnten nur Schiffe zur Suche aussenden.

15. Februar. Der nächste alliierte Geleitzug war vor drei Tagen in der Kolabucht eingetroffen. Alles verlief mehr oder weniger gut. Eine britische Korvette geriet auf eine Treibmine. Der Bug wurde deformiert. Man konnte sie nach Bolschaja Wolokowaja schleppen und an einer seichten Stelle auf Grund setzen. Gestern hatten die Engländer irgend etwas vom

Schiff abmontiert und ihren Angaben nach Versuchsanlagen gesprengt.

Fokin führte in diesen Tagen einen Geleitzug aus dem Weißen Meer heraus. Am Flußabschnitt von Kildin kam es zu Explosionen auf einem Tanker und einem Transporter. Man meldete mir, die Schiffe seien torpediert worden; ich hielt das für unwahrscheinlich, schickte alle verfügbaren Mittel zu Hilfe und fuhr selber mit einem Schiff hinaus. Das Achterschiff des Transporters lag tief im Wasser, das Deck befand sich in Höhe der Wasseroberfläche. Das Vorschiff hielt sich gut. Die «Karl Liebknecht» versuchte, den Transporter in Schlepp zu nehmen, mußte dieses Vorhaben jedoch wegen Maschinenschadens aufgeben. Die «Shostki» eilte herbei, danach auch der Schlepper M-12, und der Transporter konnte abgeschleppt werden. Der Tanker lag ähnlich im Wasser, er wurde von der «Urizki» in Schlepp genommen, die ihn bei der Insel Salny an den Schlepper M-1 übergab, der ihn dann nach Drowjany brachte. Ich dachte, daß man den Tanker reparieren könne, beim Transporter hielt ich das kaum für möglich. Die Schäden waren zu umfangreich.

Meine Zweifel waren beseitigt. Beide Schiffe hatten Torpedotreffer erhalten. Alles ließ vermuten, daß es sich auch hier um akustische Torpedos gehandelt hatte.

Zwei Tage vorher waren unsere Flugzeuge an den Zugängen und längs der Küste zur U-Boot-Abwehr eingesetzt. Zum Kildin-Flußabschnitt liefen Schnellboote und Räumfahrzeuge aus. U-Boote wurden nicht entdeckt. Auch während und nach dem Angriff fand man keine. Erst gegen Mitternacht spürte die Funkbeobachtung ein Boot auf. Es gab einen 64 Gruppen langen Funkspruch nach Wilhelmshaven durch. Man ortete es 12 Meilen östlich von Zyp-Nawolok. Durchaus möglich, daß es sich um dasselbe Boot handelte, das den Geleitzug angegriffen hatte. Ein zweites U-Boot wurde 35 Meilen nördlich von Teriberka entdeckt: Es gab einen Funkspruch nach Tromsö durch.

Zwei weitere U-Boote wurden 30 Meilen und 54 Meilen nördlich von Vaitolahti ausgemacht. Sie waren längs der Küste aktiv. Ihre Bekämpfung erforderte eine große Kraftanspannung und den Einsatz aller verfügbaren Mittel.

18. Februar. Das Räumen am Kildin-Flußabschnitt am 16. 2. und 17. 2. verlief ergebnislos. Keine Minen. Die Flieger fanden keine U-Boote. Fünf britische Korvetten waren in der Nacht zum 17. 2. auf U-Boot-Suche. 12 Meilen östlich von Zyp-Nawolok spürten sowjetische Kriegsschiffe mit Unterwasserortungsgeräten ein U-Boot auf. Nach einem Wasserbombenangriff tauchte es auf und wurde von der Artillerie vernichtet.

3. März. Wieder ist eine große Lücke in den Aufzeichnungen entstanden. Der allgemeine Gesundheitszustand fordert anscheinend seinen Tribut. Es steht schlecht um mein Herz.

20. März. Ein alliierter Geleitzug ist eingetroffen. Rumjanzew ist ihm mit 20 Schiffen entgegengefahren. Vizeadmiral Hamilton sollte eigentlich Kildin anlaufen, doch er änderte die Route und steuerte Teriberka an.

Tatsächlich landete er zwischen Teriberka und Gawrilowski. Daher traf Rumjanzew ihn nicht. Beim Anlaufen von Teriberka wurde ein Transporter torpediert. Es gelang, ihn in flaches Gewässer abzuschleppen. Ein zweiter Transporter wurde nördlich von Kildin torpediert. Man konnte ihn nur bis Kap Byk schleppen, dort sank er. Die Besatzungen beider Schiffe wurden gerettet. Eine Korvette sank nach einem Torpedotreffer nördlich von Kildin augenblicklich. Die gesamte Besatzung fand den Tod.

Hamilton und Edgerton waren verlegen und brachten alle möglichen Argumente vor, weshalb sie die Route geändert hätten. Wie auch immer, zwei große Transporter waren verloren. Seit zwei Jahren war das der erste Verlust von Transportern mit wertvollen Ladungen.

Eins stand zweifelsfrei fest: Wir brauchten mehr U-Jäger und Flugzeuge. Wir konnten uns drehen und wenden, wie wir wollten, unsere Schiffe reichten nicht aus. Kein einziger großer U-Jäger war einsatzbereit, es fehlte an Ersatzteilen. Die Reparaturarbeiten erfolgten unter großen Schwierigkeiten. Die Zerstörer mußten nach jedem Einsatz überholt werden. Die Deutschen waren allem Anschein nach entschlossen, sich in Norwegen festzukrallen. Die Engländer beeilten sich vorläufig nicht, sie von dort zu verjagen.

Da sich Hamilton und Rumjanzew verfehlt hatten, waren

alle Transporter, auch die der Weißmeergruppe, in die Kolabucht eingelaufen. Nach Absprache mit dem Volkskommissar für Außenhandel und den Engländern wurden auch diese Schiffe in der Kolabucht entladen.

12. April. Die Aktivität der U-Boote hat etwas nachgelassen, doch vereinzelt tauchen immer wieder welche auf. Von Setj-Nawolok aus erblickte man zweimal im Laufe von drei Tagen den Turm eines U-Bootes. Von Gawrilowski aus bemerkte man am 9. April ebenfalls ein U-Boot, das sich in Überwasserfahrt nordwärts entfernte.

Die «Kirow» transportierte die Technik des 104. Artillerieregiments von Liinhamari nach Murmansk. Die Bedienungen schiffte man auf Kriegsschiffen ein. Die Verlegung verlief einwandfrei. Die letzte Kolonne des Regiments wurde auf einem Schiff der Pazifikflotte abtransportiert. Drei Räumfahrzeuge aus Liinhamari verlegten nach Poljarny.

Mit dieser Aufgabe war Gurin betraut worden. Er bewältigte sie ausgezeichnet. Unterwegs gab es dreimal Kontakt mit U-Booten, gesichtet wurden sie allerdings nicht.

Laut Entschluß des Volkskommissars wurden von uns 41 Schnellboote und 10 große U-Jäger abgezogen und an die Pazifikflotte übergeben. Eigentlich hätten wir die U-Jäger dringend benötigt.

17. April. Fünf Schnellboote der Klasse D-3 wurden für die Pazifikflotte mit der Eisenbahn abtransportiert. Gestern passierten sie Kem. Schabalin ist mit seiner Abteilung ausgelaufen.

Heute nacht war nach längerer Zeit wieder eine Ju 88 zur Aufklärung über der Kolabucht erschienen. Sie warf Leuchtbomben. Nach Angaben der Funkbeobachtung kam das Flugzeug aus Bardufos. Die Flak nahm die Maschine unter starkes Feuer, und zwei Jäger stiegen auf.

In diese Zeit fiel die unrühmliche Geschichte mit den U-Boot-Sperren. Die Engländer hatten einige Wochen zuvor vorgeschlagen, U-Boot-Minen vor dem Eingang in die Kolabucht zu legen und U-Boot-Netze auszubringen. Ich fragte beim Hauptstab an und übermittelte gleichzeitig meine Meinung zu diesem Vorschlag. Ich hielt beides für unzweckmäßig, wir würden uns mit solchen Sperren nur selbst behindern. Im Hauptstab stimmte man mir zu und teilte mit, daß man den Engländern in Moskau im selben Sinne geantwortet habe.

Am 15. April erfuhr ich von Kutscherow, daß sich der britische Außenminister wegen der Sperren an Molotow gewandt habe. Es sei befohlen worden, die Sperren zu errichten. Mit dem nächsten Geleitzug treffe ein Minenleger ein. Ich befürchtete, daß wir mit diesen Minen noch viel Mühe haben würden. Sie müßten ja irgendwann wieder herausgefischt werden.

29. April. Vom 18. bis zum 22. war ich in Moskau. In dieser Zeit wurde die Minensperre gelegt, und zwar vom Minenleger «Apollo». Nach Berichten ein gutes Schiff mit einer Geschwindigkeit von etwa 36 Knoten.

Bei der Überfahrt eines Geleitzuges von Petschenga zur Kolabucht sank am 21. April bei Kap Zyp-Nawolok der Transporter «Onega», während der norwegische Transporter «Idefjord» beschädigt wurde. Letzterer konnte in die Kolabucht geschleppt werden. Versäumnisse: Vor der Rückfahrt des Geleitzuges aus Petschenga wurde keine U-Boot-Suche durchgeführt. Man hätte einen Tag warten und die Sicherungsschiffe zur Suche einsetzen müssen.

Als erstes Schiff wurde die «Idefjord» torpediert. Dessenungeachtet behielten die übrigen Schiffe den Kurs bei. Sieben bis acht Minuten später erhielt dann die «Onega» einen Treffer. Gleich nach der Torpedierung des norwegischen Schiffes hätte man einen Kurswechsel von 90 Grad auf die Küste oder besser noch auf die offene See vornehmen müssen. Freilich tauchte dann das U-Boot, das die Transporter torpediert hatte, nach dem Einsatz von Wasserbomben 50 Meter seitlich der «Karl Liebknecht» auf. Turm und Aufbauten waren völlig deformiert. Die Geschützbedienungen des Zerstörers feuerten 16 Granaten auf das U-Boot ab, von denen laut Beobachtungen fünf trafen. Das U-Boot sank sofort.

30. April. Der nächste Geleitzug traf heute ein. Ihm war eine verstärkte U-Boot-Suche vorausgegangen, an der fünf britische Korvetten, unsere «Catalina» und große U-Jäger teilnahmen. Die Flugzeuge versenkten nach glaubwürdigen Angaben ein U-Boot und beschädigten ein weiteres schwer. Der Geleitzug wurde zum festgelegten Zeitpunkt in Empfang genommen.

2. Mai. Heute haben unsere Truppen Berlin genommen. Gestern verbreiteten deutsche Rundfunkstationen die Mitteilung, daß Hitler tot sei. An seiner Stelle stehe jetzt Admiral Dönitz. Das sind unverständliche und sinnlose Anstrengungen. Der Krieg geht in diesen Tagen zu Ende, daran gibt es keinen Zweifel.

Ein alliierter Geleitzug trat am 30. 4. die Rückfahrt an. Vor dem Auslaufen gingen britische Korvetten und sowjetische U-Jäger auf U-Boot-Suche. Gegen 21.00 Uhr tauchte ein U-Boot unweit von Setj-Nawolok auf. Zwei in der Nähe befindliche Korvetten rasten darauf zu. Eine bis anderthalb Stunden zuvor hatten uns die Engländer mitgeteilt, von der Admiralität sei folgender Hinweis an sie ergangen: «Es ist möglich, daß sich deutsche U-Boote in den nächsten Tagen auf offener See ergeben werden. In diesem Falle werden die Besatzungen an Oberdeck antreten und am Mast eine weiße Flagge hissen. Den Kommandanten wird empfohlen, Vorsicht walten zu lassen, da Provokationen möglich sind.» Ich dachte, daß das bei Setj-Nawolok aufgetauchte U-Boot sich vielleicht ergeben wollte, und ärgerte mich schon, daß die Engländer es aufbringen würden und nicht wir.

Beide Korvetten eröffneten das Feuer. Unsere Küstenposten und Batterien beobachteten Treffer. Zwei bis drei Minuten später meldeten alle Posten und die Engländer selber die Versenkung des U-Bootes. Eine Korvette stoppte und brachte ein Boot aus, anscheinend um jemanden aufzunehmen. Eine oder zwei Minuten später flog die Korvette in die Luft. Schwer zu sagen, wer sie torpediert hatte, durchaus möglich, daß noch ein weiteres U-Boot im Einsatz war. Nicht ausgeschlossen, daß auch das «versenkte» U-Boot die Korvette torpediert hatte. Sie brach in zwei Teile auseinander und begann zu brennen. Der Geleitzug lief dennoch wie geplant aus. Die britischen Sicherungsschiffe, die an den brennenden Trümmern vorbeifuhren, eröffneten das Feuer auf sie und versenkten sie. Von unseren Booten wurden etwa fünfzig Mann aus dem Wasser geborgen, darunter sieben Schwerverwundete.

Im Laufe des 1. Mai wurden U-Boote ziemlich weit entfernt festgestellt. Anscheinend jagten sie dem Geleitzug hinterher. Das dürfte ihre letzte Fahrt sein.

Eine Batterie in Vaitolahti entdeckte ein Sehrohr und feuerte 14 Granaten ab – natürlich erfolglos. Flugzeuge konnten nichts feststellen.

4. Mai. Um 12.00 Uhr werden sechs große U-Jäger auslaufen mit der Aufgabe, nach U-Booten zu suchen. Die Schiffe stehen unter dem Kommando von Fregattenkapitän Mol. In der Nacht wandten wir uns auf ihren eigenen Frequenzen mit einem Appell an die deutschen U-Boot-Besatzungen. Wir sagten ihnen, daß der Kampf sinnlos geworden sei. Die wichtigsten deutschen Marinestützpunkte seien genommen. Hitler und Goebbels seien tot. Wir schlugen den Besatzungen vor, daß sie sich ergeben, um am Leben zu bleiben. Sie sollten in die Motowskibucht einlaufen, an Oberdeck antreten und am Mast eine weiße oder schwarze Flagge hissen. (Schwarz ist auf See über größere Entfernung zu erkennen.)

Ich mache mir nichts vor, die Deutschen werden sich lieber den Engländern als uns ergeben, sollte schon kein anderer Weg für sie bleiben. Doch muß die Möglichkeit unbedingt genutzt werden, damit man es dann nicht bereut.

Die Ereignisse in Deutschland nehmen einen schnellen Lauf. Gestern sind an der dänischen Küste über hundert deutsche Kriegsschiffe mit Kurs auf Norwegen festgestellt worden. Will sich Dönitz in Norwegen festsetzen und sich irgendwelche Klauseln ausbedingen? Schon möglich.

8. Mai, 15.00 Uhr. Am 4. Mai erteilte Dönitz den U-Boot-Fahrern den Befehl, den Kampf einzustellen und zu ihren Stützpunkten zurückzukehren. Und was geschah am 6. Mai, um 03.00 Uhr, im Tanafjord? Zwei U-Boote landeten eine 30 Mann starke Gruppe an. Sie traf an der Küste auf sechs Fischer und erschoß sie.

Sechs große U-Jäger suchten drei Tage lang, konnten jedoch nichts entdecken. Sie vernichteten sieben deutsche Minen.

Gestern wurden von der Funkaufklärung drei U-Boote entdeckt, eines am Eingang in den Varangerfjord. Heute, gegen 12.00 Uhr, wurde ein Boot von Hydroakustikern im Bekfjord bei der Insel Renö aufgespürt. Ich befahl, es bis zu letzten Möglichkeit zu verfolgen. Wir erhielten Nachricht von der bedingungslosen Kapitulation Deutschlands.

8. Mai, abends. Es ist sehr schade, daß ich das Tagebuch sehr lückenhaft und in zu gedrängter Form geführt habe. Die vier Jahre in ständiger Anspannung sind wie im Fluge vergangen. Erst jetzt, da man zurückblickt, beginnt man zu verstehen, welch weiter Weg zurückgelegt wurde und daß mich diese vier Jahre mindestens 10 bis 15 Jahre gewöhnlichen friedlichen Lebens gekostet haben. Überhaupt machen diese vier Jahre eine ganze Epoche im Leben des Landes aus.

«... über dem Meere sich erhebend»

Mai/Juni 1945

Im engeren Sinne ist es Sache des Schriftstellers, des Künstlers, sich der Allegorie zu bedienen. Doch warum sollte nicht auch jeder andere das Recht dazu haben? Für mich wird ein Leben lang die markante Gestalt eines Matrosen der Nordflotte, auf in Nebel gehüllter granitener Küste über tosender See oder an Bord eines über und über mit Eis bedeckten Kriegsschiffes inmitten der stürmischen Weiten des riesigen eisigen Ozeans mit seinem Schneetreiben und Treibeis, Sinnbild unserer Leistungen in schweren Jahren, unter den rauhen, mit nichts zu vergleichenden Bedingungen des Polargebiets bleiben. Und gleichsam als Unterschrift unter dieses majestätische Bild ertönen tief in mir die Klänge aus der Oper «Sadko»: «Und fest stemmen sich die grauen Klippen den Wogen entgegen, über dem Meere sich erhebend.»

Ja, die Seeleute der Nordflotte hatten standgehalten. In der ersten Zeit gelang es dem Gegner, sich in unsere Verteidigung einzukeilen, doch konnte er sich nur auf die Entfernung eines Tagesmarsches vorarbeiten. Danach blieb er stecken, zum Stehen gebracht von Soldaten der Karelischen Front, deren besten Truppenteilen Seeleute der Nordflotte angehörten. Daß er steckenblieb, lag beileibe nicht an den naturbedingten Schwierigkeiten, mit denen es die 20. Gebirgsarmee der Faschisten hier am Küstenabschnitt zu tun hatte. Diese Schwierigkeiten waren für beide Seiten gleich. Der Gegner hatte schließlich auch nicht irgendwelche Soldaten hierher verlegt, sondern die sogenannten Helden von Narvik und Kreta, hochgepriesene «Edelweiß»-Divisionen, die schon ihre Erfahrung in unwegsamen Regionen hatten. Hinzu kam das Überraschungsmoment, das die faschistischen Gebirgsjäger in den ersten Kriegstagen ausnutzten. Ich wiederhole: Zum Stehen gebracht hatten sie nicht die Geländeschwierigkeiten, sondern

Menschen, sowjetische Grenz- und Schützentruppenteile, die durch Marineinfanterieabteilungen verstärkt wurden. Sie hielten den Gegner auf und zermürbten ihn in Verteidigungskämpfen. Sie vernichteten die einen Einheiten, zwangen die anderen zum Rückzug und schlugen sie schließlich endgültig auf den Felsen und in den Bergen bei Liinhamari, Kirkenes, dort, von wo die Faschisten ihren Feldzug gegen das sowjetische Polargebiet begonnen hatten.

An all das erinnerte ich mich seit dem Augenblick, da der Rundfunk die Kunde von der Einnahme Berlins brachte, und ich fühlte mich in Hochstimmung. Ich spürte in jedem von uns ähnliche Erregung, blickte in strahlende Augen, auch wenn jeder nach wie vor seiner gewohnten, vom Rhythmus der Kriegszeit diktierten Beschäftigung nachging. Kurzum, ein Zustand wie am Vorabend eines grandiosen Feiertages.

Eigentlich war es ja auch so. Jetzt wurde der Gegner endgültig dort geschlagen, wo er seine unmenschlichen Pläne ausgeheckt hatte.

Ich schaute in mein Tagebuch. Hier waren Notizen, die in dieses Kapitel gehören.

«Ein halbes Jahr Krieg. Hitler hat den Deutschen versprochen, den Krieg in höchstens zehn Monaten zu beenden. Daraus wird nichts, das ist klar … Es ist eine Frage der Zeit, wann wir sie endgültig zerschlagen.

Hitler ist erledigt, wie jetzt die Deutschen selber sagen. Die heute, am 8. Mai 1945, über den Rundfunk empfangene Nachricht ist durch den Wortlaut der Urkunde über die bedingungslose Kapitulation Hitlerdeutschlands ergänzt worden. Punkt 1 des Dokuments lautet:

Wir, die hier Unterzeichneten, die wir im Auftrage des Oberkommandos der Deutschen Wehrmacht handeln, übergeben hiermit bedingungslos dem Obersten Befehlshaber der Alliierten Expeditionsstreitkräfte und gleichzeitig dem Oberkommando der Roten Armee alle gegenwärtig unter deutschem Befehl stehenden Streitkräfte zu Lande, zu Wasser und in der Luft.[8]»

Somit war der deutsche Faschismus, die reaktionärste und

8 Zitiert nach: Förster/Lakowski, 1945. Das Jahr der endgültigen Niederlage der faschistischen Wehrmacht. Dokumente, Berlin 1985, S. 357.

aggressivste Kraft des Imperialismus, vor der ganzen Welt auf die Knie gezwungen worden.

Die ganze Nacht vom 8. zum 9. Mai über hielt der Strom von Mitteilungen an, die über Funk eintrafen. Sie präzisierten die Lage und legten unsere weiteren Handlungen fest. Eine Anweisung jagte die andere. Darunter die Bestätigung, wie mit deutschen U-Booten verfahren werden sollte. Ich machte die Kommandeure der Verbände mit allem vertraut, damit sie die Schiffs- und Flugzeugkommandanten instruierten. Vorsicht war geboten, die Waffen waren einsatzbereit zu halten. Gleichzeitig befahl ich: Die Kommandeure der Küstenbatterien haben, wenn an den Zugängen U-Boote unter schwarzer Fahne und mit an Deck angetretener Mannschaft ausgemacht werden, darüber unverzüglich Meldung zu machen und das Feuer ohne entsprechende Erlaubnis nicht zu eröffnen; der Chef der Verbindungsabteilung hat auf den im Dokument aufgeführten Frequenzen Funkwache aufzunehmen und die Funker zu instruieren.

Die Hauptsache – keinen Augenblick in der Wachsamkeit nachlassen, sich nicht dem beherrschenden Gefühl des errungenen Sieges hingeben! Sollte ruhig alles in einem singen, wenn es einen nur nicht daran hinderte, in höchster Bereitschaft zu bleiben. Der Krieg war auf dem Seeschauplatz nämlich noch nicht beendet. Die Angaben der Funkaufklärung ließen daran nicht den geringsten Zweifel: Im Europäischen Nordmeer, in seinem nordöstlichen Teil und vor der Nordwestküste Norwegens, wurden fünf faschistische U-Boote sowie mehrere Küstenschutzschiffe und -boote entdeckt. Besonders aktive Schiffsbewegungen des Gegners wurden zwischen Narvik und Tromsö registriert. Letzteres bedeutete aller Wahrscheinlichkeit nach, daß die Faschisten bemüht waren, sich möglichst schnell so weit wie es geht von uns abzusetzen, aus dem Operationsgebiet der sowjetischen Streitkräfte zu entschlüpfen, da sie es für annehmbarer und vorteilhafter hielten, sich den westlichen Alliierten zu ergeben.

Kurz nach Mitternacht, es war 00.34 Uhr, meldete der Chef der Verbindungsabteilung, daß eine wichtige Übertragung aus Narvik aufgenommen werde: Der Befehl des Oberbefehlshabers der Streitkräfte Deutschlands an die Kommandanten der auf See befindlichen U-Boote werde doubliert, der die von ihm erteilte und wenige Stunden zuvor durchgegebene Anordnung über die Rückkehr nach Ramsund (bei Narvik) aufhebe.

Zwanzig Minuten später hielt ich die Übersetzung des Befehls im vollen Wortlaut, mit Maschine geschrieben, in meinen Händen.

«Der aus Narvik am 8. Mai über Funk durchgegebene Befehl an die U-Boote im Nordmeer wird aufgehoben. Bedingungslos sind folgende Bedingungen der Sowjetunion und der Anglo-Amerikaner zu befolgen: 1) Vom gegenwärtigen Augenblick an haben die U-Boote nur aufgetaucht zu fahren. 2) Die Nummer des Bootes und seine Position sind der nächsten britischen, amerikanischen, kanadischen oder sowjetischen Küstenfunkstation offen auf den Frequenzen (es folgte eine Aufzählung der Frequenzen und der Rufzeichen) durchzugeben. 3) Am Tage ist eine schwarze oder blaue Fahne zu hissen. 4) Nachts sind Lichter zu setzen. 5) Die gesamte Munition ist über Bord zu werfen, die Geschützverschlüsse und die Torpedozünder sind zu entfernen, die Minen sind zu sichern. 6) Die Funk- und die Signalverbindung haben im Klartext zu erfolgen. 7) Anweisungen, die in nachfolgenden Funksprüchen betreffs des Steuerkurses zu den Häfen erteilt werden, sind genau zu befolgen. 8) Das Versenken oder Beschädigen von Schiffen ist verboten ...»

Ich las den Funkspruch mit Befriedigung. Was sollte ich schon sagen, eine «angenehme» Direktive hatte die faschistische Führung ihren U-Booten zukommen lassen, die sich ja bei der Wahl ihrer Objekte für einen Überfall nie Zwang angetan hatten. Die Beispiele für den Beschuß unbewaffneter Küstenbewohner waren schließlich aufschlußreich genug. Gerade deshalb war es angebracht, gegen jede Überraschung und Provokation gewappnet zu sein. Das verlangte zumindest die personelle Stärke der deutschen Flotte in Norwegen. Nach neuesten Angaben waren in den norwegischen Stützpunkten und Fjorden seit Ende April an die 600 Kampfeinheiten, darunter zahlreiche U-Boote, konzentriert worden. Darüber hinaus verfügten die Faschisten über solche Angriffsmittel wie 230 sprengstoffgefüllte Kleinkampfboote sowie 240 Einmanntorpedos. Es war nicht ausgeschlossen, daß die fanatischsten Faschisten sich entgegen den offiziellen Versicherungen, Verpflichtungen und Anweisungen ihrer obersten Führung zu

Abenteuern hinreißen ließen. Die faschistischen Sitten waren uns hinreichend bekannt. Für manch einen war preußischer Gehorsam nichts als Tarnung, hinter der sich jede beliebige Gemeinheit und berechnende Grausamkeit verbargen. Daher sollten wir uns in gar keinem Falle darauf verlassen, daß alle, an die der erzwungene Befehl ihres Oberkommandos gerichtet war, die in der Kapitulationsurkunde vorgesehenen Bedingungen auch widerspruchslos und freiwillig erfüllten. Es konnte durchaus geschehen, daß einzelne versuchen würden, sich dem Befehl zu widersetzen, auch wenn ihnen das nichts einbrachte. Das Rad der Geschichte vollendete eine weitere schwindelerregende Umdrehung. Weder die Wirtschaft noch die Technik noch die militärische Organisation, mit der sich die Faschisten so gebrüstet hatten, bewahrten Hitlerdeutschland vor der bedingungslosen Kapitulation. Es siegten die Völker der Antihitlerkoalition, in erster Linie die Sowjetunion, die die Hauptlast des Krieges zu tragen hatte. Es siegten nicht nur das Heldentum, das für die Verteidiger einer gerechten Sache kennzeichnend ist, sondern auch das Können, die Meisterschaft, die im Laufe des Krieges erworben wurde und die uns zu einem unbestreitbaren Vorteil dem starken Gegner gegenüber verhalf. Das Heldentum und die Selbstaufopferung im Kampf für die gerechte Sache samt dem Können und der Meisterschaft der Militärkader entschieden den Ausgang des Krieges und führten zum Fiasko der faschistischen Expansion. Die Zerschlagung Hitlerdeutschlands war ein Sieg des gesamten sowjetischen Volkes, ein Triumph unserer Gesellschafts- und Staatsordnung.

Wir, die wir dem furchtbaren Ansturm standgehalten und den Sieg errungen hatten, der inzwischen als ein historischer Sieg anerkannt worden ist, waren verpflichtet, daran zu denken, daß der deutsche Faschismus nur eine Erscheinungsform des Imperialismus war. Wachsamkeit und noch einmal Wachsamkeit – das ist das Gesetz unserer Zeit in dem weiterwährenden, lediglich modifizierten Kampf der beiden Welten.

Übrigens mußte man auch damals auf der Hut sein. Eines Morgens traf das Küstenschutzboot SK-159 aus Liinhamari ein. Sein Kommandant meldete, daß er vor Kap Zyp-Nawolok eine Treibmine nicht identifizierten Typs entdeckt und abgeschossen habe.

Seit dem 1. Mai nahm die Anzahl der Minen auf den inneren Seewegen überall, besonders aber an der Küste von Murmansk und vor der Fischerhalbinsel, merklich zu. Irgendein Witzbold sagte, daß die Minen angesichts des Kriegsendes von allein hochkämen, um den «Meerespflügern», den Räumfahrzeugen, die Arbeit zu erleichtern. Wenn es nur so wäre! Fakt blieb jedenfalls: Die Minengefahr war überall angewachsen.

Der Tag des Sieges war vor allem durch schönes Wetter gekennzeichnet. Strahlend schien die Sonne über Poljarny, über dem windstillen Spiegel der Kolabucht, über uns. Mit dem Glauben daran, daß das so sein mußte, daß die gerechte Sache siegt, begannen die Menschen meiner Generation in den zwanziger Jahren ihr bewußtes Leben, überwanden alle Schwierigkeiten und die Armut der dreißiger Jahre und wurden durch den Krieg gegen den Faschismus gestählt. Unsere vom Komsomol vorbereitete und von der Partei nach kommunistischen Prinzipien zur Treue zu den allumfassenden Ideen des Leninismus, zur Überwindung der im tagtäglichen Kampf beim Aufbau des Sozialismus auftretenden unausbleiblichen Schwierigkeiten erzogene Generation war zahlenmäßig am stärksten unter den Teilnehmern des Großen Vaterländischen Krieges vertreten. Sie nahm in dieser historischen Periode den ihr zugewiesenen Platz im vollen Bewußtsein der Verantwortung ein. Sie hatte die Erfahrungen der älteren Generation, die Ausdauer und die Traditionen übernommen, alles, was unter den modernen Bedingungen von Nutzen war, hatte es bewahrt und gemehrt. Ein Beweis war beispielsweise der Massenheroismus der Nordflotte, ihre moralische Standhaftigkeit unter beliebigen Umständen. Man konnte kaum härtere Bedingungen finden als in dem ausgedehnten, sich über Tausende von Meilen erstreckenden polaren Seegebiet, in dessen Weiten wir bei Sturm, Nebel, Schneegestöber inmitten von Eisfeldern, in der Polarnacht und bei Minengefahr ununterbrochen im Einsatz waren. Und unter diesen Bedingungen brachte die Nordflotte im Laufe des Krieges mehr als 80 Helden der Sowjetunion hervor, darunter zwei zweifache, den Schnellbootkommandanten Alexander Schabalin und den Seeflieger Boris Safonow, über 40000 Ordensträger, aber keinen einzigen Deserteur, keinen einzigen Überläufer. Dabei hatten in den fast vier Kriegsjahren Hunderttausende der verschiedensten Menschen aus allen Gegenden unseres Landes in der Nordflotte gedient. Und alle erwiesen sich als wahre sowjetische Patrioten.

Darüber wollte ich unbedingt auf dem Meeting zu Ehren des Tages des Sieges sprechen. Das Meeting sollte um 12.00 Uhr an der Pier des Hauptstützpunktes beginnen. Man mußte kurz das Fazit des Gefechtseinsatzes der Flotte ziehen, die kluge Voraussicht der Partei unterstreichen, auf deren Initiative in kürzester Frist mit Hilfe unserer sozialistischen Industrie, mit Hilfe des ganzen Volkes die Nordflotte geschaffen worden war. Ohne falsche Bescheidenheit war darauf hinzuweisen, daß sich die jüngste der sowjetischen Flotten als höchst aktiv und wirksam erwiesen hatte und ihrer Bestimmung im Kampf gegen den Faschismus in jeder Hinsicht gerecht geworden war. Ohne diejenigen zu nennen, die sich am meisten ausgezeichnet hatten – am Tage des allgemeinen Sieges wäre das fehl am Platze gewesen, außerdem war die Liste zu lang –, mußte daran erinnert werden, daß die Flotte ihre Reife im Einklang mit dem wachsenden militärischen und dem maritimen Können ihrer Kader erlangt hatte, die unter den schwierigen Bedingungen des nördlichen Seeschauplatzes, den man erstmals in der Geschichte von Seestreitkräften studierte und erschloß, erzogen wurden. Man mußte auch an jene erinnern, die heute nicht unter uns weilten, an die Genossen, die im Kampf gefallen waren. Das erste Wort am Tage des Sieges sollte ihnen gelten. Namen und Gesichter tauchten im Gedächtnis auf.

Mit dem Mitglied des Kriegsrates schritt ich die Front der Angetretenen ab, dann wandte ich mich von der Tribüne an sie.

«In unseren Reihen fehlen viele Kampfgenossen, die ihr Leben für diesen festlichen Tag des Sieges, für unsere Heimat, für unser Volk hingegeben haben. Ihr Blut hat unsere Fahnen für alle Zeiten geheiligt. Das beste Denkmal für sie ist diese Stunde des Triumphes, die Stunde des großen Sieges.

Die Nordflotte hat im Laufe des Krieges die ihr übertragenen Aufgaben in Ehren erfüllt. Als euer Flottenchef bin ich stolz auf euch, stolz auf euren Mut, auf euer militärisches Können und auf eure Ergebenheit der Heimat gegenüber.

Wir können dem sowjetischen Volk, der Mutter Heimat offen in die Augen schauen: Wir haben unsere soldatische Pflicht erfüllt. Ich bin stolz darauf, daß ich euch kühne Angehörige der Nordflotte in den Jahren des Krieges befehligt habe.»

Auf den granitenen Hängen über der Pier hatten sich die Einwohner von Poljarny versammelt. Die Schiffe hatten über die Toppen geflaggt, Musik ertönte. Über der Reede kreisten Möwen, und gleißend strahlte die Sonne über uns – ein herrlicher Tag.

Im ganzen Land herrschte Frieden, überall erglänzten und flimmerten an den Abenden Lichter, die Nordflotte aber blieb weiterhin in Bereitschaft, obwohl seit dem Tag des Sieges schon einige Zeit vergangen war. Erstens waren die Seewege noch voller Minen. Im Laufe von nur zwei Tagen – am 15. und 16. Mai – entdeckten unserer Zerstörer bei der Fahrt von der Kolabucht in den Sund des Weißen Meeres 15 Treibminen. In unserem Operationsgebiet räumten wir selbst. Die Engländer benutzten zum Minenräumen alle dazu verwendbaren Schiffe des Gegners, zumal sie ja in ihrer Hand waren. Zweitens zögerten die Hitlerfaschisten, wie schon vermutet, die Erfüllung der Bedingungen, die sich aus der bedingungslosen Kapitulation ergaben, hinaus, ja sie verletzten sie zuweilen in gröbster Weise. Noch am 12. Mai erhielt ich eine Mitteilung des Volkskommissars über Fälle von Verletzungen der Bedingungen in der Ostsee und den Befehl, entschlossene Maßnahmen zu ergreifen, um derartige Handlungen bei uns zu unterbinden. Ernsthafte Befürchtungen rief die große Zahl auf See befindlicher faschistischer U-Boote hervor, die bisher noch nicht ihre Bereitschaft zur Rückkehr zu den Stützpunkten bekundet hatten. Die Faschisten waren, ließ man sie gewähren, sogar jetzt noch zu Verbrechen bereit. Ein Beispiel dafür könnte ich aus Tromsö anführen.

Nach all dem, was über die Greueltaten der Faschisten, über Majdanek, Auschwitz und andere Todes- und Massenvernichtungslager bereits bekannt war, sträubte man sich zu glauben, daß diejenigen, die für die Einhaltung nicht nur der Kapitulationsbedingungen, sondern selbst der elementarsten Verhaltensregeln durch die faschistischen Truppen verantwortlich waren, nicht wußten, wohin das Gentleman-Spiel mit

Halsabschneidern und Mördern führen konnte. Es führte zu einem himmelschreienden Verbrechen!

Vor mir lag der Sammelbericht über Ereignisse, die sich in Norwegen im Laufe von fast drei Wochen nach dem Tag des Sieges zugetragen hatten. Ich will sie hier nicht vollzählig nennen, sondern nur die Unbestimmtheit der Lage bis zum 15. Mai hervorheben, als der offizielle Bevollmächtigte des britischen Kommandos endlich anordnete, auf allen in norwegischen Häfen liegenden deutschen Schiffen bei Sonnenuntergang die faschistischen Fahnen einzuholen und künftig nicht mehr zu hissen. Ich verweile bei diesem Umstand, weil er in unmittelbarer Beziehung zu den Geschehnissen in und um Tromsö steht und die unwürdige Haltung bestimmter Personen unter den Verbündeten bloßlegt, die ihrer Verantwortung für die Entwaffnung der faschistischen Truppen in Norwegen zu spät nachkamen. Seit dem Augenblick der Kapitulation bis einschließlich 31. Mai wurden die Offiziere und Mannschaften der bei Tromsö stationierten 6. faschistischen Gebirgsdivision nicht nur nicht entwaffnet, nein, sie konnten sich ganz nach Belieben mit ihren Waffen in der Stadt frei bewegen. Und das angesichts von Lagern ehemaliger Kriegsgefangener, die seinerzeit von den Faschisten als Arbeitskräfte nach Norwegen verschleppt worden waren. Formell wurden diese Menschen freigelassen und unter den Schutz der britischen Behörden gestellt, in Wirklichkeit aber waren sie wehrlos der Willkür bewaffneter Faschisten ausgeliefert. Und die ließen sich eine solche Gelegenheit natürlich nicht entgehen. In der Stadt und ihrer Umgebung machten sie Jagd auf ihre früheren Gefangenen. Erkannten sie, daß sie Sowjetbürger vor sich hatten, ermordeten sie sie erbarmungslos, einzeln und gruppenweise. Die britischen Behörden taten so, als bemerkten sie nichts. Eine solche Haltung begünstigte auch das Verbrechen, das die Faschisten am 21. Mai verübten. Sie erschossen die etwa zweitausend Insassen des sogenannten Russenlagers auf einer Insel in der Nähe von Tromsö. Selbst diese Untat löste nichts aus. Am 31. Mai war die Gebirgsdivision immer noch nicht entwaffnet.

Sollte man sich da noch wundern, daß sich die Faschisten der Kapitulation entzogen, wo dies nur möglich war, und daß sich noch mindestens 37 U-Boote auf See befanden? Diese

Zahl war in einem Befehl des Befehlshabers der faschistischen U-Boot-Flotte enthalten, der am 24. Mai über Funk durchgegeben wurde. Weiter hieß es unumwunden: «Die U-Boote, die sich auf See befinden und bis zum gegenwärtigen Zeitpunkt die Kapitulationsbedingungen nicht befolgt haben, tauchen unverzüglich auf und teilen ihre Position mit.»

Wer wollte uns da verdenken, daß wir wachsam blieben? Schon die dritte Woche nach der offiziellen Kapitulation der Hitlerwehrmacht war die Nordflotte gezwungen, sich für den Fall unverhoffter Abenteuer der Faschisten in voller Gefechtsbereitschaft zu halten. Auch auf den inneren Seewegen waren die Fahrten aller Schiffe wie bisher den Beschränkungen der Kriegszeit unterworfen.

Die Bedingungen, unter denen wir gekämpft hatten, unterschieden sich wesentlich – und daran würde sich auch in Zukunft nichts ändern – von denen auf den anderen Seeschauplätzen. Da waren einmal die gewaltigen Entfernungen, zum anderen die komplizierte Navigationslage mit der Polarnacht im Winter, dem Tag und Nacht währenden «Polartag», dem Schneegestöber, den Treibeisfeldern, dem häufig anhaltenden Nebel und den Stürmen. Das alles brachte zusätzliche Schwierigkeiten für die Schiffe und die Besatzungen, so die ständige Vereisung der Schiffskörper im Winter und die häufigen Gefechte bei fehlender Sicht. Der Krieg bestimmte exakt die Rolle des nördlichen Seeschauplatzes als Hauptrichtung der äußeren Seeverbindungen der Sowjetunion, eine enorm erweiterte Aufgabenstellung für die Nordflotte. Um die Außenverbindungen auf dem offenen Seeschauplatz mit seiner breiten Front zuverlässig verteidigen zu können, mußte man eine Flotte besitzen, die aus Schiffen aller Klassen bestand und den Gegebenheiten durch hohe Seetüchtigkeit, starke U-Abwehrwaffen, große Reichweite und erhöhte Geschwindigkeit entsprach. Nur so konnte der flexible Einsatz aller Schiffe innerhalb des Operationsgebiets gewährleistet werden. Gegen Kriegsende verfügte die Nordflotte über Schiffe fast aller benötigten Klassen, nachdem wir längere Zeit ohne sie hatten auskommen müssen, dann an ihrer Eignung für unseren Schauplatz zweifelten und uns schließlich nach eingehender Prüfung über die Zweckmäßigkeit ihres Einsatzes sogar bei hoher See und vereistem Schiffskörper klar waren. So geschehen, der Leser erinnert sich, mit den großen U-Jägern und den Schnellbooten.

Ein besonderes Wort gilt den Seefliegerkräften. Vor dem Krieg hatte man angenommen, daß die Möglichkeiten für Gefechtsflüge auf dem nördlichen Schauplatz wegen der ungünstigen Natur- und meteorologischen Bedingungen sehr begrenzt seien. Der Krieg belehrte uns eines Besseren. Buchstäblich alle Flugzeugtypen, mit denen die Fliegerkräfte der Nordflotte während der Kriegsjahre aufgefüllt wurden, waren das ganze Jahr über im Einsatz. Die Fliegerkräfte wurden zu einem unabdingbaren Bestandteil der Flotte, der über der See und über dem Festland, bei der Verteidigung und beim Angriff, im Kampf um die Luftherrschaft, an den nahen Zugängen und auf fernen Seewegen, selbständig und bei gemeinsamen Operationen mit anderen Kräften, im engen operativen und taktischen Zusammenwirken mit Schiffen verschiedener Klassen auf den Seewegen des Gegners im Einsatz war und dessen Schiffe sowohl im Bestand von Geleitzügen bei Überfahrten als auch an Belade- und Entladestellen vernichtete.

All das zusammengenommen, gestattete uns bereits zu einem Zeitpunkt, da wir uns noch in einer äußerst ungünstigen Lage befanden, das notwendige Regime auf dem Seeschauplatz zu organisieren und dann zu unterhalten. Das wiederum befähigte uns zu erfolgreichen Aktionen auf den Seewegen und zur aktiven Unterstützung der Landtruppen am Küstenabschnitt der Karelischen Front. Die Einsätze auf den Seewegen erfolgten systematisch, und das Endziel im Kriege wurde im engen Zusammenwirken von Armee und Flotte erreicht.

Am 3. Juni 1945 unterschrieb ich einen Flottenbefehl, der alle Schiffe und Truppenteile in Gefechtsbereitschaft zu Friedenszeiten versetzte und die letzten für die Kriegszeit benötigten Handelsschiffe, Eisbrecher und Fischereifahrzeuge ihren früheren Besitzern zurückgab. Im Punkt 1 des Befehls hieß es: «Fahrten von Schiffen ziviler Volkskommissariate sowie von ausländischen Schiffen auf dem Seeschauplatz sind ohne Geleit unter Beibehaltung von Maßnahmen zur Minenabwehr zu gestatten.»

Eine notwendige Bemerkung

Aus der Flut von Büchern mit zuweilen sensationellen Titeln über den zweiten Weltkrieg, die sich im westlichen Ausland über die Leser ergoß, fesselten meine Aufmerksamkeit und die Aufmerksamkeit wohl jedes Seemannes verständlicherweise solche, die mehr oder weniger ausführlich den Kampfhandlungen der Flotte gewidmet waren. Besonders interessierten mich Werke der Memoiren- und militärhistorischen Literatur, in denen man sich über unsere Nordflotte und über die Kampfhandlungen in ihrem Operationsgebiet äußerte.

Ich muß sagen, daß sich die Autoren, in ihrer Mehrzahl ehemalige faschistische Militärs, in ihren Bemühungen einig sind, das Fiasko der faschistischen Pläne mit reichlich abgedroschenen Hinweisen auf naturbedingte Schwierigkeiten zu erklären. Das Wirken der sowjetischen Seestreitkräfte im allgemeinen und das der Nordflotte im besonderen aber wird, wo dies nur möglich ist, mit Schweigen übergangen. Und wo das nicht glückt, quält man sich ein, zwei Worte ab oder beschränkt sich auf allgemeine und verschwommene Phrasen. Schließlich sucht man unanfechtbare Fakten zu verdrehen und auf der Grundlage dieser Verdrehungen willkürliche Schlußfolgerungen zu ziehen, die der Wahrheit eindeutig widersprechen.

Den Vogel schoß bei diesem eigenartigen Wettbewerb Vizeadmiral Friedrich Ruge in seinem Buch «Der Seekrieg 1939–1945» ab. Oft Tatsachen verfälschend, die mit den Kampfhandlungen an verschiedenen Abschnitten des Operationsgebiets der Nordflotte im Zusammenhang stehen, schreibt Herr Ruge beispielsweise: «Im Polargebiet war das Ziel des Vormarsches der große Stützpunkt und Hafen von Murmansk und Poljarnoje. Die Geländeschwierigkeiten waren so beträchtlich, daß es den Gebirgstruppen nur gelang, etwa die Hälfte der 80 km dorthin zu überwinden. Das Unternehmen war als reine Landoperation geplant, der Einfluß der See machte sich aber bald bemerkbar. Bereits nach wenigen Wochen äußerte Generaloberst Dietl Befürchtungen für seine an die See gelehnte linke Flanke. Das Seegebiet dort wurde von der russischen Artillerie auf der Fischerhalbinsel beherrscht, die man zu Beginn des Feldzuges wegen Mangels an Kräften nicht genommen hatte. Die schwachen deutschen Seestreitkräfte, 5 Zerstörer und Minensuch- und Vorpostenverbände, konnten daher die Flanke nicht schützen. Sie hatten genug zu tun, um die eigenen Seeverbindungen zu sichern. Die Russen verfügten über etwa 14 Zerstörer und Torpedoboote und mehr als 20 U-Boote, dazu einige Schnellboote, Minensucher und Vorpostenfahrzeuge.»[9]

Aus Dokumenten ist bekannt, daß seit den ersten Kriegstagen in der Murmansker Richtung auf seiten der faschistischen Truppen ein spezielles Gebirgskorps im Einsatz war, dem auf unserer Seite alles andere als Gebirgsjäger gegenüberstanden, nämlich Grenztruppen, Schützendivisionen und gerade erst von den Schiffen eingetroffene, aus Seeleuten bestehende Abteilungen. Ruge hätte die Geländeschwierigkeiten lieber aus dem Spiele lassen sollen, denn die sowjetische Offensive erfolgte unter denselben Bedingungen und endete bekanntlich mit der völligen Zerschlagung sowohl des Gebirgskorps als auch der gesamten faschistischen Lappland-Gruppierung. Und was die angeblich schwachen deutschen Seestreitkräfte auf dem nördlichen Schauplatz betrifft, so straft allein die Aufzählung der rund 50 Einheiten, die ich im 4. Kapitel erwähne, Ruge Lügen.

Nach einem halben Jahr wurden die deutschen Seestreitkräfte auf dem nördlichen Schauplatz noch mit neuesten schweren Überwassereinheiten und Zerstörern verstärkt, worauf Ruge nur beiläufig und zusammenhanglos hinweist.

Exakter drückt sich in dieser Hinsicht ein anderer Vertreter der faschistischen Wehrmacht, Kurt v. Tippelskirch, aus. Er bemerkt zu den Ereignissen auf See im Jahre 1942: «Tatsächlich hatte die deutsche Seekriegsleitung inzwischen eine aus dem Schlachtschiff ‹Tirpitz›, den Kreuzern ‹Hipper› und ‹Köln› und den Panzerschiffen ‹Scheer› und ‹Lützow› zusam-

9 Friedrich Ruge, Der Seekrieg 1939–1945, Stuttgart 1956, S. 162.

mengestellte Nordmeerflotte in Norwegen stationiert, die später noch durch den auf dem Marsch nach Norden von einem englischen U-Boot getroffenen schweren Kreuzer ‹Prinz Eugen› (Ein Versehen von Tippelskirch: Es handelte sich ja bekanntlich um die «Scharnhorst» – der Verf.) und einen erheblichen Teil der deutschen Zerstörer verstärkt wurde.»[10]

Ähnlich verhielt es sich auch im zweiten Kriegsjahr, wie Flottenadmiral W. Marschall bezeugt, aus dessen Feder der umfangreiche Aufsatz «Der Seekrieg» stammt, der den zweiten Teil des Sammelbandes «Weltkrieg 1939–1945» bildet. Dort wird gesagt: «Im Januar 1942 war das neu in Dienst gestellte Schlachtschiff ‹Tirpitz›, einige Wochen später auch die Panzerschiffe ‹Admiral Scheer› und ‹Lützow›, die Kreuzer ‹Admiral Hipper› und ‹Köln› sowie eine Zerstörerflottille zur Abwehr befürchteter feindlicher Landungen in die nordnorwegischen Fjorde verlegt worden.»[11]

Und weiter bestätigt Marschall eine allgemein bekannte Tatsache. «Sofort nach Wiederherstellung der Gefechtsbereitschaft wurde das Schlachtschiff ‹Scharnhorst› im Frühjahr 1943 in die nördlichsten Fjorde Norwegens entsandt, um im Zusammenwirken mit ‹Tirpitz› und acht bis zehn Zerstörern beim Passieren der nur noch selten fahrenden Geleitzüge angesetzt zu werden.»

Gegen Ende des Jahres 1944, also zu der für die Faschisten im Polargebiet ungünstigsten Zeit, als die Armeen der Karelischen Front und die Nordflotte ihre Truppen zerschmetterten, belief sich die Stärke der deutschen Seestreitkräfte in Norwegen (vorwiegend in den nördlichen Gebieten) sogar ohne die von Tippelskirch und Marschall genannten Überwasserschiffe auf etwa 350 Kampfeinheiten (Zerstörer, U-Boote, Küstenschutzschiffe, U-Jäger, Schnell- und Küstenschutzboote, Räumfahrzeuge und Schiffe der Luftabwehr) sowie mehr als 200 Hilfsschiffe.

Ich denke, daß die oben angeführten Zitate völlig ausreichen, um zu illustrieren, daß die Ausführungen Ruges über die angebliche Schwäche der deutschen Seestreitkräfte auf

10 Kurt v. Tippelskirch, Geschichte des zweiten Weltkrieges, Bonn 1956, S.479.

11 Wilhelm Marschall, Der Seekrieg. Weltkrieg 1939–1945. Ehrenbuch der deutschen Wehrmacht, 1954, II.Teil, S.57.

dem nördlichen Seeschauplatz jeder Grundlage entbehren. Vergleicht man die Kräfte beider Seiten, kommt man leicht hinter das Geheimnis der Rugeschen Behauptungen. Die an Schiffen verschiedener Klassen zahlenmäßig schwächere sowjetische Nordflotte, die über keine schweren Überwasserschiffe verfügte und in der ersten Periode des Krieges bis 1943 auch weniger U-Boote und Fliegerkräfte besaß, wußte jedoch dank der militärischen Meisterschaft und Zielstrebigkeit ihrer Besatzungen dem starken Gegner nicht nur standzuhalten, sondern errang schließlich einen entscheidenden Sieg über ihn und zeigte sich in den Jahren des Krieges auf einem der schwierigsten Seeschauplätze als Herr der Lage.

Die historische Bedeutung dieses Sieges der sowjetischen Truppen liegt auf der Hand, auch wenn sie nicht nach Herrn Friedrich Ruges Geschmack ist.

Fakten bleiben nun einmal Fakten.

Inhaltsverzeichnis

ISBN 3-327-00194-4

2. Auflage, 1989

Lizenz-Nr. 5
Printed in the German Democratic Republic
Gesamtherstellung: Karl-Marx-Werk Pößneck V 15/30
Lektor: Ursula Ulbricht
Schutzumschlag und Einband: Wolfgang Ritter
Typografie: Ingeburg Zoschke
LSV: 7203
Bestellnummer: 746 840 1
00800